La salute è
la capacità di reagire a situazioni nocive
con sensazioni, sentimenti e sintomi,
ascoltarli ed imparare da essi
per cambiare il proprio comportamento.

Dedico questo libro a tutti i genitori
che desiderano un ambiente più vivibile per i loro figli.

In questo libro affronto un argomento molto complesso e mi sta a cuore che nessuna affermazione sia citata fuori dal suo contesto. Per questo motivo non è permesso citare passaggi di testo o riprodurre gli schemi senza l'autorizzazione scritta dell'autore.

Tutti i nomi sono stati cambiati. Eventuali similitudini con persone viventi sono inevitabili, nonostante esse siano in parte presentate diversamente.
I riferimenti a fatti di cronaca o personaggi politici sono scelti a titolo indicativo, in quanto ben conosciuti e di grande impatto mondiale. In nessun caso l'autore prende una posizione di opposizione, piuttosto vuole suggerire la necessità di un nuovo modo di fare politica *integrale*, solidale e non avversativo, che promuova i reali bisogni dell'essere umano.

The illusion of separateness is one of the most negative myths of our time. Overcoming it through recognition of our connectedness to each other is a key – perhaps the key – to recovering the ethics and the solidarity we had lost in the mad rush for power and wealth in the modern world. The sense of connectedness is there in the infant but is brainwashed away by a materialistic and egocentric culture. Willi Maurer shows how this can be avoided and how connectedness can be recovered in all phases of life. An important book, to be pondered and its advice heeded.

Il mito che la scissione interiore sia innata nell'essere umano è uno dei più negativi dei nostri tempi. Superarlo, ritrovando il senso di appartenenza, è forse la chiave per recuperare quei valori e quella solidarietà che abbiamo perduto nel mondo moderno con la corsa sfrenata al potere e alla ricchezza. Il senso di appartenenza è intatto nel bambino alla nascita ma viene distrutto da una cultura materialista ed egocentrica.
Willi Maurer mostra come tutto ciò possa essere evitato e come il senso di appartenenza possa essere ritrovato in ogni momento della vita.
Un libro importante, da prendere sul serio e su cui riflettere.

Ervin Laszlo[1], luglio 2004

1. Filosofo ungherese, fondatore e presidente del Club di Budapest. Ha scritto più di 70 libri, tradotti in 18 lingue, e ha lavorato come insegnante e ricercatore in università prestigiose negli Stati Uniti, in Europa e in Asia. È membro di numerose organizzazioni internazionali.

Willi Maurer, nato nel 1945 nella Svizzera tedesca, vive da tempo nel Canton Ticino, sua patria di elezione. Dal 1981 accompagna singoli e gruppi nello sviluppo del potenziale interiore personale con il Lavoro Emotivo e Corporeo, un metodo da lui elaborato che permette di ritrovare contatto con gli aspetti rimossi della propria esistenza, elaborarli e integrarli.
Ha dedicato gran parte della sua vita allo studio e alla sperimentazione personale di diversi metodi di psicologia umanistica e di terapia (tra cui Gestalt, Terapia Primale, Bioenergetica, Feldenkrais) e ha vissuto per un anno in comunità assieme ad altri terapeuti uniti nell'intento di individuare, con un "laboratorio vivente", i traumi della prima infanzia e i moduli comportamentali che ne derivano. Tuttavia anche quelle che lui definisce esperienze di vita precedenti e parallele hanno avuto un ruolo importante per la sua formazione e lo hanno motivato ad approfondire la comprensione della psiche umana e del comportamento sociale, fin da quando lavorava come meccanico in un laboratorio per tecnologie atomiche o insegnava judo, ma in particolare come membro di una comunità che accoglieva bambini in affido e come animatore e coordinatore in un progetto pilota per giovani a rischio di tossicodipendenza. Ha seguito l'insegnamento di maestri di Aikido e dello sceicco sufi Salah Eid.
Tutte le considerazioni maturate sia nell'ambito dell'attività professionale che della sfera privata lo hanno condotto a una *intravisione* (suo neologismo per indicare la visione d'insieme delle correlazioni) dell'origine dei conflitti individuali, collettivi e delle dipendenze. Con le sue pubblicazioni e la presenza ad incontri e convegni, promuove una prevenzione radicale della sofferenza e della scissione interiore dell'uomo.
Willi Maurer ha ristrutturato secondo princìpi ecologici una casa in mezzo alla natura e vi ha ricavato la struttura *Donè, luogo d'incontro per crescere insieme* dove, oltre ai regolari incontri di Lavoro Emotivo e Corporeo in gruppo, si svolgono altre attività per la diffusione di una cultura olistica (non consumista). Tiene inoltre corsi di Aikido e di ginnastica meditativa. Da 10 anni è impegnato nella rete Holon e incaricato del collegamento tra la sezione italiana e quella tedesca. Da alcuni anni sta partecipando alla nascita di un nuovo movimento di politica *integrale*.

Clara Scropetta, nata nel 1966 a Trieste, è laureata in Chimica e Tecnologia Farmaceutiche e madre di tre figli. Grazie all'esperienza diretta personale e allo studio autodidatta multidisciplinare, si è specializzata nella fisiologia della maternità. Attualmente il suo lavoro di divulgazione e condivisione comprende pubblicazioni, traduzioni, organizzazione e animazione di incontri e seminari, consulenza e accompagnamento. Promuove attivamente il sostegno alla madre, il concepimento consapevole, il parto e la nascita indisturbati, il contatto continuo, l'allattamento a richiesta, l'igiene naturale del bambino, l'immunità naturale, l'apprendimento spontaneo, ma anche una coscienza ecologica *integrale*. Ha incontrato Willi Maurer proprio nel momento in cui anche in lei si facevano strada determinate consapevolezze. Vive in campagna.

INDICE

Introduzione

Il raggiungimento di un certo grado di consapevolezza e di sensibilità *integrali* va di pari passo con una crescente presa di coscienza: l'atteggiamento individuale e quello sociale verso la nascita e l'imprinting saranno i punti chiave del cambio di paradigma culturale necessario alla sopravvivenza dell'intera umanità.
Dappertutto nel mondo sta aumentando la medicalizzazione della nascita a causa di prassi mediche basate su convinzioni prive di evidenza scientifica e di un'informazione incompleta o addirittura del tutto assente riguardo la fisiologia dell'intero percorso nascita e delle sue ripercussioni psicologiche.
Quest'evoluzione nefasta, all'origine di un immenso disagio personale e collettivo, è diventata il modello promosso a livello istituzionale, con tutto l'appoggio di una lobby d'interesse che fa il possibile per occultare all'opinione pubblica e al dibattito politico i risultati positivi di un'assistenza alla nascita rispettosa delle esigenze fondamentali del neonato, della madre e del padre.
Inoltre, reputo sia urgente rivedere le pratiche di accudimento nella prima infanzia, in modo da rispondere in modo appropriato alle aspettative biologiche della specie umana. La nostra socia(bi)lità è direttamente correlata al senso di appartenenza e a esso venga coltivato, o ferito, all'inizio della vita.
Il testo da me edito nel 2000 con il titolo *Zugehörigkeit*[2], con il passare del tempo, grazie agli entusiastici commenti dei lettori e ai miglioramenti proposti da revisori e traduttori, è stato continuamente modificato e aggiornato e si è arricchito di preziose informazioni supplementari. Alla fine è diventato talmente corposo che è parso opportuno suddividerlo in due volumi. Il primo volume è maggiormente centrato sulla nascita, sull'imprinting e

2. Appartenenza, letteralmente in tedesco da "essere ascoltato"(*zuhören*). N.d.t.

sulle considerazioni maturate durante il mio percorso di crescita personale e con la pratica professionale. Affronto in dettaglio le esperienze fondamentali del periodo primale e come esse siano correlate alla situazione storica odierna in tutti i suoi aspetti. In particolare faccio luce sulla reale dimensione psichica del trauma primario e propongo soluzioni concrete per uscire da quello che reputo un circolo vizioso di sofferenza e violenza, per cui ho scelto il nome di sindrome di GioLa.
Il secondo volume invece si sofferma maggiormente sul bisogno di appartenenza, gravemente perturbato dal mancato imprinting, e fa riferimento alla casistica che ho raccolto durante tutta la mia vita, grazie ad un percorso personale di autocoscienza e grazie alle tante e diverse esperienze professionali. Partendo da lì, ho voluto illustrare le diverse manifestazioni della sindrome di GioLa. In particolare ho voluto sottolineare l'importanza di una presa di coscienza e di una revisione dei metodi utilizzati da parte degli operatori, sia che si tratti di terapia, che di prevenzione o di educazione. È un testo che dedico particolarmente a tutti coloro che operano nel difficile campo del disagio sociale. Cerco anche di mostrare come promuovere la crescita personale e come sottrarsi al rischio di incappare in alcune trappole che si pongono sul nostro cammino finché non si comincia a riconoscere l'influenza della Sindrome di GioLa sul proprio comportamento.
I due volumi si completano a vicenda e offrono una panoramica ampia e poliedrica delle complesse correlazioni che stanno alla base di un'esistenza umana gratificante; correlazioni che – per quanto ne so – non sono mai state finora studiate e descritte dalla prospettiva con cui io le affronto.

Willi Maurer, Aranno, 2007

La conclusione del primo volume:
La prima ferita

Il raggiungimento della pace non può prescindere dal superamento della scissione interiore dell'essere umano. Iniziare a ragionare seguendo l'intravisione delle correlazioni può fornirci indicazioni sulla strada da intraprendere.

Il saccheggio cui sono sottoposte le risorse del pianeta e il tentativo da parte di pochi potenti privilegiati di sottomettere tutto il mondo non potrebbero aver luogo senza la partecipazione di ogni singolo individuo. Possiamo diventare consapevoli del grado della nostra partecipazione personale soltanto attraverso la rielaborazione del vissuto individuale. La cultura tedesca e quella americana, imitate in molti paesi, hanno influenzato gli avvenimenti mondiali nell'ultimo secolo e presentano un punto in comune. In entrambe, la quasi totalità della popolazione (politici compresi!) viene privata dell'imprinting al momento della nascita, i bisogni fondamentali del neonato sono ignorati e nella prima infanzia la loro espressione è calpestata o punita. Le prime esperienze di quasi tutti gli individui sono, quindi, di violenza, dispotismo, maltrattamento, senso di non appartenenza e umiliazione.

A prima vista, tutto ciò non sembra essere per nulla in relazione con il comportamento distruttivo di un popolo o del singolo. Dal momento che tutti tendiamo a prendere le distanze dal ricordo troppo doloroso del trauma primario cercando di rimuoverlo, questa 'cecità' non è sorprendente.

Chi, infatti, può affermare di:

- **aver vissuto il taglio del cordone ombelicale e l'allontanamento dalla madre fuori dal suo campo visivo?**
- **aver pianto per chiamare la madre fino al totale esaurimento delle forze e alla rassegnazione?**
- **essere stato nutrito e cambiato ad orario e poi di nuovo allontanato?**
- **venire punito e privato dell'amore, confinato nella propria stanza, o**

addirittura essere stato picchiato, per aver espresso piangendo i propri bisogni e aver dunque provato in quel momento un senso d'impotenza e grande ingiustizia?

Chi non ricorda queste esperienze, vissute al momento dell'imprinting e nella prima infanzia, finisce col proporre ai figli, al prossimo e anche agli animali lo stesso trattamento che è stato riservato a lui stesso e di cui ha sofferto. Lo fa per lo più a livello inconscio, spesso mascherando questa condotta sotto forma di usanza culturale, vale a dire un comportamento collettivo che solleva dalla responsabilità personale.

Queste tendenze si manifestano per esempio con:

- l'uso di metodi punitivi che calpestano la dignità umana;
- la convinzione che il neonato non proverebbe dolore;
- il trattamento degli animali come se fossero oggetti senz'anima;
- il consumo di merci prodotte grazie allo sfruttamento umano e in condizioni nocive alla salute;
- l'abuso di potere e/o la violenza sessuale.

Un comportamento violento e (auto)distruttivo, l'invidia, l'ingordigia e la gelosia sono considerate – erroneamente – caratteristiche umane innate dalle persone che vivono una scissione interiore. Laio e Giocasta[3] si fidano delle autorità, piuttosto che dei loro organi di senso e dell'istinto naturale. Difficilmente il loro problema si risolverà se le autorità (scientifiche, religiose, politiche) a cui si rivolgono portano anch'esse sulle spalle un simile bagaglio e cercano nelle loro teorie un senso di coesione e di appartenenza che non trovano altrove. Chi non ha ancora recuperato il contatto con il bambino interiore ferito e rimosso, non riesce neanche a immaginarsi che queste caratteristiche potrebbero essere originariamente correlate al mancato imprinting e alle esperienze traumatiche del periodo primale. Le numerose ricerche scientifiche che lo dimostrano vengono taciute da una scienza sottomessa all'industria farmaceutica in nome del profitto.

3. L'autore si riallaccia al mito di Edipo, ma piuttosto che soffermarsi sul comportamento anomalo del figlio, studia quello di Laio e Giocasta, i genitori. Essi abbandonano Edipo appena nato nel deserto. L'autore mette in luce come il cosiddetto complesso di Edipo sia il risultato di un trattamento improprio del neonato: viene abbandonato e separato dalla madre. A suo tempo, anche i genitori erano stati trattati allo stesso modo, causando una sofferenza che li influenza nella vita amorosa e nell'atteggiamento verso il figlio, poiché non l'hanno ancora integrata. Laio e Giocasta, quindi, come metafora di ogni adulto, uomo o donna, quando agisce mosso da emozioni e sentimenti rimossi. Si veda anche *Il circolo vizioso della sindrome di GioLa.* N.d.t.

La storia ci insegna che totalitarismo, imperialismo e colonialismo crescono su un terreno culturale poco rispettoso del bisogno di vicinanza di madre e bambino, che influenza il comportamento dell'essere umano su più generazioni. Tutti coloro che conservano dentro di sé, rimosse, esperienze di violenza, maltrattamento, umiliazione e senso di non appartenenza, si comportano in modo che non possa più accadere loro nulla di paragonabile, ricorrendo all'arma del potere, la miglior difesa contro l'angosciante senso di impotenza. Nell'ambito di questa dinamica inconscia, vengono create ad arte situazioni che risvegliano nella massa e nel singolo antiche paure, vengono offerti capri espiatori su cui poter sfogare le emozioni. Per paura di perdere l'appartenenza, l'essere umano scisso interiormente si lascia quindi manipolare, rendendosi complice – attivo o silente – di azioni violente. Per la stessa ragione, aderisce a dottrine e costumi senza valutarne fino in fondo l'attendibilità, quando questo garantisce l'inclusione in un gruppo.
Nel corso della storia, ripetutamente, è emerso con evidenza come l'essere umano sia incapace di riconoscere il proprio contributo individuale in caso di azioni violente e di abusi commessi collettivamente e, di conseguenza, non riesce a prendere in considerazione un comportamento diverso, che potrebbe invece prevenire la tragedia. Una sorta di fatalismo sembra essersi instaurato nella memoria collettiva, bloccando la strada a una visione adeguata del disagio e, quindi, a un atteggiamento che vada nel senso della guarigione. Le dottrine religiose dogmatiche, ma anche le strategie economiche, di sviluppo, di guerra e di dissuasione così come le teorie scientifiche, filosofiche e psicologiche sono in gran parte impregnate di questo fatalismo.
Per puntare ad un reale miglioramento della qualità della vita, è necessario sostituire i paradigmi che hanno avuto origine dal mancato imprinting con altri nuovi, rispondenti al bisogno umano fondamentale di appartenenza. In questo senso **è particolarmente importante sapere che una nascita naturale indisturbata e un contatto multisensoriale intatto, vissuto consapevolmente, con il bambino appena nato, permette – a determinate condizioni – di evitargli la scissione interiore e di risolvere situazioni di scissione nei genitori.**

Siamo un unico essere vivente, un tutto! L'evoluzione è nelle nostre mani!

Willi Maurer e Clara Scropetta, Avalon, dicembre 2007

Prologo

di Clara Scropetta

Sono rimasta immersa nel materiale emotivo e corporeo di questo libro per più di un anno, poi finalmente ho trasformato la bozza di traduzione in testo compiuto.

Il valore di questo contatto promiscuo e continuo, multisensoriale, va ben al di là della soddisfazione di rendere disponibile in italiano un'opera che reputo eccezionale[4]. Infatti, io stessa esco trasformata da questa esperienza: più autentica, più libera, più felice di essere qui e adesso.

L'ambito in cui mi muovo è quello della fisiologia della maternità, quindi mi permetto di riepilogare, in breve, alcuni concetti importanti che sono trattati più approfonditamente nel primo volume.

Il periodo primale comprende il concepimento, l'endogestazione, la nascita, l'imprinting, l'esogestazione e la prima infanzia, fino alla padronanza del linguaggio circa. Esso ha un'importanza capitale nello sviluppo del potenziale umano.

Le esperienze che, fin dall'inizio, nutrono il senso di appartenenza, fondamentale per l'essere umano, sono:

- **il bambino è desiderato e accolto con gioia fin dal concepimento;**
- **la sua competenza viene riconosciuta in ogni stadio della crescita;**
- **gli viene offerto un ambiente appropriato (affettivo, emotivo, nutritivo, cinestetico) per una crescita sana, sia in utero che fuori;**
- **gli viene permesso di nascere in modo indisturbato[5];**
- **gode della presenza della madre senza restrizioni: vive in modo totale l'imprinting e, anche in seguito, non viene separato precocemente dalla madre;**
- **il bambino viene portato integralmente nei primi mesi di vita;**
- **il bambino è allattato finché lo desidera e ogni volta che lo richiede cercando il seno.**

L'istinto della madre ad accudire il proprio bambino come descritto sopra può esprimersi solo se le modificazioni metaboliche, ormonali, psicologiche tipiche della gravidanza, del parto, dell'imprinting e dell'allattamento non

4. Mi riferisco naturalmente a entrambi i volumi. N.d.t.

vengono in qualche modo bloccate o disturbate. È pertanto essenziale facilitare un decorso fisiologico di tutti questi eventi, grazie al riconoscimento della competenza della madre, alla riduzione dello stress in gravidanza, all'offerta di un ambiente appropriato durante il parto. La priorità assoluta va data al rispetto dell'intimità e alla fiducia, come spesso fa l'ostetrica se conosce bene la fisiologia della maternità e se si è liberata da paure irrazionali grazie a un lavoro di crescita interiore. **Le statistiche disastrose sulle complicanze in gravidanza, sugli interventi alla nascita e sugli insuccessi dell'allattamento sono il risultato di una mancata comprensione delle necessità di base della futura madre e del neonato.**
Numerose associazioni e persone competenti sono a disposizione per consigliare e sostenere la famiglia in merito all'allattamento 'a termine' e al 'contatto continuo'[6]. Il latte materno e il contatto fisico sono imprescindibili per uno sviluppo ottimale, nonostante non facciano più parte della nostra cultura.
Ma non sempre sono sufficienti una buona informazione e l'impegno nelle buone pratiche. Infatti, i traumi irrisolti che ognuno di noi porta con sé, in modo inconscio, inducono reazioni emozionali che ostacolano un accudimento appropriato del proprio figlio o dei bambini in generale. Un lavoro di introspezione diventa imprescindibile per affrontare la situazione alla radice.
Da questa breve sintesi, a mio avviso, si comprende immediatamente quale cambio di paradigma culturale sia necessario per ritrovare la ragione e anche quali enormi carenze ognuno di noi si porti dentro senza esserne consapevole. A partire dalla comprensione intellettuale, finalmente, può avviarsi un processo di guarigione personale, autentico e profondo, tale da permettere di modificare il proprio comportamento. Il recupero della propria dignità e identità porta a riscoprire i gesti e le azioni giuste, in ogni situazione. Un vero sollievo, soprattutto quando si tratta di accudire i figli o quando si affronta la professione di educatore, terapeuta, operatore sanitario o sociale.
Ogni piccolo, concreto, gesto quotidiano è un passo verso una cultura basata sull'amore universale incondizionato, la pacifica convivenza, la condivisione e l'abbondanza.

Aprile 2008, Mas Gignac, Clara Scropetta

5. Inoltre, dopo la nascita, gli viene permesso di restare connesso alla placenta il più a lungo possibile – la pratica di non tagliare affatto il cordone è conosciuta con il nome di *Nascita lotus*. N.d.t.
6. Si veda *Letture consigliate e indirizzi utili*. N.d.t.

L'INTERVISTA

Nell'intervista con Tessa Testini, affronto non solo la violenza degli estremisti, ma anche quella delle persone 'normali'. Infatti la violenza si nasconde anche nel potere politico maschile, che per lungo tempo ha privato le donne della parità; nella tendenza a incappare in incidenti (gli uomini, in prevalenza) e ad ammalarsi (le donne, in prevalenza); nella separazione[7] tra madre e neonato alla nascita e nella prima infanzia; nell'abitudine di svezzare il bambino prematuramente; nel consumismo e nel commercio iniquo.

Ma cose c'è all'origine della violenza umana? Basandomi sulla mia esperienza, la risposta emerge chiara, anche se a volte non vengo capito. Chi ha dovuto rimuovere il doloroso vissuto della prima infanzia, una situazione assai frequente – per non dire maggioritaria – nella cultura occidentale moderna, ha difficoltà ad accettare le mie conclusioni. Intanto, cominciamo a chiamare le cose col loro nome. Come mai odio è un termine così poco usato dai mass media? Perché provoca sentimenti sgradevoli, perché tocca nel profondo[8]! Lasciarsi toccare, però, è il presupposto per poter entrare in contatto con se stessi e, quindi, incoraggio a lasciarsi toccare dalle mie parole durante la lettura.

Grazie alle esperienze personali e professionali, ho acquisito la certezza che il senso di appartenenza, fondamentale per l'essere umano, sia gravemente compromesso dalla separazione del neonato dalla madre. Questa separazione impedisce il naturale risveglio degli istinti indispensabili per l'instaurarsi di una relazione sana tra madre e bambino e influenza il

7. Con *separazione* si intende l'allontanamento precoce, in particolare quando il bambino viene portato via alla madre al momento stesso della nascita, quando in seguito viene messo nella culla o nella sua stanza piuttosto che a contatto del corpo della madre o ancora quando viene troppo presto affidato a mani estranee. N.d.t.

8. *Berührt*, letteralmente *toccato*, ricorre frequentemente nel testo. In alcuni casi mi sono presa la licenza poetica di tradurre letteralmente, in quanto conserva tutta l'immediatezza e la freschezza visiva: come la reazione di un riccio di mare quando viene toccato! N.d.t.

comportamento individuale e sociale.
Il contatto fisico pelle contro pelle nella prima infanzia ha un grande significato per tutti i mammiferi, essere umano compreso. Le conseguenze di una mancanza o di una carenza di contatto nel primo periodo di vita sono gravissime per l'intera umanità. Ne risultano un profondo senso d'impotenza, sentimenti di gelosia, invidia e odio, da cui possono scaturire atti di violenza e comportamenti asociali che, a livello collettivo, possono portare alla distruzione dell'ambiente circostante, allo sfruttamento economico e umano e a uccisioni di massa. Descrivendo e addentrandomi nei nessi tra le esperienze del periodo primale e alcuni aspetti caratteristici della società moderna occidentale, mi propongo di aumentare la consapevolezza necessaria per cambiare il comportamento di tutti noi.
Quest'intervista mi ha motivato ad approfondire ancor più la mia analisi ed è stata il punto di partenza per la prima stesura del libro dal titolo *Zugehörigkeit*, ora suddiviso in due volumi, in cui illustro considerazioni elaborate grazie ad un percorso personale e professionale sui generis. L'intervista ha costituito, in un certo senso, il palinsesto sul quale ho poi sviluppato le varie tematiche, offre uno sguardo d'insieme sugli argomenti trattati e si presta, ora, a fungere da trait d'union tra il primo e il secondo volume. Tuttavia, a chi desidera approfondire la questione, consiglio vivamente la lettura di *LA PRIMA FERITA. L'influenza dell'imprinting sul comportamento umano. Un percorso di guarigione.*
Il testo originale dell'intervista è stato adattato alle esigenze attuali e aggiornato in base al mio attuale livello di comprensione. Sono molto riconoscente a Tessa per averci fornito questo ricco materiale.

Tessa: Willi, da tempo assistiamo, impotenti, ad una recrudescenza della violenza: vandalismo, guerriglie urbane, rapine, omicidi, conflitti etnici, stupri, violenze, abusi sessuali sui bambini, abusi di potere di ogni tipo. È in corso una vera e propria 'regressione civile', per la quale sembra non vi siano rimedi. Perché, secondo te, si agisce in modo violento, a danno del singolo e della società?

Willi: Seguo con interesse i dibattiti intorno al tema della violenza e, ogni volta, posso constatare che anche psichiatri, sociologi o psicologi non sono in grado di dare una risposta soddisfacente a questa domanda. **Secondo me,**

la violenza è profondamente legata alle esperienze vissute alla nascita e durante la prima infanzia. Sono veramente poche, però, le persone collegate alle loro radici. Nascita e prima infanzia non sono raggiungibili tramite parole e pensieri. Solamente il corpo se ne ricorda e si fa sentire con disturbi fisici, malattie psicosomatiche e, soprattutto, con i sentimenti 'negativi', come l'odio, che può manifestarsi in modo palese, tramite atti violenti, o indirettamente, tramite la predisposizione a malattie e incidenti o atteggiamenti autoritari.

Frédérick Leboyer[9] ha già messo in evidenza l'importanza della qualità delle esperienze del neonato alla nascita, insistendo sul bisogno di stimoli adeguati. Sono anni che Michel Odent[10], instancabilmente, spiega come il primo contatto tra madre e bambino sia d'importanza capitale e non vada disturbato. Per quel che mi riguarda, ho avuto l'opportunità di andare alle radici dei miei sentimenti, grazie a un profondo processo di autocoscienza[11]. Ho individuato una correlazione fra il senso di appartenenza ferito in seguito alla separazione dalla madre nella prima infanzia e la gelosia, nonché fra l'invidia del potere della madre di concedersi o negarsi e il senso d'impotenza vissuto dal bambino, che dipende completamente da lei. Questo tipo di esperienze possono indurre alla violenza.

T: Odent e Leboyer hanno evidenziato l'influsso dei primi momenti di vita sulla psiche. Vorrei sapere come hai indagato sulle tue prime esperienze. Hai trovato le tue radici? Qual è stata la tua esperienza? Quali metodi o mezzi di indagine hai usato? Che risposte hai trovato?

W: Alla fine degli anni '60, vissi con una famiglia che aveva bambini in affidamento. Un giorno, due di loro, incuriositi, mi chiesero perché chiudevo la porta del gabinetto quando andavo a fare pipì. L'unica risposta era che non potevo farla se qualcuno mi guardava. Questa loro domanda innocente fu una tra le tante a spingermi ad andare alle radici delle mie difficoltà, prima

9. Si veda in particolare il suo libro *Per una nascita senza violenza*, Bompiani, 1996.
10. Michel Odent, medico di fama internazionale, pioniere nella visione di una nascita rispettosa della fisiologia come premessa per la salute e la qualità della vita. È autore di libri tradotti in molte lingue, ideatore della banca dati www.primalhealthresearch.com e del sito www.wombecology.com. N.d.t.
11. Uso in modo intercambiabile *crescita interiore e/o personale, autocoscienza e ricerca di sé* per indicare il processo che riporta a contatto con se stessi e permette di esprimere meglio il proprio potenziale. N.d.t.

d'intraprendere qualsiasi tipo di studio nel campo della psicologia. In quel periodo, si svilupparono negli Stati Uniti metodi di psicologia umanistica, che trovarono diffusione anche in Germania. Terapeuti con questa formazione aprirono centri dove si lavorava in team sotto supervisione reciproca. Questo modo di procedere mi ispirò fiducia e intrapresi con loro un processo di autocoscienza. Dopo una fase intensiva di quattro settimane, decisi di dedicarmi per alcuni anni a un percorso personale di ricerca del Sé. Esso mi avrebbe condotto indietro fino alla vita prenatale e mi avrebbe fatto rivivere, con tutto il dolore fisico e psichico, quello che mi era accaduto.

Amore e sessualità

Per esempio, un giorno, mentre ero all'ascolto di me stesso in una stanza ben riscaldata, accompagnato da Walter, il mio terapeuta, mi arrivarono le seguenti immagini interiori: mi trovavo sotto una cupola trasparente, che poi si trasformò in un involucro. Percepivo il suono di un battito e avevo la piacevole sensazione di essere portato in grembo. Ero ancora un feto nel grembo materno. Pian piano, però, lo stato di benessere si trasformò in senso di oppressione, che percepivo a livello fisico. Istintivamente 'sapevo' di dover lasciare quel luogo e sentivo l'impulso di voler andare avanti, ma non avevo la più pallida idea di dove sarei finito. In un primo momento mi sentivo bene ed ero forte, ma più avanzavo, più aumentava il senso di oppressione. Sentii mia madre contrarsi. Tornare indietro da dove ero venuto era impossibile. Non restava altro che lottare con tutte le forze per andare avanti. Ma ciò provocava dolore a mia madre, che si contraeva sempre di più. Entrambi lottavamo per sopravvivere. Momenti di estrema rassegnazione si alternavano ad altri di grande vigore e, infine, il tentativo di liberarmi con le ultime forze rimaste sfociò nella sensazione di soffocamento. Persi conoscenza pensando: "Non sono desiderato!". Quando mi ripresi, ero solo in una stanza fredda; mi sembrava di avere la lama di un coltello nelle viscere. Molto tempo dopo venni a sapere che fu mia nonna ad accudirmi, ma il dolore e il freddo mi avevano impedito di apprezzare le sue cure amorevoli. Quando, finalmente, il dolore fisico si calmò, subentrò quello psichico, causato dalla separazione da mia madre, che fu costretta a letto, in pericolo di vita, per diverse settimane dopo il parto. **Compresi in quel momento, guardandomi indietro, che il modello della prima infanzia si ripeteva ogni qualvolta avevo una relazione d'amore: mi aspettavo dalla part-**

ner tutto quello che mi era mancato da parte di mia madre. Mi sentivo amato solo quando lei mi lasciava libertà. Quando mi chiedeva coccole o cercava un contatto fisico, io sentivo una grande oppressione e reagivo con una forma di violenza psichica: mi negavo emozionalmente, ritirandomi nel mio guscio. Incapace di esprimere i miei veri bisogni, mi battevo per la mia libertà senza riguardi nei confronti della partner, come avevo fatto durante la nascita. Ero un campione in questo gioco, che mi lasciava con un gran senso di solitudine e separazione, simile a quello vissuto subito dopo la nascita. Ancora non avevo capito il profondo collegamento fra la nascita e il comportamento in età adulta.

T: L'indagine personale nel corso del tuo processo di autocoscienza, rivivere certe situazioni e immergerti nel dolore, che cosa hanno cambiato in te?

W: All'inizio del percorso di autocoscienza mi sentivo una nullità, dato che, per intraprenderlo, avevo abbandonato una carriera professionale che mi dava molte soddisfazioni. Durante il percorso, però, mi resi conto che con le mie capacità e attività cercavo di essere amato e stimato. Molte persone, infatti, si complimentavano con me e mi apprezzavano per il mio lavoro. Aver rinunciato a 'fare' per dedicarmi a me stesso mi faceva sentire uno zero. Ero talmente depresso che non prendevo neanche più in considerazione l'idea di diventare un terapeuta. Rivivendo eventi risalenti alla prima infanzia, cominciai a sentire che valevo per quello che ero, senza bisogno di nient'altro. Diventai capace di vivere *qui e ora* e di lasciarmi toccare emozionalmente, esprimendo i miei sentimenti: piangevo se era triste, ridevo se era allegro o gridavo se ero arrabbiato. Diventando capace di riconoscere l'origine delle emozioni che mi sommergevano, mi sono sentito subito pronto a vivere con gioia la realtà. Anche la mia vita sessuale cambiò. Prima fornivo una prestazione per soddisfare la partner e per sentirmi amato, senza alcun riguardo per i miei bisogni; anzi, ritenevo addirittura di non averne. Ovviamente avevo relazioni con donne che, a loro volta, cercavano nel partner il senso di appartenenza che era loro mancato nella relazione con la madre. Più concretamente, esse si servivano dell'atto sessuale per sentirsi desiderate e per ricevere coccole. Il fatto di essere desiderate da me era per loro la garanzia di valere qualcosa.

Per entrambi innamorarsi significava scegliere una persona dalla quale,

in modo inconscio, cercavamo di ricevere ciò che nella prima infanzia avremmo voluto avere da nostra madre. Ci comportavamo in modo tale da non rischiare di essere lasciati dall'altro. Ognuno, quindi, rinunciava ai propri desideri reali se essi non corrispondevano a quelli del/della partner. Io ero quello 'forte', che non si permetteva debolezze. Lei la 'bisognosa', che cercava il contatto fisico. Poco a poco, grazie al processo di autocoscienza, cominciai a fidarmi di me stesso e a riconoscere il mio valore, senza aver bisogno per questo di offrire dimostrazioni d'affetto in momenti in cui non desideravo farlo. Ma, nonostante avessi imparato a esprimere i miei desideri, talvolta i conflitti assumevano proporzioni emotive spaventose. Evidentemente serviva un'ulteriore presa di coscienza.

T: Quali tra le esperienze riconducibili all'infanzia influenzano la donna e l'uomo nella scelta del/della partner? Che cosa scatta *quando due persone si sentono attratte sessualmente? Si è attratti da una figura affettiva di riferimento (la madre, il padre)? Si cerca quello che non si è ricevuto da lei? Puoi illustrare i meccanismi inconsci?*

W: **Secondo me, è proprio l'impriting[12] ad esercitare l'influenza più importante sul comportamento dell'adulto nelle relazioni. E questo imprinting, il primo contatto multisensoriale fra madre e neonato immediatamente dopo la nascita, è il momento fondamentale che da secoli viene disturbato o impedito in quasi tutte le culture del mondo. Esso fa scattare, nella madre e nel neonato, gli istinti e gli atteggiamenti che garantiscono l'appartenenza e quindi permettono una crescita sana e naturale. Quella con la madre è la prima relazione d'amore nella vita di ogni essere umano e influenza tutte le relazioni successive.** Anche se, negli ultimi anni, per fortuna, vi sono stati molti cambiamenti e i neonati vengono separati della madre meno di un tempo, il vissuto (neo)natale dei genitori e di chi assiste alla nascita si ripercuote comunque sulle generazioni future attraverso dinamiche inconsce e transpersonali. Anche le aspettative dei genitori sui figli hanno un ruolo importante. Illustrato in modo

12. L'etologia, la scienza del comportamento animale, chiama imprinting il processo grazie al quale, fin dalla nascita, i piccoli riconoscono la madre, la seguono e la imitano e la madre riconosce i piccoli e se ne prende cura. L'autore è conscio del fatto che l'imprinting è un momento peculiare che fa parte di un periodo sensibile molto più ampio (il periodo primale). Quando questo primo contatto non può avvenire integralmente, parla di *mancato imprinting*. N.d.t.

volutamente caricaturale, il maschio, accolto con gioia e forti aspettative fin dalla nascita, viene presentato con orgoglio. Diventa presto il prediletto della madre, che lo adora e se lo mangia con gli occhi, ma soltanto quando si comporta come auspicato. Il bambino si rende conto che non è lui ad essere amato per quello che è, ma ad essere amata è l'immagine alla quale lui dovrebbe corrispondere. Allora comincia a provare un diffuso senso di oppressione alla quale vorrebbe sfuggire. Se si difende, piangendo o rifiutando il cibo, spesso viene lasciato solo, a lungo, nel suo lettino. Il sentimento di oppressione scatta anche quando la madre lo trascura per dedicarsi ad altro. Numerose ricerche dimostrano che la femmina viene accolta fin dall'inizio con meno entusiasmo, viene messa senza gioia nel suo lettino e viene tenuta in braccio meno del maschio. Il suo senso di solitudine svanisce quando viene allattata e cambiata, ma, ogni volta che inizia a sentirsi bene e potrebbe cominciare a instaurare una relazione di fiducia con la madre, tutto si interrompe d'improvviso e viene nuovamente abbandonata a se stessa. Ha la sensazione di essere un peso per la madre e di avere poco valore. La bambina rinuncia presto a manifestare i suoi bisogni, sta tranquilla, fa la brava e smette presto di aver bisogno del pannolino. In questo modo ottiene il tanto desiderato sguardo materno amorevole. **Il maschio e la femmina, diventati adulti, si nascondono dietro la maschera che, durante l'infanzia, meglio li ha aiutati a sopravvivere alle carenze affettive. É questa maschera, nell'innamoramento, a far scattare l'attrazione. Inevitabilmente sopraggiunge la delusione, quando il/la partner toglie la maschera e comincia a essere se stessa/o. A quel punto, entrambi ingaggiano una lotta per la propria dignità e i propri bisogni (della prima infanzia!): l'uomo chiede libertà, la donna vicinanza.** Il distacco che si crea tra loro, a causa di questi atteggiamenti, non fa che alimentare il rispettivo dolore, che risale alle esperienze vissute nella prima infanzia. Il comportamento di entrambi è dettato dall'esigenza inconscia di non risvegliare il senso d'impotenza rimosso. È un tipo di comportamento che conoscono bene, in quanto lo hanno già sperimentato con la madre. Si trovano in un circolo vizioso: l'uomo cerca di sfuggire al senso di oppressione che prova nella relazione di coppia (per esempio, con ore straordinarie o restandosene in disparte, silenzioso e apatico), la donna gli rimprovera di non starle abbastanza vicino ("Ma insomma, non sei mai a casa!", "Perché non hai mai tempo per me?", "Non hai mai niente da dire!?"). Freud ha affermato che l'uomo, nella partner, cercherebbe la madre, mentre la donna il padre. Grazie alla mia esperienza, mi sono convinto del fatto che entrambi cercano la madre. **Ritengo che l'innamoramento sia un meccanismo che segnala il ripetersi di un trauma vissuto nella prima infanzia. Tuttavia, se è vissuto consapevolmente, può rivelarsi un'opportunità di crescita preziosa per la coppia.** All'inizio dell'innamoramento, il/la partner è generoso, disponibile, accogliente, pieno di ammirazione; offre esattamente quello che si sarebbe dovuto ricevere dalla madre durante la prima infanzia. In seguito, quando uno dei due lascia cadere la maschera, cominciano i conflitti, che ripropongono i traumi della prima infanzia. Chi ha elaborato e rivissuto questi traumi, non va più alla ricerca di altri innamoramenti e ama se stesso e il/la partner così com'è. Infatti, quando si smette di proiettare sul/la partner lo struggente desiderio di connessione primale con la madre, la relazione d'amore diventa più libera, profonda e duratura rispetto alla fase dell'innamoramento[13].

T: Come cambiano i rapporti umani, dopo un'indagine come la tua, che riconduce fino alle proprie radici e, quindi, porta a rivivere la relazione primaria? Qual è stata la tua esperienza nel percorso di crescita personale?

W: Devo ammettere che in quel centro terapeutico il lavoro su me stesso non era affatto terminato, volevo esplorare nella pratica della vita in comune, fino in fondo, tutti gli aspetti che riguardano le relazioni, per poter risalire alla loro origine. A quei tempi si parlava molto di rivoluzione sessuale, espressione coniata dallo psicanalista Wilhelm Reich. Con il movimento hippy e studentesco, dietro lo slogan 'Fate l'amore, non la guerra!', si costituirono le cosiddette comuni, in cui si tentò di mettere in pratica le teorie reichiane. Da questo movimento prese vita *Aktionsanalytische Organisation*[14], una comunità di centinaia di persone che si creò attorno all'artista viennese Otto Mühl. Questo gruppo si era prefissato il superamento della struttura familiare nucleare borghese; tutto era condiviso, proprietà, lavoro, reddito, cultura, vita sociale e sessuale. Le madri erano incoraggiate a dedicare il tempo necessario ai figli. I risultati furono straordinari: quei bambini erano più avanti dei loro coetanei, ad ogni livello e in ogni fase della cresci-

13. Si veda *La prima ferita, La sindrome di Giocasta e Laio*, pag. 94.
14. AAO (Organizzazione di Analisi dell'Azione), *Das AAO-Modell e AAO pro & contra*, AA Verlag, Neusiedl am See. N.d.t.

ta. Le donne partecipavano a tutte le attività agricole e alla demolizione o costruzione di edifici per la comunità, in continua espansione. Per principio, esse potevano assumere qualsiasi ruolo, come gli uomini; così a volte erano direttrici di cantiere o manovravano la scavatrice. Per liberarsi delle abitudini borghesi, i membri della AAO praticavano un tipo di psicoterapia espressiva per affrontare i conflitti e arrivare a vivere liberamente il rapporto di coppia. Purtroppo questa pratica divenne quasi un dogma e si tentò di demonizzare l'innamoramento con argomentazioni razionali e pressione psicologica. Conobbi alcuni membri di questo progetto e mi resi conto che, così facendo, senza esserne consapevoli, essi perdevano un'opportunità preziosa per comprendere l'origine inconscia dell'innamoramento e poter, quindi, giungere all'amore vero. Il loro modello si rivelò in parte un fallimento e Otto Mühl fu in seguito addirittura condannato per abuso su minori. Ritengo sia fondamentale esplorare tutte le fasi dell'attrazione sessuale, sperimentandole direttamente, ma senza passare all'atto. Io stesso fondai una comunità assieme a una decina di terapeuti in formazione, anch'essi interessati ad approfondire gli aspetti legati alla sessualità e alla convivenza[15]. Partivamo tutti da esperienze simili e desideravamo approfondire il processo di crescita personale che avevamo iniziato. Ognuno di noi a turno, assumendosene la piena responsabilità personale, assumeva il ruolo di terapeuta o di paziente/cliente. Ci trasferimmo in una fattoria, dove allestimmo con cura una sala terapeutica attrezzata con materassi. Sapevamo da precedenti esperienze che la nudità facilita una sorta di ritorno agli avvenimenti della prima infanzia, quindi trascorremmo molto tempo insieme senza vestiti. In tal modo ci confrontavamo con le nostre inibizioni e con i sentimenti ad essi collegati. Questo contesto, assieme alla regola di non usare alcun tipo di violenza fisica contro noi stessi o gli altri, ci permise di sperimentare emozioni fortissime, senza farci del male. Per un anno intero ogni giorno abbiamo trascorso circa 6 ore assieme in questo spazio. Prendendo come punto di partenza le nostre relazioni e i conflitti quotidiani, siamo stati uno 'specchio' per l'altro. Abbiamo condiviso tutto: la noia, il vuoto, la creatività, l'attrazione sessuale, il rifiuto, la gelosia, l'invidia, l'odio omicida, ma anche una profonda empatia e l'amore. Al nostro progetto s'interessarono alcuni terapeuti americani, che si trovavano in Germania per insegnare il loro metodo a psicanalisti, psichia-

15. Si veda *La prima ferita, La sessualità*, pag. 124.

tri e psicologi. Due di loro decisero di vivere alcuni mesi assieme a noi, lasciandosi coinvolgere completamente. Ognuno di noi, sotto la supervisione degli altri, apprese, in questo processo collettivo di autocoscienza, ad applicare al momento opportuno diversi metodi terapeutici. Ci rendemmo conto sempre più del grande valore che hanno i sentimenti e le emozioni e di quanto fosse importante lasciarli emergere spontaneamente. Cominciammo a seguirli come un filo conduttore, fidandoci della nostra intuizione. Talvolta organizzavamo ritiri intensivi di 10 giorni, a cui parteciparono anche terapeuti provenienti da altri centri. Stavamo insieme giorno e notte, nella stessa stanza. Facemmo esperienze che furono possibili perché non vi era alcun rapporto di potere e di subordinazione, come invece solitamente accade tra terapeuta e paziente. Diffido esplicitamente dell'idea di ricreare situazioni simili a quelle che vengono descritte in sedute terapeutiche, poiché si rischia un abuso di potere. **Spesso infatti il terapeuta esercita un grande potere sul paziente, che gli attribuisce l'autorità di una figura genitoriale. Il terapeuta, se non ha risolto i suoi traumi primali, si lascia facilmente sedurre dall'ammirazione altrui, a causa del bisogno inconscio di compensare l'autostima ferita nella prima infanzia.** In questo modo, specialmente se sente attrazione sessuale, cade in una trappola e perde un'occasione per entrare in contatto con se stesso, impedendo contemporaneamente al paziente di approfondire il suo processo di autocoscienza. In quel periodo facemmo anche esperienze riguardanti la sessualità. **Sono dell'opinione che la sessualità (non intendo qui l'atto sessuale, bensì i sentimenti correlati) sia la forma di energia più potente per ricollegarsi con gli avvenimenti della prima infanzia.** Queste esperienze ci hanno fatto prendere coscienza delle conseguenze che il vissuto personale nel periodo primale ha sull'intera società. Vi racconto un episodio, che ben illustra il nostro lavoro; in questo caso non erano stati predefiniti i ruoli di terapeuta e paziente. Io e Lina, una collega, ci stavamo coccolando ma, ad un certo punto, il suo abbraccio divenne sempre più stretto, si aggrappava stretta a me e sentiva l'impulso di lottare. Quando lei assunse la posizione fetale, io la cinsi con le braccia. Lina provava un forte malessere e un acuto mal di testa (soffriva spesso di forti attacchi di emicrania). Nonostante io la abbracciassi con amore, lei continuava ad aggrapparsi con un'espressione di panico negli occhi. Cominciò a lottare con me, ma in modo molto infantile. Mi accorsi che si batteva per sopravvivere, ma la mia prima ipotesi – cioè che stesse rivivendo il momento della nascita – sembrava sbagliata, in quanto alternava l'aggrapparsi allo staccarsi da me. Non volevo azzardare un'interpretazione prematura, né influenzare il processo con il mio comportamento. Stranamente, Lina puntava i piedi in avanti e cercava in tutti i modi di svincolarsi dalla mia stretta. Abbiamo entrambi lottato fino all'esaurimento e compresi che si trattava proprio della nascita, che era stata molto dolorosa. Lina era in posizione podalica e, evidentemente, fu 'strappata' a sua madre, venendo al mondo mezza morta – troppo stanca per riuscire a esprimere i suoi bisogni. Dopo aver rivissuto la nascita e il brusco distacco dalla madre, Lina, apatica e intorpidita, abbandonò il contatto con me, che nel corso del processo rappresentavo la madre. Desiderava soltanto ritornare nel grembo materno. Scemato il dolore, quando si rese conto che aveva lasciato definitivamente l'utero dietro di sé, subentrò la calma e mi chiese di tenerla un po' in braccio. A quel punto, mentre la tenevo tra le mie braccia, le sue labbra cominciarono a fremere e cercò di attaccarsi al seno. Succhiava avidamente, abbandonandosi piena di fiducia. Io mi sentivo in tutto e per tutto una madre; mi sentivo capace di offrire calore materno e totale dedizione. **Ho capito in quel momento quanto sia importante il contatto fisico, pelle contro pelle, e il primo incrocio di sguardi subito dopo la nascita: essi risvegliano nella madre l'istinto materno, nel neonato il riflesso di succhiare e di aggrapparsi al corpo della madre, proprio come fanno i cuccioli dei primati.** D'un tratto, nel bel mezzo di questo momento gioioso, sentii un dolore immenso. Iniziai a gridare disperatamente, perché stavo dando a lei qualcosa che io stesso non avevo ricevuto da mia madre[16]. Regredii allo stadio di neonato, mentre Lina, grazie a ciò che aveva appena rivissuto, fu disposta a farmi da madre e a tenermi in braccio amorevolmente. Pensate che, prima, non sopportava i bambini piccoli! Piansi disperato. Quando mi calmai, cominciai a stringere le labbra. Istintivamente, Lina mi offrii il seno e iniziai a succhiare con voracità, tanto che, a un certo punto, temetti di farle male, ma lei mi rassicurò. Continuai a succhiare con grande piacere e, nel mentre, mi misi in posizione fetale. Mi sembrava che Lina mi tenesse in braccio esatta-

16. Al tempo di questa intervista, alcuni aspetti riguardanti il neonato e i genitori non mi erano ancora del tutto chiari. Ora in base all'esperienza raccolta negli ultimi anni, posso affermare che una reazione simile alla mia può essere propria di molti genitori e può rendere loro difficile o addirittura impossibile occuparsi in modo adeguato del figlio. Allo stesso tempo, è un'occasione unica per entrare in contatto con il proprio bambino interiore e integrarlo, se vissuta con consapevolezza dalla coppia e sostenuta da un ambiente amorevole.

mente come, da neonato, avrei voluto che facesse mia madre. Infine tutto il mio corpo cominciò a vibrare ed eiaculai, senza aver avuto un'erezione. Fu molto bello, tuttavia Lina si ritrasse spaventata. In un primo momento, credetti di aver commesso un errore e temetti di venir 'punito' dal gruppo che ci stava osservando, come quando da bambino facevo pipì nel posto sbagliato. Si stava ripetendo proprio lo stesso meccanismo della mia infanzia. La reazione fu, invece, di forte empatia, tutti avevano compreso quello che era successo. In seguito, Lina spiegò di aver reagito così quando si era accorta che Max, il suo compagno, ci guardava con un'espressione cupa. Lina si era sentita in colpa perché, da tempo, non provava più attrazione sessuale per lui, eppure insisteva a chiedergli coccole, cosa che infastidiva Max. Il motivo della sua reazione non era, quindi, un rifiuto di fronte al mio lasciarmi andare ad uno stato di beatitudine. Entrambi, comunque, avevamo (ri)vissuto una situazione realmente accaduta e, qualche tempo dopo, la madre confermò a Lina il difficile parto podalico. In seguito, gli attacchi di emicrania si fecero sempre più rari. Max negava di essere geloso e affermava di non avere problemi nell'affrontare quella situazione. Ma, alcuni giorni dopo, quando Lina e io ci riavvicinammo, le cose cambiarono. Dopo aver vissuto assieme una tale esperienza, ci sentivamo più adulti e aumentò l'attrazione sessuale tra di noi[17]. Quando Max se ne accorse, cominciò a urlare dalla rabbia e dalla gelosia. Nel corso di questo processo, uscirono un odio profondo e la voglia di distruggere tutto, Lina compresa. A scatenare la sua invidia era il fatto che lei potesse rifiutarsi a lui, mentre, al contrario, provava attrazione per me e mi si concedeva. Lui, che l'aveva da sempre ritenuta frigida, era ora costretto ad accettare che Lina potesse provare desiderio sessuale. **Grazie allo sfogo emozionale, Max capì che il suo odio era, in realtà, rivolto verso la madre al tempo dell'infanzia**[18]. Con tutta la sua forza, si ribellava a quella che aveva vissuto come un'ingiustizia: quando era nato il fratello, aveva avuto l'impressione che la madre desse a quest'ultimo tutto ciò che a lui era stato negato e che aveva invece desiderato. Per farle sentire quale torto gli aveva inflitto, Max era pronto a tutto, anche a ucciderla, mosso com'era dalla disperazione. **Quando si spinse ancora più in profondità, tornando al periodo neonatale, rivisse il dolore provato a causa**

17. Si veda *La prima ferita, Frigidità*, pag. 125.
18. In tutto il libro, quando si parla della madre al tempo dell'infanzia, ci si riferisce all'immagine percepita dal singolo quando era neonato e bambino. N.d.t.

della separazione dalla madre, che si era rifiutata di concedergli quel contatto pelle contro pelle che il fratello, invece, aveva vissuto. La sua rigidità cominciò a sciogliersi, pianse disperatamente. Ma già prima che Max vivesse questa regressione, l'attrazione sessuale tra Lina e me era svanita. Entrambi provavamo amore materno di fronte a questo 'neonato' che piangeva. L'emozione di Max ci aveva toccato il cuore in modo così forte, che la sessualità non era più importante. Sentivamo il desiderio di essere vicini a questo 'neonato adulto', che ora voleva stare tra la madre (alias Lina) e il padre (il sottoscritto). Lo prendemmo tra di noi, abbracciandolo affettuosamente. Anche lui sentì l'impulso di attaccarsi al seno, ma temeva di venir rifiutato dalla figura che vedeva come la madre (cioè Lina). Alla fine si fece coraggio, le chiese il permesso e Lina acconsentì. Dopo quest'episodio, Max divenne un adulto consapevole, un uomo maturo e presente. Fu allora che Lina si sentì di nuovo attratta sessualmente da lui, come all'inizio della loro relazione. Fui molto commosso dal loro abbraccio. L'esempio di questa coppia ci fa capire quali conseguenze possa avere su di noi il concetto di 'fare il bravo' che ci viene proposto nell'infanzia e ci permette di comprendere il ruolo inconscio dell'uomo nella frigidità femminile. L'esperienza che ho vissuto con Lina riguarda non solo la relazione di coppia, ma anche quella tra madre e bambino. Essa dimostra che le difficoltà a donarsi di tutto cuore sono superabili se si è disposti ad immergersi nel dolore ed esprimerlo fino in fondo. Questo potrebbe, per esempio, evitare a tante donne di sentirsi sopraffatte dal loro ruolo di madre, prevenendo la depressione postpartum[19].

T: Hai menzionato più volte il concetto di appartenenza. È corretto dunque affermare che all'origine della violenza vi è la mancanza di senso di appartenenza? È questa mancanza che può far scattare sentimenti che spingono ad agire in modo violento, o che, dopo essere stati repressi possono esplodere all'improvviso con comportamenti distruttivi e autodistruttivi?

W: Il bambino esprime il bisogno di appartenenza attraverso il pianto. Se resta inascoltato, quel pianto diventa rabbia e disperazione. Quando viene separato dalla madre subito dopo la nascita e viene lasciato da solo, spes-

19. Si veda *La prima ferita, La depressione postpartum*, pag. 34.

so finisce con il rassegnarsi e smette di esprimere i suoi reali bisogni. In apparenza, è diventato 'bravo', è facile da accudire: un modo efficace per assicurarsi un minimo di appartenenza. Il bambino che, invece, manifesta apertamente, la sua rabbia (legittima!), spesso viene punito. Allora prova un misto di odio e invidia per il potere della madre, che può accoglierlo o escluderlo a suo piacimento. Egli cercherà di farle male, tanto male quanto ha dovuto subirne lui. In che modo? Per esempio, morderà il seno, si rifiuterà di mangiare o ignorerà la madre, soprattutto se lo ha lasciato solo troppo a lungo[20]. Se viene ulteriormente punito per questi atteggiamenti, il bambino vive la punizione come una grande ingiustizia e sviluppa rancore e desiderio di vendetta.

Io considero il senso di appartenenza, specialmente nella prima infanzia il bisogno più importante dell'essere umano. Per questo, tanti genitori – sentendosi impotenti – ricorrono con 'successo' alle armi più efficaci per sottomettere il bambino: la minaccia di esclusione ("Fila in camera tua!") e tenere il broncio ("Non parlo con te"). Qui posso riallacciarmi alla domanda che mi è stata posta da due bambini che non capivano perché mi chiudessi in bagno. Da piccolo sono stato punito quando facevo i miei bisogni al momento o nel posto sbagliati. Sapevo che urinare e defecare erano atti positivi, anzi mi venivano esplicitamente richiesti, ma non capivo dove e quando fosse corretto farlo. In una di queste occasioni mia madre mi scaraventò con violenza nel letto, perché avevo sporcato il pavimento. Da quel momento non riuscii più a urinare tranquillo se qualcuno mi stava a guardare. Questa inibizione si attivò in seguito anche su un piano intellettuale, tanto che mi induceva sofferenza da bambino a scuola, in occasione di interrogazioni ed esami, e, da adulto, quando dovevo parlare in pubblico. Ho anche riscontrato che simili meccanismi innescano l'impotenza sessuale. **Il bambino, per essere amato, impara fin dalla prima infanzia a corrispondere ai desideri dei genitori. Fa di tutto, pur di non perdere l'appartenenza. Molti diventano 'bravi', si rassegnano e nascondono la loro rabbia dietro una maschera di gentilezza. Altri si ribellano a quella che sentono come una grande ingiustizia. Sia i ribelli che i rassegnati accumulano dentro di loro lo stesso odio, ma nel secondo caso esso si manifesterà in-**

20. Si veda schema *Appartenenza – separazione – esclusione – violenza* in *Appendice* e si veda *La prima ferita, Violenza e tendenze autodistruttive* pag. 56.

direttamente, in conflitti quotidiani che a prima vista non sembreranno collegati alle esperienze vissute nella prima infanzia. Chi si è rassegnato nell'infanzia, da adulto spesso è insoddisfatto della sua vita sessuale e si sente a disagio nelle relazioni d'amore. Convinto che la colpa sia del partner, reagisce rifiutandosi e ritirandosi nel proprio guscio. Così facendo, soprattutto nell'ambito della sessualità, va a colpire il/la partner nel punto più vulnerabile. I sentimenti che si risvegliano sono quelli vissuti nella prima infanzia e poi rimossi. **La sessualità e la relazione di coppia rappresentano, quindi, un'opportunità per ricollegarsi ad avvenimenti passati e per prendere coscienza dei sentimenti che vengono inconsciamente repressi.** A patto di non chiudersi di fronte alle situazioni conflittuali. In tali momenti può emergere un senso d'impotenza, che può sfociare in impulsi violenti, l'espressione dell'odio accumulato nei confronti della madre durante la prima infanzia. **In apparenza, la soluzione più semplice risulta la fuga in una nuova relazione, nella quale inevitabilmente si ripeterà la stessa dinamica.** Gelosia e invidia, quindi, sono collegate alla paura di perdere l'appartenenza e ognuno reagisce con i moduli comportamentali sperimentati nella relazione con la propria madre: si ribella oppure fa il bravo. Grazie a un processo di autocoscienza, si può giungere alla consapevolezza necessaria per risolvere definitivamente queste dinamiche. Il bambino che si oppone alle punizioni ritenute ingiuste è spesso disposto a mettere tutto in gioco, paradossalmente anche la propria appartenenza, pur di farsi ascoltare. Infatti l'appartenenza, con il susseguirsi di ingiuste punizioni, perde sempre più valore al punto che rinunciarvi del tutto non gli sembra poi così doloroso. Questo bambino esprime il disagio risalente al periodo primale, quando non sapeva ancora parlare e quindi si negava, picchiava, sputava il cibo, rompeva oggetti, cioè adottava i mezzi che aveva a disposizione in quel momento. Spesso però questa frustrazione non viene compresa dalle persone alle quali il bambino si rivolge e questi rimane con uno schiacciante senso di impotenza, si sente penalizzato e si vendicherà con atti di vandalismo e di violenza, che saranno puniti con reclusione in istituti di rieducazione o, più tardi, in carcere. Otterrà dunque proprio quello che già lo aveva fatto soffrire in passato, cioè l'esclusione.

Molti giovani che commettono vandalismi e violenze hanno subìto misure punitive di esclusione nella prima infanzia. Crescendo, poi, ripropongono le stesse esperienze: strutture di internamento, ospedale

psichiatrico e carcere sono, infatti, ripetizioni della separazione vissuta dopo la nascita. Ogni volta che vengono di nuovo esclusi/reclusi, si risvegliano i sentimenti rimossi risalenti alla prima infanzia e aumenta l'odio, come in una spirale infinita. Quando queste persone diventano adulte, ogni ulteriore esperienza di esclusione, specialmente nella relazione di coppia, risveglia il loro vecchio sentimento di odio. Molti di loro si vendicheranno su chi ritengono responsabile della loro esclusione, riversando lì tutto l'odio omicida che sarebbe stato rivolto verso la madre al tempo dell'infanzia. **La società, invece di investire in misure repressive, dovrebbe adoperarsi per una reale prevenzione: il sostegno ai genitori e la difesa dei diritti del bambino. Queste resteranno però solo belle parole fino a che non si comprenderà quanto sia importante la relazione tra madre e bambino e quanto sia prioritario che essi trascorrano insieme i primi anni, cominciando subito alla nascita.** Gli esempi qui illustrati hanno due punti in comune: la lotta e il senso di impotenza. Dietro di essi si cela il trauma della separazione e dell'abbandono. Chi potrebbe supporre che questi casi si riferiscono alla mia vita e siano dei frammenti del mio processo di autocoscienza? Eppure sono rappresentativi di quelli che possono essere i traumi infantili vissuti dalle persone che accompagno con il Lavoro Emotivo e Corporeo, tutte persone cresciute in famiglie cosiddette normali. Mentre, poco a poco, nel corso del mio processo di crescita interiore, affrontavo tutti questi traumi, sentivo crescere in me un'energia che, nei momenti di crisi, nutriva la mia forza vitale. Cominciai a riconoscermi parte integrante del Tutto divino.

T: Puoi fare un esempio concreto di quanto hai spiegato, tratto dalla tua esperienza professionale?

W: Dopo aver lavorato per alcuni mesi come assistente in un centro terapeutico, trovai impiego nell'ambito di un progetto sperimentale per giovani con problematiche legate all'uso di stupefacenti[21]. Eravamo un team di 10

21. La compensazione delle mancanze sofferte tramite la *seconda scelta*, come felicemente la chiama l'autore, è affrontata in maniera approfondita nel primo volume. Nell'infanzia il bimbo viene tranquillizzato con il ciuccio o un pupazzo di peluche, da adulto cerca conforto nel cibo, nell'alcol e nelle droghe, negli acquisti, nel prestigio sociale, nel mondo virtuale del telefonino e del computer ecc. N.d.t.
Si veda anche lo schema *Seduzione e abuso*.

persone, tra psicologi, assistenti sociali e un consulente legale. L'obiettivo era il recupero dei deficit di questi ragazzi, in vista di un successivo reinserimento nella società. Ai ragazzi si voleva offrire la possibilità di rielaborare il proprio vissuto, di assumersi piena responsabilità per le loro azioni e di fare un'esperienza nuova: poter sbagliare e fallire, senza perdere l'appartenenza all'ambiente sociale della casa di accoglienza. Io ero il terapeuta del gruppo, ma avevo anche il compito di guidare il team e coordinare il progetto.
Subito mi fu chiaro che potevo dimenticare i 'ferri del mestiere'. I giovani non erano interessati ad attività terapeutiche, la maggior parte di loro non era disposta a collaborare con il team e quelli che lo erano venivano sistematicamente minacciati dagli altri. Noi del team, ai loro occhi, rappresentavamo l'odiata società. Alcuni avevano alle spalle un passato fatto di istituti, ospedali psichiatrici, carcere. Per loro, l'accoglienza nella nostra struttura era l'ultima spiaggia, per non tornare da dove erano venuti. Il comportamento distruttivo di alcuni di loro ostacolava gli sforzi compiuti dal team per garantire un ambiente vivibile. Sopraffatti, noi operatori subivamo le provocazioni, in realtà destinate alla società, che a sua volta faceva le veci della madre al tempo dell'infanzia. Alcuni ragazzi, i 'sobillatori', istigavano quelli che, invece, erano impegnati con creatività a recuperare (ad esempio riprendendo gli studi, cercando un impiego come apprendisti). Spesso, purtroppo, riuscivano a trascinarli di nuovo nel vortice distruttivo. Non è sorprendente, quindi, che in breve tempo diversi operatori risultassero esauriti e depressi.
Anch'io, dopo circa un mese, entrai in crisi. Tuttavia, al contrario di altri che se ne andarono, io rimasi. Ero deciso a comportarmi in modo coerente e chiaro con tutti, sia i colleghi che i ragazzi, e ad esprimere e rispettare i miei bisogni, in modo da conservare il mio equilibrio. In breve, **ero fermamente intenzionato a essere presente al cento per cento, ad agire in ogni situazione a favore della ricostruzione, senza lasciarmi demoralizzare di fronte ad atteggiamenti distruttivi e soprattutto, contrariamente a quanto affermano le teorie in voga nelle professioni di assistenza, ero intenzionato a lasciarmi coinvolgere emotivamente.** Il mio modo di affrontare la distruttività diventò simile a una danza, come quella che si intravede tra yin e yang nel simbolo del tao.
Ma passiamo ad un esempio concreto.

La violenza maschile

Peter arrivò da noi a 14 anni. Secondo la legge, era troppo giovane per il nostro progetto pilota che accoglieva ragazzi a partire dai 16 anni. Fu accettato in via eccezionale per la gravità della sua situazione. Peter aveva trascorso gli ultimi tre mesi in una clinica, legato al letto con delle cinghie. Il personale era così impotente davanti ai suoi eccessi di rabbia e agli atti vandalici, che non sapeva cos'altro fare se non tenerlo legato. Distruggeva le cabine telefoniche e le apparecchiature mediche e si rifiutava di parlare. Tutti credevano che gli unici luoghi adatti ad ospitarlo restassero il carcere, assieme a criminali adulti, o l'ospedale psichiatrico. L'ultimo tentativo, per evitare queste soluzioni ovviamente non adeguate, fu l'inserimento nel nostro progetto sperimentale. Peter poltriva in stanza tutto il giorno e non si riusciva a comunicare con lui. Si alzava solamente di notte, quando saccheggiava le dispense altrui. Per questo motivo tutti lo odiavano, ma il limite arrivò quando cominciò a compiere atti di vandalismo. Un giorno trovammo tutti gli interruttori della luce distrutti. Non avevamo la prova che fosse stato lui. Poteva essere stato qualcun altro che lo detestava per attirare i sospetti su di lui. Era difficile accusarlo senza prove e ancor più difficile motivarlo a riparare i danni. Sostituii gli interruttori, ma dopo pochi giorni erano di nuovo fuori uso. Successe perfino che qualcuno prese la scossa per aver toccato un filo scoperto cercando di accendere la luce al buio. Gli operatori non ne potevano più e valutarono che, per il bene di tutti, Peter doveva andarsene. Ma io non ero d'accordo. **Mi sembrava comodo ricorrere ancora una volta all'esclusione, come aveva fatto la società, senza cercare un confronto diretto con lui.** Ero determinato a non lasciarlo andare prima di uno scambio emozionale. Volevo lasciarmi coinvolgere completamente, in modo che, al massimo, sarebbe stato lui stesso a decidere di andarsene. Mi occupavo anche dei lavori di manutenzione e pensai di andare da Peter, che come al solito era a letto, per chiedergli di aiutarmi a riparare gli interruttori della luce. Quando gli rivolsi la parola, lessi tanta paura nei suoi occhi: sembrava un animale braccato. Ma non c'era niente da fare, non intendeva schiodarsi dal letto. A quel punto gli dissi che non accettavo che se ne stesse sdraiato tutto il santo giorno. Lui, girandosi dall'altra parte, mi ignorò. Restò di stucco quando, con decisione, lo tirai giù dal letto. In lui crebbe la rabbia, iniziò a picchiare e a fare mosse di karatè, ma, per fortuna, riuscii a schivare i suoi colpi senza usare violenza. Ben presto Peter si rese conto

che non intendevo picchiarlo: volevo semplicemente impedirgli di rimettersi a letto. Fu allora che scaricò tutta la sua rabbia contro l'armadio nuovo, costruito appositamente per lui nel nostro laboratorio di falegnameria. Lo demolì completamente e poi tentò di sedersi sul letto, ma io glielo impedii. Dopo l'armadio, fu la volta delle finestre ad andare in frantumi. Prese a calci le pareti di cartongesso, fino a far uscire lo strato isolante di lana di vetro. Lottammo a lungo, senza che nessuno di noi si desse per vinto. All'ora di pranzo gli proposi di andare a mangiare insieme e di riordinare la sua stanza in seguito. Peter non rispose di sì, però riconobbi nei suoi occhi profonda soddisfazione, perché avevo riconosciuto la sua dignità. Non si era lasciato battere e usciva vincitore: poteva, quindi, decidere lui cosa voleva concedere. Io accettai che fosse così. A tavola, gli altri ragazzi lo accolsero come un eroe – finalmente qualcuno che era riuscito a dimostrare all'odiato team (metafora della società e della madre) come non si potesse fare di loro quel che si voleva. Dopo aver mangiato, riordinammo la sua stanza e in quell'occasione Peter mi raccontò la sua storia. Nel frattempo nasceva in me una grande stima per lui. L'odio che provava e il fatto di essere indomabile erano un segno del suo orgoglio. Fin dalla prima infanzia si era battuto contro un trattamento da lui ritenuto ingiusto. Il padre non si era mai occupato di lui e la madre, sola, aveva reputato di non poterlo tenere con sé. Peter aveva trascorso i suoi primi anni in svariati istituti. Infine la madre si sposò, incinta di un altro bambino. Vista la migliore situazione economica, riprese con sé Peter, che allora aveva 5 anni.
Tuttavia, Peter non sopportò che la madre accudisse il fratellastro, né che questo avesse un vero padre. Ai suoi occhi, il fratellino era privilegiato rispetto a lui. Si ribellò contro quella che per lui era un'ingiustizia, ma venne spesso punito con percosse o con l'isolamento in camera. Ben presto Peter fu nuovamente affidato a un istituto. Siccome diventava sempre più intrattabile, cominciò a essere sballottato da un istituto all'altro. Sempre più raramente passava il fine settimana dalla madre, finché le sue visite furono sospese del tutto.

È comprensibile che Peter si comportasse in modo così violento ed era evidente che, da adolescente, era dominato dall'impulso a ripetere situazioni che, inevitabilmente, andavano a risvegliare il senso di esclusione provato nell'infanzia.

T: Riallacciandomi all'esempio di Peter, ti chiedo se esiste un nesso fra le azioni di violenza e vandalismo commesse da parte di gruppi estremisti o di persone disadattate e una mentalità razzista del cittadino 'normale', che non è cresciuto in orfanotrofio e non ha alle spalle esperienze di istituto di rieducazione, carcere, ospedale psichiatrico ecc.

W: Innanzitutto va chiarita una cosa: i bambini rimasti orfani si trovano in una situazione molto diversa. Non hanno da lottare con i genitori per meritarsi l'appartenenza e, spesso, sono in grado di condurre una vita soddisfacente se accettano la perdita irreversibile dei genitori. Tendono piuttosto alla rassegnazione invece che all'odio, tipico di chi si deve confrontare con genitori vivi, ma irraggiungibili. **In base alla mia esperienza, mi sento di affermare che esiste una correlazione tra un comportamento violento e il dolore provato a causa di esperienze di separazione ed esclusione, specialmente nella prima infanzia con la madre. Peter è solo un esempio di una dinamica di comportamento che si può riscontrare in molti giovani, la cui origine sta nell'odio accumulato a seguito della mancata soddisfazione dei loro bisogni quando erano bambini.**
È utile e istruttivo porre in evidenza il caso estremo di Peter incontrato nell'ambito della mia attività professionale. Nel corso di vent'anni ho potuto constatare come praticamente tutte le persone nel contesto culturale occidentale custodiscano dentro di sé un nucleo di odio simile a quello di Peter. **Attraverso il Lavoro Emotivo e Corporeo, ho osservato che alla base di questo odio c'è il senso di impotenza provato a causa della separazione dalla madre subìta dopo la nascita e anche in seguito, durante i primi mesi di vita. Non è necessario che la madre sia del tutto assente, basta che il bambino sia lasciato nella culla o nel passeggino e che le sue richieste di vicinanza e di contatto siano ignorate. Spesso, queste persone, che covano inconsciamente l'odio, sono genitori 'normali', desiderosi di crescere amorevolmente i loro figli. Eppure, talvolta, sopraffatte dal senso di impotenza, sono tentate a far uso di violenza contro i propri bambini o si ritrovano a passare ai fatti loro malgrado.** Il Lavoro Emotivo e Corporeo è stato per molti di questi genitori uno strumento per vederci chiaro e riappacificarsi con se stessi. Durante il processo di autocoscienza, tutti indistintamente riconoscono che, quando si trovano in situazioni in cui provano gelosia o senso d'impotenza, emergono in loro emozioni identiche

a quelle descritte parlando di Peter.

Chi nella prima infanzia non riceve abbastanza amore cerca di compensare la sua mancanza[22], nell'immediato e anche in futuro, a volte per tutta la vita. Per esempio, tipico comportamento dei giovani con problemi d'inserimento sociale è viaggiare senza biglietto sui mezzi pubblici. Dopo essere stati più volte colti in flagrante, viene inflitta loro una multa che non sono in grado, o si rifiutano, di pagare. L'ammenda viene commutata in pena detentiva con la condizionale. La condanna non basta per far loro cambiare abitudine, infatti, continuano a viaggiare senza pagare. Alla fine, vengono davvero rinchiusi in carcere oppure, all'epoca, venivano accolti nel nostro progetto pilota. Questi ragazzi avevano un altro punto in comune: non avevano relazioni di coppia durature. Ogni separazione dal partner risvegliava il senso di esclusione, che cercavano di compensare rubando o viaggiando senza biglietto. Sembrava proprio che il loro comportamento avesse a che vedere con la sensazione di essere amati o rifiutati. **Erano 'guerrieri solitari' alla ricerca di solidarietà e appartenenza, che trovavano tra chi aveva esperienze simili[23].** Alcuni di loro simpatizzavano o erano in contatto con l'ambiente dei neonazisti o degli skinheads. Lì il comportamento violento e aggressivo è considerato una virtù e la vendetta per i torti subìti un legittimo diritto. Per lo più tenevano nascosti questi rapporti e li interrompevano quando si innescava in loro un processo di crescita interiore. Con sollievo, a questo punto, ne parlavano con qualche operatore, esprimendo anche la paura di ritorsioni in quanto avevano promesso di non rivelare niente a nessuno, pena la vita. Posso affermare che chi perde molto presto il senso di appartenenza, cioè chi viene separato dalla madre subito dopo la nascita (cosa che ancora oggi rappresenta la prassi), prova un grande senso d'impotenza e accumula sentimenti di odio dentro di sé. I ragazzi che abbiamo accolto nel nostro progetto non si erano mai rassegnati. Chi invece si adatta e fa il bravo, spesso finisce per riversare l'odio nato dal senso d'impotenza su se stesso. Per esempio, ha poca autostima, fallisce nella vita, tende ad incorrere in incidenti, si rovina la salute fumando, bevendo

22. Con amore si intendono azioni concrete in risposta ai bisogni biologici (essere portati, allattati, accolti), accompagnate da uno stato d'animo accogliente; con compensare la mancanza, si intendono tutti i comportamenti di seconda scelta, si veda schema *Seduzione e abuso* in Appendice. N.d.t.

23. La ricerca di appartenenza con l'adesione a gruppi di ogni tipo o a ideologie si ritrova in vari capitoli del primo volume, assieme alla risultante corruzione e manipolazione.
Si veda anche schema *Seduzione e abuso.*

o drogandosi, soffre di bulimia o anoressia, tenta il suicidio. Oltre che in orfanotrofio, alcuni ragazzi erano cresciuti coi nonni, altri erano stati dati in affido o in adozione. Spesso, comunque, avevano sofferto per la mancanza di contatto fisico e emozionale con la madre nella prima infanzia e avevano provato una gelosia immensa e furiosa vedendo la madre dedicarsi a un fratello o al partner. Sentivano anche un misto di odio e invidia verso la madre, per il suo potere di concedersi o rifiutarsi. La loro aggressione era rivolta sia contro la madre che contro il rivale del momento. **Se ne deduce che il vandalismo non è altro che una forma di vendetta, in cui si colpisce la madre, rappresentata dalla società. Le varie forme di razzismo, invece, sono l'espressione della voglia provata da bambino di allontanare, o addirittura uccidere, chi in quel tempo ha ottenuto l'amore dalla madre negato invece all'altro. L'odio micidiale che ne consegue è del tutto simile a quello provato durante la prima infanzia.** In genere, tutti i membri di gruppi estremisti si aggregano alla ricerca di quel calore e quella vicinanza che sono loro mancati all'interno della famiglia di origine, soprattutto con la madre. È facile, con un'adeguata manipolazione, risvegliare i sentimenti di odio rimossi risalenti alla prima infanzia e muovere questi gruppi verso atti di vendetta collettiva per l'ingiustizia subìta contro un capro espiatorio. L'adesione a certi gruppi estremisti permette allo stesso tempo di colpire la madre così come la si ricorda nell'infanzia – rappresentata dalla società – e di scacciar via il fratellino – rappresentato dagli stranieri - o chiunque altro abbia ricevuto l'amore della madre. Più la società è indignata, più essi sono soddisfatti e vengono applauditi dai compagni. Lo Stato investe molto nella repressione degli eccessi e cerca anche di realizzare una costosa opera di prevenzione. È un'illusione credere che le misure punitive di reclusione siano un mezzo efficace per combattere la violenza. **Una prevenzione davvero efficace sarebbe la creazione di condizioni sociali tali da garantire a tutte le madri i mezzi necessari e i servizi di sostegno psicologico per dedicarsi ai figli nella prima infanzia.** Un riconoscimento politico dell'importanza della figura materna nel periodo primale, dovrebbe includere: la tutela del benessere[24] in gravidanza e alla nascita; il diritto all'integrazione

24. La coppia in attesa di un figlio ha grande necessità di tempi e spazi per potersi dedicare al lavoro psicologico necessario ad accoglierlo, evitando di perpetuare ingiustizie e violenze subìte fino a quel momento. Il benessere in gravidanza non ha niente a che vedere con il monitoraggio per valutare i fattori di rischio, cosa che oggi viene fatta in modo talvolta eccessivo e che purtroppo spaventa e inquieta le

del bambino sul posto di lavoro della madre, se compatibile con l'ambiente lavorativo e se desiderato dai genitori, per almeno i primi due anni di vita; il diritto al part-time e alla sospensione temporanea dell'attività lavorativa, con la garanzia di un sussidio integrativo minimo dignitoso e senza penalizzazioni di carriera, per almeno i primi due anni. Questi diritti dovrebbero essere estesi anche al padre.

T: Finora, per quel che concerne l'origine della violenza, hai menzionato prevalentemente la relazione con la madre e hai spiegato come la società si ritrovi a essere una metafora della figura materna. Ma in che misura il comportamento di una persona può essere influenzato dalla figura paterna? O meglio, sono spesso gli uomini, quasi mai le donne, a macchiarsi di violenza. Cosa hai da dichiarare a proposito?

W: Non abbiamo ancora approfondito abbastanza cosa succede a chi nella prima infanzia è stato separato dalla madre e per riconquistare il senso di appartenenza perduto è diventato 'bravo'. **Quando questo accade si crea una 'riserva' di odio represso che, a causa del condizionamento culturale patriarcale, ha la tendenza a manifestarsi in forme diverse, soprattutto a seconda del sesso. Nell'uomo si manifesta soprattutto nella ricerca spasmodica di potere, tipica di certe carriere politiche, militari, professionali o di successi commerciali ottenuti senza scrupoli. Questa ricerca può sfociare in abuso di potere e perfino in abuso sessuale.** A livello politico, solitamente, sono gli uomini a ostacolare l'approvazione di misure di tutela della madre, per esempio la protezione dell'allattamento e provvedimenti che le garantiscano di potersi dedicare al neonato. A livello familiare, l'uomo spesso è geloso se la compagna si dedica amorevolmente al figlio. Non è consapevole del suo comportamento, che non riconosce affatto come una forma di gelosia, così come non si accorge che la partner rappresenta per lui la madre al tempo dell'infanzia, quando si dedicava al fratellino o alla sorellina. Non si rende conto neppure di aver bisogno dell'affetto che gli è mancato nell'infanzia, che adesso suo figlio, appena nato, si ritrova a ricevere. In questa situazione, la reazione è paragonabile a quella

donne invece di rassicurarle. Studi statistici sull'efficacia di esami e controlli prenatali hanno dimostrato che questi non contribuiscono all'individuazione dei fattori di rischio, se usati di routine, e che essi vanno piuttosto usati in modo mirato, solo in caso di effettiva necessità. N.d.t.

del razzista: allontanare il 'privilegiato' dalla madre o, in senso più generale, dalla comunità. Il sentimento di profondo odio è camuffato dietro ragionamenti logici, quali: "Ma lascia piangere il bambino! Deve imparare che non può avere tutto!", "Deve capire che non comanda lui!". L'odio represso delle persone cosiddette rispettabili si manifesta anche nella passione per automobili di grossa cilindrata, in una guida aggressiva e perfino nell'abitudine a masticare nervosamente chewing-gum. Un modo elegante per mordere il seno che la madre, a suo tempo, ha loro negato. Il chewing-gum fu lanciato negli Stati Uniti all'epoca in cui le donne, seguendo consigli infondati, smisero di allattare i loro figli. Si potrebbe aggiungere alla lista anche il senso profondo di svalutazione personale, la tendenza a incorrere in incidenti o a sviluppare malattie e in senso lato tutti i comportamenti autodistruttivi. Tanti sono i modi in cui una persona cosiddetta normale vive il suo odio rimosso, senza rendersene conto, a livello conscio.

T: Nel corso del tuo lavoro, ti sei imbattuto anche in forme di violenza femminile?

W: Certamente. In linea di massima, però, la donna, diversamente dall'uomo, nella prima infanzia vive l'esperienza di sentirsi meno desiderata. Di regola, impara molto presto a fare la 'brava', per non essere di peso alla madre. Dopo questa premessa, vi presento il caso di Tina, una ragazza accolta nel progetto pilota a 17 anni.

La violenza femminile

Prima di arrivare da noi, Tina aveva passato quattro anni chiusa in un ospedale psichiatrico. Amava raccontare, piena di orgoglio, questo aneddoto: "Una volta, per salvarmi, sono accorsi ben sei medici, per non parlare degli infermieri! Li avevo tutti ai miei piedi". Era maestra nei tentativi di suicidio (overdose di sonniferi, polsi tagliati) e niente e nessuno riusciva a bloccarla, a parte potenti psicofarmaci. Si vantava del fatto che vi fossero sei raccoglitori pieni di cartelle mediche su di lei e di essere stata la paziente preferita, la più amata dai medici. Non passò molto tempo e Tina cominciò questo gioco anche con noi. La nostra casa di accoglienza, però, a differenza dei luoghi a cui era abituata, era aperta e vigevano regole che permettevano ai ragazzi di imparare dai loro errori e di modificare il loro comportamento per poter poi inserirsi nella società. C'era molta libertà, ma il consumo di droghe, cannabis inclusa, e di alcol non erano tollerati, così come le minacce e la violenza. Di comune accordo, decidemmo che sarei stato io il responsabile dell'accompagnamento terapeutico di Tina. Un giorno Tina entrò senza bussare durante una riunione e mi disse bruscamente di voler parlare con me. Le risposi che prima avrei terminato l'incontro e poi, dopo mezz'ora, avrei avuto tempo per lei. Lei insistette: "Voglio parlarti subito, se non hai tempo, vedrai!". Ribadii: "Sì, fra mezz'ora arrivo". Poco dopo una sua compagna mi consegnò un biglietto con il messaggio: "Se non vieni subito, ingoio una scatola di Tavor". Chiesi che le riferissero che, come promesso, avrei avuto tempo solo dopo mezz'ora e che di quello che avrebbe fatto nel frattempo era responsabile solo lei. Aggiunsi che preferivo che non prendesse i sonniferi. Quando uscii, Tina, completamente intontita, mi aspettava in corridoio e con tono provocatorio mi disse: "Ho preso 18 pastiglie di Tavor!". Le risposi: "È stata una tua scelta, tuttavia mi dispiace vederti in questo stato". Chiamai immediatamente l'ambulanza, ma lei si rifiutò di fare la lavanda gastrica che il medico consigliava. O accettavo la sua decisione o avrei dovuto costringerla con la forza. Il medico valutava che non fosse in pericolo di vita, però avrebbe potuto subire danni cerebrali. Mi rattristava tanto vedere una ragazza intelligente rovinarsi così. Chiesi al medico cosa fosse meglio fare e mi spiegò che i danni sarebbero stati maggiori se si fosse addormentata, mentre il movimento avrebbe accelerato l'eliminazione del farmaco. Allora decisi che quella notte Tina non avrebbe dormito, bensì camminato. Le infilai il cappotto, la presi a braccetto e uscimmo in strada. Camminava come un'ubriaca, io la sorreggevo e quando cadeva la rialzavo. Dopo circa un'ora, cominciò a farfugliare parole sconnesse. Camminammo per ore e, a un certo punto, quando mi accorsi che l'effetto del sonnifero era passato, tornammo indietro. Sentivo che tra Tina e me si era sviluppata una stima reciproca. Ci eravamo avvicinati e, in seguito, mi raccontò alcuni episodi della sua vita. La mia ipotesi era corretta: Tina inscenava continuamente la lotta della prima infanzia contro la sorella, una bambina radiosa che rendeva la madre felice. Lei al contrario era piagnucolosa, difficile e aggressiva, e si attirava tutta la disapprovazione della madre. Sottovalutavo le possibili conseguenze di questa nostra vicinanza, anche se ero cosciente del fatto che Tina avrebbe potuto scuotermi profondamente. Poco tempo dopo, una sera in cui ero di turno, durante la cena uno dei ragazzi propose di giocare ‘a mamma e papà’. Io dovevo fare il padre. Una ragazza cicciottella fece la bambina piccola che voleva essere imboccata da me ma sputava tutto fuori. Tutti ridevano, meno Tina, che si alzò, gettò il suo piatto pieno contro il muro e si chiuse in camera sua. Lì, scaraventò lo stereo contro il muro e spaccò tutto, perfino i vetri delle finestre. Le chiesi invano di aprire la porta, ero preoccupato e volevo parlare con lei. Dopo una mezz’ora uscì tutta insanguinata, con ferite alla testa e ai polsi. Si gettò a terra in un angolo del corridoio e, quando la raggiunsi, piangeva disperata. Esaminai le ferite e, appurato che non erano gravi, le pulii e misi una fasciatura. A un certo punto smise di piangere, mi guardò maliziosamente dicendo: “Sai, due giorni fa, mi sono fatta di nuovo di ero”. Devo premettere che, una settimana prima, Tina aveva ammesso di fronte a noi operatori di aver sniffato eroina. Da un po’ partecipava meno ai lavori di casa e la notte la passava in discoteca, dove pare frequentasse un noto spacciatore che le offriva eroina. Le dicemmo chiaramente che non aveva scelta: se ne sarebbe dovuta andare nel caso lo avesse fatto ancora. Quindi per me fu un duro colpo sentirle dire che aveva sniffato nuovamente droga. Nonostante le volessi bene, con le lacrime agli occhi le comunicai la mia decisione: doveva andarsene. Gli altri ragazzi mi dissero che ero un pezzo di merda a mandarla via e volentieri mi avrebbero preso a calci. Tina, visibilmente soddisfatta del sostegno degli altri, mi disse: “Sai bene che se tu mi mandi via mi suiciderò. Se vuoi evitare che lo faccia, devi riportarmi indietro alla clinica psichiatrica dov’ero prima di venire qui”. Ero disposto a farlo e ci mettemmo per strada. Dopo un quarto d’ora di silenzio, mi chiese: “Ma credi davvero che io abbia sniffato eroina?”. Risposi di sì: la prendevo sul serio e credevo alle sue parole. Lei rimase zitta, pensierosa e dopo un po’ insistette: “Lo credi veramente?”. Ribadii di credere alle sue parole. Intanto ci stavamo avvicinando all’ospedale. D’un tratto fece: “E se non l’avessi fatto?”. Risposi che mi sarei arrabbiato per essere stato preso in giro, ma allo stesso tempo ne sarei stato felice. Tina rimase in silenzio. Arrivati al parcheggio domandò: “Vuoi veramente portarmi qui?”. Confermai di sì. Alla reception ci diedero un modulo da compilare. Allora Tina confessò: “Sai, non ho preso l’eroina, volevo solo vedere se fai davvero quello che dici. Non ti credevo tanto coerente”. Replicai solo: “Sì, va bene”. Tina chiese: “Ma non dici niente altro?”. “No”, risposi: “sto compilando il modulo”. Allora aggiunse: “Non vuoi che ritorni?”. Le spiegai che era stata lei a cacciarsi in quella situazione, quindi toccava a lei, non a me, decidere.

Tina, presa alla sprovvista, esclamò: "Se torno, perdo la faccia e gli altri me la faranno pagare! Sono stata proprio una stronza. Alcuni hanno addirittura pianto per me e io li ho presi per i fondelli. Sai, era la prima volta che qualcuno era triste perché me ne andavo. Come faccio!? Delusi da me, non mi accetteranno più!".
Allora le suggerii: "È vero, corri il rischio di non essere più accettata. Ugualmente valuta bene cosa desideri davvero". Tina decise di rientrare, nonostante avesse tanta paura di essere respinta. Le consigliai di dire semplicemente la verità. Arrivammo alla casa di accoglienza alle tre di notte. Gli altri erano ancora alzati e stavano discutendo; furono tutti emozionati e felici di vederci. Quando lei raccontò come stavano le cose, alcuni si arrabbiarono, però alla fine furono l'affetto e un forte senso di unione ad avere la meglio. Preparammo una bella spaghettata, poi nessuno volle andarsene nella propria stanza e dormirono tutti nel salone comune. Per la prima volta Tina aveva qualcuno che le stava vicino, si sentì benvenuta e accettata, e condivise la sua gioia con noi tutti. Tina aveva agito secondo lo stesso meccanismo che l'aveva spinta, giorni prima, a irrompere nella stanza durante la riunione. Era come se stesse ancora lottando, disperatamente, per essere amata tanto quanto la sorellina. Da bambina, Tina aveva boicottato di proposito la buona relazione tra la madre e la sorella, comportandosi come una furia, fino a quando la madre, sgomenta, l'affidò a un istituto per bambini difficili. Dopo un'infanzia trascorsa tra un istituto e l'altro a far ammattire tutti, ormai adolescente fu ricoverata in un ospedale psichiatrico, dove rimase a lungo. Ogni volta che constatava l'armonia esistente fra la sorella e la madre, in occasione delle visite a casa, aveva esplosioni di rabbia. Invano reclamava anche lei una relazione armoniosa con la madre. Per attirare su di sé l'attenzione ricorse a un espediente estremo: il tentativo di suicidio.
Funzionava alla perfezione: con le sue messinscene otteneva l'attenzione della madre, tuttavia, con il passare del tempo, la sua presenza in casa non venne più tollerata. Fu quindi la volta di medici e infermieri; subirono i suoi ricatti e cercarono di arginare la sua furia rabbiosa. Quando riuscì a far accorrere in suo soccorso un intero stuolo di medici, si sentì la regina nella tragedia dell'autodistruzione. Mano a mano che mi lasciavo coinvolgere emotivamente nella relazione con lei, abbandonò le sue strategie e iniziò a riconoscere le dinamiche nascoste dietro il suo comportamento, il primo passo per poterlo modificare. **Mi resi conto della similitudine tra l'odio**

accumulato in Tina e quello di Peter. Mi domandavo perché mai lei avesse 'scelto' l'autodistruzione, mentre Peter il vandalismo.

Oggi sono in grado di dare una risposta, basandomi sulle esperienze raccolte con il Lavoro Emotivo e Corporeo. All'origine dell'odio che prova la donna verso se stessa, vi è un tacito trasferimento transgenerazionale legato all'esperienza vissuta nella prima infanzia: "Non posso dare ai miei figli ciò che io stessa non ho ricevuto da mia madre". Anche se il desiderio di offrire amore materno è grande, il subconscio lo impedisce. In questo contesto si insinua l'usanza culturale di attribuire minor valore alla nascita di una femmina rispetto a quella di un maschio. La femmina viene coccolata e allattata dalla madre meno del maschio. È lasciata sola più a lungo. Sentendo pertanto di non essere riconosciuta per il suo valore, tende a fare la 'brava' per meritarsi l'appartenenza. Fa di tutto per essere apprezzata e per non essere di peso: rinuncia ai propri bisogni, aiuta la madre, si comporta 'bene'. Più tardi, cercherà di essere attraente. Di solito, con l'aiuto di questi espedienti, riceve davvero amore materno e sente di valere qualcosa. **Esprimendo la sua rabbia, corre il rischio di perdere l'appartenenza. Una volta cresciuta, la ragazza riversa su di sé l'odio represso per esempio sotto forma di bulimia e anoressia o di inettitudine, sia reale che simulata, ma anche con tentativi di suicidio, alcolismo, malattie e disagio psichico. L'obiettivo – inconscio – è suscitare i sensi di colpa nei presunti colpevoli del suo dolore.**

Queste sono le azioni violente commesse dalla donna, la forma femminile della vendetta per la mancata appartenenza vissuta nella prima infanzia. Nella donna esiste una rabbia transgenerazionale, dato che da secoli si deve guadagnare l'appartenenza facendo la 'brava'. Spesso si vendica sul partner e sui figli per essere stata ingiustamente sminuita. La donna con scarsa autostima è attratta da un uomo 'forte', che rappresenta ai suoi occhi quella 'buona madre' in grado di salvarla dalla sensazione di abbandono che prova. Lui è lusingato, ma solo finché lei non esprime i propri bisogni reali: a quel punto, l'uomo si sente oppresso e tenta di sfuggirle, cercando di mimetizzare questo bisogno con argomentazioni logiche. Quando, inoltre, la donna – inconsciamente – si serve di un disagio psicofisico per attirare l'attenzione del partner e farlo sentire in colpa, entrambi spesso perdono la gioia di vivere.

T: Qual è la tua speranza?

W: La speranza è che diventino sempre più numerose le persone interessate a un processo di autocoscienza, per poter modificare il loro comportamento con chi le circonda (partner, figli, genitori, colleghi di lavoro). Per forza di cose, queste persone faranno anche scelte politiche diverse, a favore di madre e bambino, che avranno ripercussioni positive sulle nuove generazioni. Invito anche a considerare la possibilità di fare altre scelte positive, come ad esempio quella di contenere il consumismo, o scelte che contrastino lo sfruttamento sconsiderato delle risorse umane e ambientali del pianeta. Mi piace immaginare la nascita di una commissione incaricata di indagare e denunciare gli abusi economici e commerciali. Dopodiché ognuno, ben informato, sarebbe in grado di prendere le sue decisioni, rifiutando o accettando di acquistare e consumare i prodotti delle aziende prive di codice etico. Più di una volta mi hanno chiesto che cosa si potrebbe fare concretamente e ho risposto:

"Paga, coscientemente, un prezzo equo".

Per coloro che vivono 'fast' e quindi non sono abituati a soffermarsi sulla profondità di queste parole, ho aggiunto:

"Per tutto quello che fai e anche per tutto quello che eviti".

Tessa Testini, autrice dell'intervista

Cara lettrice, caro lettore,
avete già sentito parlare di intervista *emotiva e corporea*? Beh, mi piace definire così il lavoro di collaborazione esemplare con Willi Maurer, che fin dall'inizio ha (ri)suscitato in me emozioni fondamentali. Immediata è stata la mia reazione, interiore ed esteriore, di fronte a termini e/o espressioni come odio inespresso, mancato contatto fisico, punizione, carente autostima, senso di esclusione, collocati in un contesto nuovo: il processo di autocoscienza che porta alle proprie radici e da lì al cuore. Ritengo, quindi, importante la lettura del colloquio con Willi, così come importante è aprirsi

alle sue parole, per poi lasciarsi andare a tutte le emozioni che arrivano.
Il valore, inestimabile che attribuisco a questa intervista non riguarda tuttavia solo le questioni trattate e le emozioni scatenate. C'è il fluire di energia durante gli incontri a Doné, negli scambi epistolari e telefonici; l'impegno quotidiano in questo lavoro; la chiarezza e la schiettezza nel dirci le cose e nel farle; l'ascolto di sé e dell'altro/a; la fiducia. E poi le risate, i pasti condivisi, un pensiero dal cuore, i silenzi... L'emozione che provo mentre scrivo queste righe. Si può lavorare anche così.
Grazie, Willi, per questo scambio fatto di cose preziose.
Grazie, Nicole, per le riletture, l'aiuto nelle correzioni, la presenza, il punto di vista frutto della tua esperienza.
Grazie, Delta, per la disponibilità, la consulenza, l'impegno.
Grazie, Doné, per custodire, proteggendolo, qualche mio piccolo segreto.
A voi lettori auguro di compiere una riflessione sulla violenza e sull'odio, magari anche quelli che custodite dentro di voi, e di avere voglia di condividere i vostri pensieri, contribuendo così ad avviare un dibattito su più livelli.
Buona lettura!

TESTIMONIANZE

Una madre turbata

Scrive una lettrice dell'intervista, madre e infermiera puericultrice:
Mi sono sentita accusata
A una prima lettura dell'intervista, Willi, per un istante ho avuto l'impressione di venire accusata di tutti i mali del mondo, in qualità di donna e di madre di famiglia! In realtà puntavo io stessa il dito verso i miei errori e stavo aprendo gli occhi sulle possibili, gravi conseguenze. Tuttavia la prima reazione fu di collera. Ce l'avevo con te, messaggero che mi faceva ripensare alle condizioni in cui i miei figli sono venuti al mondo, rendendomi profondamente triste e con grandi sensi di colpa. Risalire all'origine di quella collera mi ha permesso di comprendermi meglio e di giudicarmi di meno. Ogni giorno scopro fino a che punto la parola responsabilità significhi restare fedeli a se stessi, fidandosi in prima istanza delle proprie sensazioni e dell'esperienza piuttosto che di ciò che si impara dai libri. Responsabilità significa anche esprimersi, osare dire di no, non lasciarsi indottrinare dalla scienza o da una stampa sovente manipolata, essere attenti alle proiezioni che molto di frequente inquinano le relazioni.
Prima di leggere l'intervista non ero ancora sufficientemente consapevole di ciò che illustro di seguito.
Vita quotidiana di un'infermiera puericultrice
Le stanze del reparto maternità dove lavoravo ospitavano otto puerpere e impedivano qualunque intimità. I neonati trascorrevano la maggior parte del giorno e della notte al nido. Mi fu spiegato che era una buona abitudine, poiché permetteva alle madri di approfittare di quella settimana per riposarsi. "Avranno da fare a sufficienza quando torneranno a casa!", mi venne detto. I bambini nati 'senza problemi' dormivano tutta la notte nella stessa stanza. Il personale, di cui feci parte per alcuni mesi come praticante, passava re-

golarmente a cambiarli, dare loro il biberon, prendeva in braccio – se c'era il tempo – chi piangeva, che nel frattempo aveva svegliato chi si era appena addormentato.
Non ero del tutto convinta che si trattasse di una buona prassi, ma non mi rendevo proprio conto fino a che punto questa routine (che per molte donne di origine contadina era stata, un tempo, un'occasione eccezionale di riposarsi per qualche giorno) potesse essere nefasta. Lo capii qualche anno dopo, dolorosamente, partorendo in quello stesso ospedale.
Il personale aveva molto da fare. Di notte, oltre ad accudire i neonati, doveva accogliere i futuri genitori che si presentavano all'ospedale e occuparsi delle formalità amministrative, accompagnava le donne in travaglio nella sala parto e rispondeva alle chiamate di circa trenta-quaranta puerpere che necessitavano di cure e presenza.
Espropriata dalla scienza
Quattro settimane prima della data calcolata per il parto, il medico mi inviò all'ospedale per un controllo di routine. Mi venne annunciato a quel punto che aspettavo tre gemelli e che mi avrebbero ricoverata per precauzione (in realtà, ne sono convinta, ero soprattutto diventata un soggetto molto interessante per l'equipe medica). Dal momento in cui oltrepassai la soglia del reparto di maternità, mi sentii come un 'utero oggetto di studio' e non più un essere umano padrone della propria esistenza.
L'evento – un parto trigemellare – sembrava riguardare solo e soltanto la medicina. Ogni medico interveniva, nel suo turno, seguendo la propria teoria. Mentre uno tentò di farmi bere almeno tre litri di liquido al giorno, a detta sua necessari, minacciandomi di attaccarmi alla flebo se disobbedivo, un altro mi diffidava dal bere troppo e mi consigliava al contrario di non superare i 500 cc. al giorno, cosa che coincideva perfettamente con la quantità che prendevo istintivamente. Un terzo mi prescrisse una serie di iniezioni intravenose a base di ferro – alla fine della gravidanza assolutamente controindicato – in seguito alle quali soffrii di una forma acuta di eritema cutaneo.
Il momento del parto (due settimane prima del termine) e il metodo impiegato non furono decisi dalla natura ma dalla scienza. La nascita di tre gemelli era un avvenimento cui volevano assistere in tanti. Ero distesa sulla schiena con un'infusione di ossitocina in vena e i dolori erano insopportabili.
Ho vissuto attivamente l'arrivo del primo bambino e l'ho guardato in viso per pochi secondi prima di essere anestetizzata. Quando ripresi conoscenza,

non c'era traccia dei gemelli: dopo essere stati lavati, pesati, misurati, visitati dal medico e vestiti, si trovavano già nel reparto riservato ai bambini nati con un peso inferiore alla norma.
Mi sentii totalmente esclusa, profondamente ferita, privata della mia dignità, derubata e manipolata. "Vedrà i suoi figli più tardi", mi venne detto per tranquillizzarmi mentre venivo privata dell'esperienza più importante della mia vita. Non potevo camminare e mi portarono in stanza. I primi giorni domandai espressamente che i neonati fossero portati da me oppure che io fossi condotta da loro. Le mie richieste furono rifiutate con la scusa del rispetto delle norme igieniche. Avevo perduto molto sangue e avevo la pressione bassa. Non potevo alzarmi dal letto, neppure per sedermi in una sedia a rotelle. Mio marito si offrì di portarmi con il letto almeno fino alla vetrata del nido ma i corridoi erano troppo stretti e fu impossibile.
I familiari e gli amici che vennero a trovarmi, prima di arrivare da me passavano nel reparto neonati ad ammirare i tre piccoli oltre il vetro. Dovetti sopportare che mi raccontassero quanto fossero graziosi. Ogni nuova visita mi rendeva furente. Chiunque poteva vedere i bambini mentre io dovevo accontentarmi di una foto scattata da mio marito.
Dopo otto lunghi giorni finalmente potei vederli, ma solamente oltre il vetro. Mi invase un'immensa tenerezza e allo stesso tempo una profonda tristezza, perché non potevo ancora stringerli tra le mie braccia. Non mi era permesso di respirarli, di ascoltarli e, per la seconda volta, mi sentii esclusa e derubata in modo irreversibile di quel momento unico che sarebbe dovuto appartenere a me e ai miei bambini.
Avrei potuto – facendo affidamento sui mezzi a mia disposizione e tenendo conto prima di tutto dei miei sentimenti – fare in modo che tutto fosse diverso? Oggi, a distanza di anni, riconosco che le argomentazioni del personale curante avevano avuto l'effetto di togliermi l'energia. Mi sono lasciata vincere dalla rassegnazione, invece che impegnarmi in una sana ribellione, e mi dissi: "Fanno di certo del loro meglio per il bene dei miei bambini".
Dovetti subire un'attesa infinita e adattarmi all'inevitabile: lottare mi sembrò del tutto inutile.
Dopo un mese i medici non si erano ancora decisi a dimettere i bambini dal reparto di neonatologia. Fu allora che finalmente cominciò a ribollirmi il sangue nelle vene! Mio marito ed io, decisi, prendemmo in braccio i tre bambini e, contro il parere dello staff medico, li portammo a casa.

Il processo di ri-conoscimento reciproco
Sentii che la comunicazione profonda che si era sviluppata tra me e i bambini a partire dal concepimento fino alla nascita era stata disturbata dagli interventi medici. Era una ferita profonda sia per loro che per me.
Per quel che mi riguarda (non posso infatti fare alcuna dichiarazione per i miei figli), ho accusato per anni un senso di mancanza la cui origine non ero in grado di identificare ma che mi impediva di sentire e vivere appieno l'istinto materno.
Nell'ultimo periodo della gravidanza si era infatti sviluppata in me una forma di sensibilità che non avevo mai provato prima: si trattava senza dubbio del risveglio di un istinto che mi avrebbe resa capace, dopo il parto, di ricevere i segnali sottili del neonato e di reagire ad essi in modo adeguato. Questa preziosa sensibilità, che restò 'disoccupata' a causa della separazione dai neonati, divenne per me una fonte di grande vulnerabilità psicologica.
Per molto tempo non volli essere fotografata assieme ai bambini e rifiutai in blocco i consigli, talvolta appropriati, che mi venivano offerti. Dal mio attuale punto di vista, si trattò di prevenire o impedire ogni ingerenza esterna nella relazione con i bambini.
Ecco perché di primo acchito mi sono sentita accusata e mi sono rifiutata di ascoltare il tuo messaggio: "Con quale diritto ti permetti di voler spiegare tutto, tu che sei un uomo?".
Dopo aver dato libero sfogo alla mia indignazione, ho ritrovato e riconosciuto le emozioni che vi si nascondevano. Ho compreso che attaccando il messaggero non facevo nient'altro che allontanare da me, ancora di più, quei sentimenti dolorosi.

Scioglimento del legame – testimonianza di una madre

Ricordo poco della mia infanzia, ma quando sento suonare le campane alla domenica mi riprende per un attimo la struggente malinconia che provavo guardando dalla finestra della mia camera le famiglie dei miei amici che partivano allegre per la passeggiata. Il mio papà non c'era perché lavorava oppure dormiva dopo aver lavorato di notte. E poi di lui avevo paura, quando era pieno di collera e inoltre mi chiedeva sempre troppo; mi baciava e mi toccava in un modo che mi faceva schifo. La mia mamma stirava o cuciva,

di là in tinello, e piangeva spesso. Vedendola così triste mi sembrava sempre di aver sbagliato qualcosa.
Io continuavo a sperare che accadesse una magia, come nelle fiabe: che qualcuno venisse da me e si accorgesse di quanto ero sola e triste, e mi consolasse, mi proteggesse. Ma ciò non accadeva mai. C'era solo mia sorella, ogni tanto. Lei mi voleva molto bene e questo forse mi ha salvata dal peggio, ma non poteva capire di cosa avessi bisogno, era solo una ragazza. Era più grande di me e lei ricorda ancora con precisione come riusciva a sottrarsi alle molestie di nostro padre.
Piano piano mi persuasi che quelli non potevano essere i miei veri genitori; dovevo essere solo una figlia adottiva, una trovatella. Di nascosto andavo a frugare negli armadi per trovarne le prove. Invano. Erano proprio loro i miei genitori, eppure io mi sentivo sola e disperata, senza futuro e senza speranza. Fu allora che, per poter sopravvivere, dovetti decidere di rinunciare alla vita. Abbandonai inconsciamente il desiderio di ricevere e di dare amore per accontentarmi di un surrogato. Perciò incominciai presto a darmi molto, molto, molto da fare per essere brava in tutto, nella speranza di strappare almeno un po' di attenzione, almeno un po' di stima o ammirazione, di gratitudine; sentimenti che nella mia psiche avevano preso il posto dell'amore. Ma che fatica! E non bastavano mai a colmare l'immensa voragine che avevo nel cuore: la carenza d'amore.
Ricordo che già da piccola pensai spesso che sarebbe stato più bello non essere nata, o morire, perché almeno non avrei più sentito la sofferenza, non avrei più dovuto fare tutta quella fatica e 'loro' (prima i genitori, più tardi gli amici, i partner, i capi, i colleghi, tutti gli 'altri') finalmente avrebbero dovuto accorgersi che esistevo anch'io e che dietro la facciata c'era una piccolissima bambina terribilmente sola e triste. Così li avrei finalmente 'puniti' per non avermi amata.
A 16 anni tentai il suicidio.
Qualche pastiglia e una precoce partenza dalla famiglia mi permisero anche questa volta di sopravvivere, ma dovetti attendere fino a quasi 50 anni per provare la sensazione di vivere, di essere libera e padrona della mia vita; per uscire da uno stato depressivo latente che sovente si acutizzava, ma che avevo continuato a negare e di cui non avevo mai voluto conoscere le cause.
Con gli uomini avevo rapporti complicati, impregnati di proiezioni e di paure. Ancora adolescente, credevo di non poter rifiutare i rapporti sessuali agli

uomini nettamente più maturi che si interessavano a me e riuscivo a subirli solo con l'aiuto dell'alcol, grazie al quale mi trasformavo in una vera e propria Lolita. Più tardi, ai miei partner cercavo di imporre un rapporto di dominio, nell'illusione di mascherare la mia morbosa carenza affettiva. Non ero in grado di esprimere un desiderio genuino e di dire di no senza cercare un pretesto. Non ero in grado di abbandonarmi al piacere senza abbinarlo alla paura di doverlo pagare caro.

Stranamente, quando un partner mi accarezzava nel sonno mi svegliavo terrorizzata e rimanevo paralizzata. Se mi capitavano letture o film in cui si parlava di incesto mi emozionavo profondamente e non riuscivo a trattenere il pianto. Tuttavia non avevo mai associato i problemi che emergevano nella mia vita sessuale, nelle mie relazioni sentimentali, con gli abusi subìti sin da piccola e quasi completamente rimossi.

Avevo sempre vissuto con il sentimento di essere un 'sacco di merda', pieno di colpe, di odio, di bugie, e per nascondere questa 'sporca verità' mi ero costruita attorno un involucro brillante (una personalità che gli altri definivano 'forte', 'seria', 'affidabile'), un falso sé, che comprimeva i miei sentimenti come una corazza troppo stretta. Questo senso di compressione dei sentimenti divenne però insopportabile quando finalmente nacque mia figlia, perché i sentimenti che provavo per la mia bambina, e quelli che i suoi bisogni affettivi suscitavano in me, erano troppo forti e premevano ancora più dolorosamente sotto la corazza, senza mai trovare uno sbocco.

Il parto fu per me un indimenticabile momento di gioia perché per la prima volta nella mia vita sentii la potenza di una forza vitale (sino ad allora sconosciuta) che agiva in me; era l'istinto che mi guidava con sicurezza. Ma non durò molto. Subito la prima notte (insonne per l'euforia), quando la piccola piagnucolava, non sapevo già più cosa 'si doveva' fare e non ebbi il coraggio di fare la cosa più ovvia e naturale del mondo: prenderla in braccio e attaccarla al seno. Attesi che venisse un'infermiera a darmi 'l'autorizzazione'. Da lì in poi, quel senso d'impotenza, d'inadeguatezza, d'incapacità a sentire e ad assecondare i miei e, soprattutto, i suoi bisogni, non fece che accentuarsi fino a produrre esasperazione, insofferenza e scatti di collera, alternati ad angosce, pianto disperato, insonnie con incubi terribili. Il più ricorrente era che un uomo minacciava di fare del male alla mia bambina e io ero impotente, paralizzata, incapace di proteggerla.

Tuttavia non mi concedevo ancora il diritto di ammettere che stavo malissi-

mo. Avevo una bimba 'sana', un marito gentile, una bella casa e tutto il resto... perciò non potevo permettermi il diritto di mostrarmi infelice. Ancora una volta rimasi inconsapevole dei miei sentimenti e delle mie emozioni, negai la sofferenza e perciò non riuscii a chiedere aiuto. Mi rinchiusi nella mia disperata solitudine, come ero abituata a fare sin da bambina, proiettando sul marito il vecchio risentimento provato per i genitori per non essere stata compresa e aiutata. Su mia figlia proiettai tutte le mie paure e la mia fragilità, perciò finii per convincermi che avesse un ritardo psicomotorio, che fosse malata, autistica... che avevo prodotto una bambina anormale, difettata. Ovvio: da un 'sacco di merda' non poteva uscire nulla di buono. Mi vergognavo di lei come mi vergognavo di me stessa; avevo paura che si scoprisse cosa c'era dietro la facciata. Nella speranza di diventare una 'buona madre' correvo affannosamente a destra e a sinistra per cercare per lei la cura giusta, il cibo più sano, il massaggio più efficace o il gioco più stimolante, ma non riuscivo a entrare in simbiosi con lei e mi sentivo una madre sempre più incapace. La bambina non mi sorrideva quasi mai e per me il suo sguardo preoccupato era la conferma della mia inadeguatezza. Ero ormai certa che anche lei non potesse amarmi, perché ero troppo arida e cattiva. Spesso rifiutava il mio seno perché col latte doveva bere anche la mia angoscia. Il latte sgorgava sempre impetuosamente, era troppo abbondante, come se l'amore imprigionato nella corazza si trasformasse in liquido per poter uscire. Insomma ero prigioniera di un circolo vizioso infernale che non capivo, dal quale non sapevo come uscire.
Fu soltanto identificandomi con il bambino maltrattato descritto nei libri di Alice Miller che finalmente scoprii le origini dell'ostacolo che mi impediva di liberare il mio desiderio più profondo, la capacità di amare e di essere amata. Era tutto scritto nella storia della mia prima infanzia, di cui non ricordavo quasi niente, ma che fino ad allora avevo considerato 'normale', vissuta in una famiglia 'normale' e perciò mediamente felice come tante altre. Capii che sentirsi un 'sacco di merda' non è una tara congenita da nascondere o una scelta di cui si è i soli responsabili, e che quindi avrei potuto cercare una via per uscirne, per scaricare finalmente un po' di quel peso insopportabile.
Avevo già fatto analisi junghiana alcuni anni prima, quando mi ero ritrovata di nuovo vicina al suicidio perché quello che consideravo il più grande amore della mia vita era finito con un abbandono. Quella terapia mi aveva aiutata

a sopravvivere e a scoprire il latente desiderio di maternità. Ma restavano ancora molti livelli da esplorare e ora sapevo che non mi sarebbe più bastata una terapia verbale, perché, finché potevo parlare, avrei cercato di abbellire l'involucro, avrei potuto continuare ad ingannare tutti, me stessa per prima! Ho dunque cercato a lungo per trovare una terapia che mi permettesse di scoprire la verità, la mia storia rimossa, che solo il mio corpo poteva ricordare: una terapia emotivo-corporea. E, dopo aver cercato a Berna e a Milano, dopo aver provato varie tecniche, il destino mi fece trovare la strada che cercavo. Era un sentiero nel bosco, piuttosto impervio, che conduceva a Doné. Lì potevo scendere sempre più a fondo nel mio inconscio come in una serie di gironi successivi che mi portavano continuamente agli stessi problemi, ma ogni volta a un livello più profondo.
Durante le regressioni rivissi numerose esperienze traumatiche e tramite i moti incontrollati del mio corpo potei provare ed esprimere i risentimenti, l'odio rimosso verso i genitori, l'aggressività verso il padre incestuoso e la disperata ricerca dell'unione simbiotica mancata con la madre, troppo esausta per desiderare di mettermi al mondo e di prendersi cura di me. Sentimenti che avevo continuato inconsapevolmente a proiettare nelle mie relazioni sentimentali, familiari, di amicizia e di lavoro. Zone d'ombra che finalmente scoprivo e che ora potevo integrare. Rivissi anche la solitudine, le angosce, i pianti disperati nascosti sotto il cuscino.
Spesso la presa di coscienza di questi sentimenti mi portava, con un forte moto empatico, a provare la sofferenza che, come mamma, avevo causato alla mia bambina. Un solo esempio. Durante una seduta rivissi un'esperienza poi ripetuta diverse volte: la terribile disperazione, il disgusto e la rabbia per l'umiliazione subìta da piccolissima mentre 'qualcuno' cercava di ficcarmi prepotentemente 'qualcosa' in bocca e un liquido mi soffocava (dico 'qualcuno' e 'qualcosa' perché una parte di me cerca ancora di rifiutare l'evidenza emersa durante queste regressioni, ossia che si trattava del pene di mio padre). Appena uscita dalla regressione associai questa esperienza ai sentimenti che può aver provato la mia bambina quando io, per poterla svezzare, avevo cercato di forzarla rabbiosamente a bere dal biberon che lei aveva sempre rifiutato. Capiï finalmente le sue collere, la mancanza di fiducia che le impediva di appoggiare la sua testa sulla mia spalla e la sua voglia di picchiarmi. Capii che io cercavo continuamente di reprimere in lei ciò che non accettavo dentro di me: la rabbia, l'aggressività, la dipendenza

affettiva, la fragilità.
Spesso, dopo aver rivissuto in terapia l'impotenza, la sofferenza e la solitudine, sentivo come le avevano provate i miei genitori, sin dalla loro prima infanzia. Piano piano affiorarono nella memoria anche le immagini e le emozioni che mi permisero di ricostruire dentro di me la parte buona dei genitori reali che era rimasta sommersa dall'odio della bambina ferita. Sentii, grazie alle esperienze di bambina rivisitate in regressione, quanto tutti questi sentimenti fossero concatenati fra le generazioni.
Mi liberai progressivamente dei sensi di colpa verso la mia bambina e del risentimento verso mia madre, perché sia io che lei avevamo sbagliato pur facendo del nostro meglio con le forze disponibili. Ora so che dietro a una 'madre inadempiente' c'è sempre una bambina sofferente e che si può cercare di rompere questo circolo vizioso. Ma non è facile. Infatti il risultato più devastante dell'abuso sessuale, soprattutto se subìto ripetutamente sin dalla tenera età ad opera di un genitore che contrabbanda i suoi bisogni sessuali come coccole, è che si perde completamente la capacità di sentire i propri bisogni primari. Si impara a non fidarsi dei propri sentimenti più autentici e vitali perché risultano inadeguati alla richiesta dei genitori. Una richiesta che nessun bambino è in grado di contestare perché è da loro che dipende la sua vita. Per sopportare il dolore si impara a non sentire più nulla, nemmeno la gioia. Ci si costruisce dunque un falso sé, una specie di doppia personalità che si sovrappone a quella vera mediante un modo distorto di sentire, un perverso bisogno di controllare le emozioni, l'incapacità di abbandonarsi con fiducia al piacere, a una relazione affettiva, alla vita.
Ecco perché non posso cantare vittoria. La terapia è finita, ma il lavoro continua. Devo rimanere vigile per non tradire me stessa, perché nella corazza ho aperto delle brecce, ma è difficile liberarsene completamente. Non basta la volontà per uscire dal ruolo di vittima, lo si impara solo con l'esperienza. E anche se non ci si sente più vittima degli 'altri', rimane sempre in agguato la possibilità di sentirsi vittima di se stessi. Essere più consapevole dei vecchi meccanismi e dei vecchi schemi non mi garantisce automaticamente che in certe circostanze non si rimettano ancora in moto. Ma perlomeno mi permette di rendermi conto che a volte sono confusa. Mi aiuta a capire da dove viene il disagio. Mi permette di andare avanti con le mie scelte, le mie paure, le rinunce e i 'surrogati', senza dare la colpa a nessuno, cercando di non proiettare tutto sugli altri. Mi permette finalmente di accettare la respon-

sabilità della mia vita, di sentirmi adulta.
Senza questo processo di individuazione attraverso il corpo e le emozioni provate nei momenti di regressione, non avrei mai potuto raccontare questa mia storia di mamma/ bambina, la storia di un 'sacco di merda' nel quale ho scoperto un contenuto prezioso come l'oro: la mia vita!
Molto è cambiato nella mia vita quotidiana: gli scatti di collera sono rari come pure la malinconia; non soffro più di insonnia cronica e di incubi; non ricorro più a psicofarmaci e ho superato molte paure. Mi capita sempre più spesso di sentirmi felice, qui ed ora, senza bisogno di un motivo particolare.
E, soprattutto, è avvenuto il contatto affettivo con mia figlia; ho capito che lei non è una mia appendice, bensì una persona a sé, che mi fa da specchio, e quando riesco ad essere fedele a me stessa evito di farle subire la mia confusione.
Provo molta gratitudine per la mia bambina (in cui ho potuto rivedere inconsciamente me stessa da piccola), perché ha scelto di venire al mondo tramite me. Senza l'immenso amore che provo per lei e che mi scoppiava nel petto sotto la corazza perché non riuscivo a liberarlo, non avrei mai trovato la forza per scavare dentro di me come nella carne viva. Non avrei mai scoperto che posso vivere, e non solo sopravvivere, che posso essere come sono, senza doverlo nascondere, che posso provare la gioia e il dolore senza paura.
Ora so che la cosa di cui ha più bisogno mia figlia non sono le buone cure, le pappe biologiche e i giochi didattici, ma è una mamma che sta bene, che è consapevole delle sue emozioni e che non rinnega i suoi sentimenti.
Provo molta gratitudine per i miei genitori che mi hanno dato questa vita e tutto l'amore di cui essi potevano ancora disporre.
Provo molta gratitudine anche per Willi Maurer che il destino mi ha fatto incontrare al momento giusto e che (con Nicole e Fred, i suoi assistenti) mi ha assistita durante il doloroso lavoro di scoperta di me stessa, mi ha aiutata con assoluta onestà a smontare i meccanismi del mio falso sé e a liberare le energie vitali che essi assorbivano, privandomene.
Provo gratitudine per la vita che posso vivere ogni giorno, che mi unisce a ogni essere e a ogni cosa vivente in una comune pulsazione.

Un padre come tanti - testimonianza di un padre

Ho trovato la strada per Doné un po' di tempo dopo la nascita di mia figlia. Mi ero sempre rallegrato all'idea di avere dei bambini e fu grande lo shock quando mi dovetti rendere conto che non riuscivo a sopportare il pianto di un neonato! Le urla di nostra figlia mi facevano andare in bestia. Non avevo alcun margine di tolleranza dentro di me. Regolarmente mi sopraffaceva una rabbia omicida, non appena la creatura cominciava a piangere e non riuscivamo a calmarla velocemente. Mi resi conto anche di provare subito gelosia quando la mia compagna, con amorevole pazienza, stava accanto alla bambina e non aveva più tempo per me. Per fortuna mi accorsi che qualcosa non andava. Dov'era finito il mio amore? Che cosa mi stava succedendo? Anche la relazione con la mia compagna fu offuscata sempre più dai sentimenti aggressivi che provavo. Sempre più spesso avevamo accese discussioni, in cui ci accusavamo reciprocamente. Quando dalle parole si passò ai fatti, mi fu chiaro che avrei distrutto o perso tutto se non avessi trovato un aiuto, che mi permettesse di fare pace con quei 'demoni' dentro di me (così definisco i miei eccessi di aggressività).

In un fine settimana feci la mia prima esperienza con il Lavoro Emotivo e Corporeo di gruppo. In seguito, affrontai alcune sessioni individuali per poi aggregarmi a un gruppo già avviato. Presto emerse come il mio comportamento nel gruppo coincidesse esattamente con quello che avevo avuto in seno alla mia famiglia di origine. All'inizio mi fu molto più facile esprimere di fronte al gruppo la tristezza e la delusione, piuttosto che la collera, che inondava letteralmente la relazione con la madre di mia figlia. Non capivo ancora di cosa si trattava. Ma divenni sempre più consapevole di questa scissione: a casa la collera, nel gruppo il dolore. Non sembrava possibile il contrario. Come mai? Dietro questo fenomeno si nascondeva, molto chiaramente, un tipo di comportamento appreso nel dolore.

In una sessione di gruppo, trovai finalmente la chiave di lettura: a causa della situazione economica difficile della famiglia all'epoca della mia nascita, mia madre fu costretta a riprendere il lavoro due settimane dopo il parto. Aspettavo tutto il giorno il ritorno di mia madre, in un asilo nido per bambini piccolissimi. In un circuito quasi insopportabile di speranza, tristezza, disperazione e rabbia impotente, aspettavo l'arrivo tanto desiderato della mamma. Quando, la sera, arrivava all'asilo stanca morta, per prima cosa voleva allattarmi, prima di mettersi assieme a me sulla strada di casa, dove l'attendevano ancora le faccende domestiche. Disperato per la quotidiana tortura dell'attesa, volevo farle vedere, quantomeno, come fosse orribile la mia situazione, affinché potesse rendersi conto di quello che dovevo sopportare. Quando finalmente arrivava, quindi, stanca e impaziente di mettermi al seno, io continuavo a piangere e, disperato perché lei non si rendeva conto della mia situazione tragica, le mordevo il seno. Lei, in tutta risposta, mi rimetteva subito, offesa, nel lettino mentre di fronte al suo sguardo accusatore le mie sensazioni ed emozioni si raggelavano. Questa esperienza primale mi insegnò, per la prima volta, a scindermi dai sentimenti e non lasciare più alcun spazio agli impulsi spontanei. Dovermi rendere conto che la mia sofferenza non veniva riconosciuta e che ero addirittura punito se la esprimevo, era ancora più insopportabile del martirio di attesa e nostalgia. Si venne quindi a creare, per la prima volta, una situazione in cui ero accettato soltanto se mi arrangiavo da solo con la mia sofferenza, cioè la rimuovevo. Altrimenti, mi minacciava l'abbandono totale. Oggi, da uomo adulto, dopo un'accurata rielaborazione della mia vita, riconosco le correlazioni tra i primi, pregnanti avvenimenti e il comportamento successivo.

Il prezzo pagato, in seguito, per la rimozione delle emozioni, a causa della situazione di emergenza, fu la riduzione della mia vitalità e della consapevolezza di me stesso, seguita inoltre da sintomi fisici quali: sensazione di panico, disturbi del sonno e tensione muscolare, soprattutto della schiena. Descritta in modo energetico, questa condizione sopportata a lungo, significò per me la perdita di contatto con la Terra (con le sensazioni di essere al sicuro e di fiducia primordiale). Per fronteggiare le situazioni di stress, trattenevo tutta l'energia nella parte superiore del corpo. Il ritmo della respirazione si focalizzava sull'inspirazione e su trattenere il respiro. Questo tipo di contrazione fisica, serviva ad assicurare la mia sopravvivenza emotiva da bambino: permetteva di rimuovere i miei veri bisogni e di adattarmi completamente alle richieste del mondo esterno, senza dover rendermi conto della dolorosa perdita del mio Sé.

Questo era, dunque, il 'demone' in me. Un neonato ferito troppo profondamente, prigioniero in un girone d'impotenza, recluso e cacciato come il Minotauro del mito greco nel suo labirinto, a cui venivano offerti in sacrificio donne e uomini vergini (simbolo della vita ancora integra, degna di protezione ovvero del bambino interiore). Tutto ciò aveva funzionato senza una

‘conoscenza cosciente’, finché ero riuscito ad evitare situazioni e contatti che avrebbero potuto condurmi nei pressi di queste emozioni insopportabili, rimosse a caro prezzo. Continuavo a trovare metodi e mezzi sempre nuovi per non lasciar uscire dal labirinto il pianto del neonato; ci rimettevo in vitalità, autenticità e gioia di vivere. Fino al giorno in cui nacque mia figlia. Il suo pianto superò la barriera con cui mi difendevo e portò alla luce il Minotauro (l’aggressività come ultima possibile protezione).
La sessione profonda in cui mi ‘ricollegai’ alla mia storia mi consentì di accedere nuovamente a me stesso e fu legata in linea di principio a un aprirsi del mio cuore. Rivivere in modo emozionale un evento primario, in presenza di un accompagnatore e dei partecipanti al lavoro di gruppo che ebbero per me compassione e comprensione, mi permise di liberare dall’esilio l’immensa delusione e il lacerante dolore che avevo vissuti in passato. Mi resi conto della ragione d’essere del Minotauro e quindi potei ‘licenziarlo’ con un abbraccio, per accogliere amorevolmente il mio bambino interiore assieme a me stesso. Finalmente cominciavo a concedermi la comprensione e la dedizione di cui avevo sentito l’amara mancanza.
Inoltre, in una sessione successiva, compresi la gelosia che mi teneva separato dagli altri e mi sommergeva di fronte all’accudimento amorevole offerto dalla mia compagna a nostro figlio. Se avevo, infatti, già provato con mia figlia questo sentimento doloroso, che letteralmente si impossessava di me, esso si manifestò con ancor maggiore prepotenza con mio figlio. Come mai? Non mi ero già esercitato con mia figlia? Di nuovo mi sentivo lontano da me stesso e non disponevo di alcuna spiegazione razionale o di una strategia per superarlo. Nella sessione che prima ho descritto mi ricordai delle ripetute situazioni vissute nel periodo dell’imprinting: come ogni neonato avevo bisogno dell’attenzione di mia madre anche ‘fuori programma’. Una notte piangevo, chiamando mia madre, travolto dalla paura di essere stato abbandonato. Dato che soltanto la sua presenza costante era in grado di calmarmi, non smisi per nulla quando lei apparve un attimo per controllare, intenzionata a farmi smettere velocemente e tornare a letto. Dopo ulteriori pianti e svariati va e vieni di mia madre, apparve improvvisamente mio padre. Paonazzo dalla rabbia, mi sollevò, mi scosse, mi gridò qualcosa e mi ributtò nel lettino. Sentii mia madre implorarlo di non essere così brutale con me, ma non mi rimase accanto concretamente. Fui costretto a sentire, in modo estremamente doloroso, che mio padre non era disposto a farmi spa-

zio. Se era a casa, mia madre doveva essere prima di tutto disponibile per lui. Lasciata sola nel suo ruolo di madre, aveva bisogno dell'affetto di mio padre e si decise per lui. Solamente lui contava veramente. Il dolore e la delusione per questa esperienza non si possono quasi esprimere a parole – con il tempo non fui più in grado di tollerarli e li rimossi. La dedizione ricevuta dai figli da parte della mia compagna, riaprì la ferita per la sensazione provata da neonato di non essere amato e di non avere valore. Rivivere queste esperienze, mi permise di capire me stesso e di provare amore e comprensione di fronte alla relazione affettuosa tra la mia compagna e mio figlio. Smisi di proiettare su mio figlio la figura di mio padre, che pretendeva mia madre tutta per sé e mi aveva messo da parte. Neppure il latente, doloroso ricordo di non aver ricevuto ciò che mio figlio stava ricevendo da sua madre ci teneva più separati. Certo, adesso capisco molto bene come, quando lui chiama la madre, lei con il suo calore emotivo e corporeo gli trasmetta subito la sensazione di valere abbastanza da meritarsi di essere accudito e di potersi fidare del mondo.
Anche la scissione di cui parlo all'inizio, tra mostrare a casa soltanto la collera e nel gruppo solo il dolore, si ricollegò a un mio vissuto precedente e la mia reazione emotiva cambiò. A casa, per via delle esperienze della prima infanzia, evitavo l'eccessivo e lacerante dolore di essere abbandonato, che si nascondeva dietro la collera: non volevo 'sentirlo mai più'. La collera era un modo per difendermi. All'interno del gruppo, al contrario, era un tabù per me lasciare spazio alla collera. A causa delle mie prime esperienze, sentivo di mettere in questo modo a repentaglio il senso di appartenenza (al gruppo). Soltanto dopo un notevole Lavoro Emotivo e Corporeo, fui disposto a correre questo rischio e trovai accesso alla mia 'realtà interiore', nascosta dietro gli eccessi d'ira.
Mi serviva però un po' di esercizio per arrivare a correggere la relazione con la mia compagna 'a casa' e riuscire a dare sfogo al dolore, piuttosto che reagire con quella collera difensiva. Il Lavoro Emotivo e Corporeo mi aiutò a far luce sulla mia storia personale di dolore, andando alla ricerca di ulteriori esperienze, avvenute in seguito nell'infanzia, con un significato identico o simile. Inoltre, grazie all'esperienza positiva di comprensione e accettazione da parte del gruppo, mi ricaricai interiormente. A tal punto che maturai, piano piano, la certezza, che non mi sarei mai più sentito abbandonato tanto quanto lo ero stato in passato e che la paura di venire nuovamente abbando-

nato, così forte e ricorrente, aveva fatto il suo tempo. In passato, quella paura – una specie di ministro delle difesa del mio regno – mi aveva salvato da una morte imminente e aveva dato vita al Minotauro, che ora veniva offerto in sacrificio. Oggi quella paura si trova ancora nel mio personale archivio storico; è rimasta una parte di me stesso e – poiché l'ho ben rielaborata – mi aiuta ad accompagnare i miei figli e il prossimo con amore ed empatia, porgendo loro la mano quando il sentiero sembra troppo buio.

Opportunità per le prossime generazioni - testimonianza di una nonna

Quando le mie due figlie, da adulte, si misero ad investigare e trovarono il coraggio di confrontarsi con me, lo presi come un'opportunità: la mia disponibilità ad ascoltare critiche e rimproveri ci avrebbe permesso di recuperare un paio di momenti perduti. Mi era concessa la possibilità di condividere con loro il dolore per essere stata incapace di offrire contatto continuo e senso di appartenenza – cosa che ha avuto delle ripercussioni negative su di loro. Senza dubbio ho partorito nelle condizioni inappropriate ben descritte in questo libro. Inoltre la mia storia personale non si può dire priva di problemi. Tuttavia alcune situazioni, durante le quali ho tolto il terreno sotto i piedi alle mie figlie[25], si sarebbero potute evitare. Purtroppo, soprattutto in relazione alla maternità, ho cominciato troppo tardi a rielaborare le mie vicende.
Credo che lo spirito dei tempi abbia contribuito a far sì che la comunicazione tra me e le mie figlie fosse diversa da quella tra me e mia madre. Un paio di promesse tipo "Io non lo rifarò allo stesso modo!" ho potuto anche mantenerle.
Mia figlia maggiore ha oggi trent'anni. Ha proseguito le mie battaglie per l'eguaglianza tra uomo e donna, ed è riuscita a infrangere ulteriori modelli che per generazioni hanno inibito le donne nella linea familiare materna. Inoltre, ha osato confrontarsi apertamente con il padre 'patriarcale', cosa che l'ha aperta a contatti umani, privati e professionali, in cui dominano eguaglianza e trasparenza. Con la sua spiccata intelligenza e la capacità di comunicare in modo diretto e sicuro di sé, il tutto arricchito da una bella

25. Si intende: ha ostacolato la crescita e lo sviluppo delle sue figlie. N.d.t.

presenza e dalla nota di carattere conferitale degli antenati sudamericani, è una persona che colpisce, di fronte a cui si aprono porte rimaste chiuse per le donne della mia generazione.
Anche mia figlia più giovane ha contribuito a un salto di qualità. Tre anni fa ha dato alla luce una bambina e il modo in cui ha vissuto la gravidanza, la nascita e i due anni seguenti da sola con la figlia mi ha profondamente impressionata.
Un giorno, ancora incinta, mi raccontò di aver letto il libro di Jean Liedloff e di voler tenere i propri figli accanto a sé in quel modo. Penso che l'origine boliviana da parte di padre l'abbia aiutata a mettere in pratica questo progetto: le donne indios portano dappertutto, per almeno due anni, i figli assieme a loro con il telo porta-bebè. Abbiamo avuto anche fortuna con la scelta dell'ospedale dove ha partorito Erna. Ha potuto optare tra diversi metodi atti a facilitare il parto; è stata lasciata libera di partorire distesa, seduta o in piedi. Non venne effettuata alcuna episiotomia e non ha avuto alcuna lacerazione (ai miei tempi, l'episiotomia era la regola!). È stata appoggiata in modo empatico dal padre della bambina, da un'ostetrica e dal medico disponibile in caso di emergenza. Quest'ultimo, un uomo ancora giovane, è stato presente in quanto essere umano e non solo per svolgere il suo lavoro. Ecco un aneddoto che chiarisce i fatti: mia figlia maggiore mi telefonò proprio quando stavo prendendo in mano la cornetta per chiamare l'ospedale e chiedere a che punto si era. Poco dopo richiamai, mi fu passato il medico che gridò nella cornetta: "Come ha potuto sapere che la bambina è nata proprio due minuti fa – sono tutto eccitato, non posso quasi parlare, venite subito!" e mi sbatté il telefono in faccia. Sul punto di oltrepassare la porta girevole ed entrare nella piccola sala parto, mi accolse la voce forte di mia figlia: "Mamma!". Aveva la bambina sul petto, coperta solo da una stoffa calda, non era ancora stata né lavata né vestita. Mormorii e meraviglia tra noi tre donne; in quel momento intimo mi venne in mente solo questo: la santa trinità – era questa la trinità che faceva per me. Dopo – ci avevano lasciato del tempo, era già passata un'ora e mezza (!) dalla nascita – il padre fece il bagnetto alla piccola, fu pesata e misurata ed ebbi l'onore di vestirla. Nessuna fasciatura delle gambe, ma da subito una tutina in modo che potesse muoversi liberamente. Mi meravigliò quanto fosse rilassata, con gli occhi bene aperti e non piangesse. Fu inoltre subito riaffidata alla madre e restò in stanza con lei fino al ritorno a casa.

Erna ha potuto approfittare di un contributo per ragazze madri e ricevette, per due anni, ogni mese una somma che copriva le spese necessarie. L'unica condizione per avere questo contributo era che la madre restasse con il bambino per due anni, senza andare a lavorare. Così, Erna poté tenere la piccola con sé giorno e notte, allattarla a richiesta secondo il bisogno della bambina e non a orario. Durante il periodo dell'allattamento vi furono poche situazioni in cui la piccola continuava a piangere se le veniva offerto il seno e quando questo accadeva era generalmente segno che era ammalata. La madre la portò con sé con un telo indio per i bebè, finché a un anno divenne troppo pesante. A quel punto passò allo zainetto e al passeggino. Nei primi due anni non la affidò mai a mani estranee. Erna non ha svezzato la bambina. Come in un accordo bilaterale, la sorgente si seccò in risposta alla diminuzione di domanda della bambina. Aveva tredici mesi quando ha smesso di reclamare il seno[26].
Nelle conversazioni che vertevano sulla bambina, Erna mi disse una volta che voleva darle quello che le era tanto mancato, ossia un contatto fisico ininterrotto con me per un certo periodo. Mentre lo offriva a sua figlia, lo stava recuperando per se stessa. Naturalmente il rimprovero mi ferì, però fui molto felice che fosse riuscita anche lì a infrangere un modello. Avrebbe potuto, a causa delle sue mancanze, negarsi alla figlia in modo simile a quello che avevo fatto io, anche se in misura diversa.
Naturalmente avevo sempre occasione di seguire la crescita di mia nipote. Mi colpiva la sua rilassatezza fisica fuori dal comune e uno spiccato senso dell'equilibrio. Rifiutò fin dal primo tentativo di essere aiutata a stare in piedi e a 14 mesi camminava da sola, con precisione praticamente millimetrica, al centro di una tavola di legno senza ringhiera largo 40 cm e lungo 3 metri che portava a un scivolo alto due metri.
Colpiva anche la sua apertura verso le altre persone. Se era timida, c'era di sicuro qualcosa che non andava con quella persona; altrimenti amava essere in mezzo agli altri. Non appena poté andare in giro da sola, cominciò a gestirsi per conto suo i nuovi contatti e le conversazioni. Sorprendeva sempre noi e chi le stava attorno per la chiarezza con cui comunicava i suoi bisogni

26. In base alla mia esperienza non prenderei questa età come punto di riferimento per il termine spontaneo dell'allattamento. Sono molti i fattori, consci e inconsci, che, malgrado tutte le migliori intenzioni, possono influenzare e anche anticipare questo processo. Secondo le ultime ricerche, il bambino necessita di essere allattato per almeno due anni e mezzo per lo sviluppo del sistema nervoso e oltre per la maturazione del sistema immunitario. La media mondiale, attualmente, è pari a 4 anni. N.d.t.

ancor prima di padroneggiare il linguaggio. Cominciò anche a parlare presto e molto chiaramente.

L'esperienza per me più significativa con M., avvenne prima ancora che avesse tre anni. Fu significativa perché mi fece comprendere come un trauma possa avere effetti persistenti e quanto sia importante prendere sul serio le affermazioni di un bambino.

Il figlio dei vicini, un bambino di un anno più grande, con cui lei giocava molto, l'aveva introdotta – se così si può dire – alle differenze tra i due sessi. La bambina si ripresentava a casa da noi via via con nuove osservazioni o espressioni, in base alle quali potevamo seguire l'incedere delle scoperte.

Una volta mi trovavo a casa di mia figlia, da sola, con la bambina che era di là dal suo amichetto. Inaspettatamente mi chiamò dall'altro lato della porta, che non riusciva ancora ad aprire da sola: piangeva ed era molto insistente. Mi disse: "F. mi tira sempre giù i pantaloni, vuole guardare e toccare la patatina, non smette neanche quando gli dico che non voglio". Era triste e sembrava soprattutto indispettita perché non veniva presa sul serio. Non era proprio abituata. Devo confessare che io stessa, a sei anni, avevo subito le molestie sessuali di un uomo adulto del vicinato, che mi aveva minacciata di farmi attaccare dal cane se avessi detto qualcosa. Giorni o settimane dopo andai dal cane legato nel cortile e gli dissi che non avevo raccontato nulla a nessuno. Guarda caso il cane mi morse la mano. Un lettore empatico potrebbe pensare che io abbia in seguito avuto difficoltà con i cani o la sessualità! Invece, a partire da quel momento fu la mia comunicazione con gli esseri umani ad essere segnata da profonda sfiducia.

Nonostante avessi rielaborato a fondo quella vicenda, ebbi un attacco di panico vedendo la bambina, tutta sottosopra, piangere per quel motivo e fu proprio il panico che mi indusse a pensare: "Bada a non fare niente di sbagliato adesso!". Dedicai un attimo di tempo a ritornare indietro negli anni per immaginarmi di cosa avrei avuto bisogno, prima di chiedere a M.: "Puoi dirmi cosa posso fare per te?". Decisa, fece cenno di sì e disse che dovevo andare di là assieme a lei e dire al bambino che doveva lasciarla in pace quando lei non voleva.

Pregammo quindi il 'giovanotto' di ascoltare e rispettare la sua amichetta. Si meravigliò un po', ma poi lo promise. Ne io né mia figlia abbiamo avuto l'impressione che vi siano stati altri 'attacchi'. Il tema della sessualità non fu per niente bloccato, tutt'altro, divenne per così dire 'pubblico'. Ero molto commossa e alcuni giorni dopo mi resi conto che solo in quel momento avevo concluso davvero quella storia.

Oggi, mentre scrivo queste righe, mia nipote ha tre anni e cinque mesi. Ora ha la sua prima 'famiglia diurna'[27] e ha superato bene questo cambiamento, purtroppo non evitabile: tutte le persone con cui è entrata in contatto sembrano accoglierla e questo l'ha arricchita.

Sono naturalmente curiosa di vedere come si svilupperanno le cose. Sono convinta che abbia ricevuto l'essenziale nel suo cammino: cioè, molto semplicemente, la dedizione totale sia fisica che mentale della madre prima della nascita e nei primi due anni di vita, oltre all'esperienza di essere presa sul serio precocemente.

27. In Svizzera esiste la *Tagesmutter*, la mamma di giorno. Si tratta di una donna che resta a casa con i suoi figli, invece di andare a lavorare all'esterno, e si prende cura per alcune ore al giorno di altri bambini, dietro compenso. Esistono anche forme di solidarietà tra gruppi di genitori per cui i bambini a rotazione passano la giornata presso una famiglia. N.d.t.

IL SENSO DI APPARTENENZA – UN BISOGNO UMANO FONDAMENTALE

ESPERIENZE CON BAMBINI

Vivere e lavorare in comunità

Posso ben comprendere come ci si possa sentire inadeguati di fronte alle esigenze di un bambino, dato che l'ho vissuto in prima persona. A differenza di quello che succede ai genitori, quando ho avuto a che fare con bambini ho avuto anche il grande vantaggio di essere investito di una minore responsabilità e di poter cominciare a prendermi cura di loro gradatamente. Intanto – e questo mi sembra fondamentale – non erano figli miei.
Dopo aver letto *Summerhill*[28], in cui l'autore, A.S. Neill, presenta e promuove un'esperienza concreta di sistema scolastico ed educativo anti-autoritario, mi venne la voglia di partecipare a un progetto simile.
All'epoca veniva messa in discussione la struttura sociale dominante basata sulla famiglia mono-nucleare e si svilupparono modelli alternativi di vita in comune. Conobbi una famiglia con figli propri che accoglieva altri bambini in affidamento e condivideva i miei stessi ideali in merito all'educazione. In seguito si unirono a noi altre famiglie, tra cui alcune madri che crescevano sole i loro figli, e fondammo una comunità in cui vivere e lavorare assieme. Erano gli anni '60, eravamo trascinati dall'atmosfera di rottura con il passato e dalla constatazione dell'isolamento e della pressione sociale esagerata cui erano sottoposti i genitori in una società industriale orientata alla prestazione. Ben presto acquistammo una grande casa, ma i necessari lavori di restauro e ricostruzione superavano le nostre possibilità economiche.
Mi dichiarai disponibile a collaborare nei lavori di edilizia. Grazie allo stile di vita semplice e ad alcuni risparmi, ero libero da impegni di lavoro per ben dieci mesi l'anno.
La comunità, intanto, cominciava a prender forma. All'inizio vivevamo in un cantiere: bisognava spaccare il pavimento della cucina per far spazio a

28. *I ragazzi felici di Summerhill*, Red Edizioni, 2004. Si veda anche *L'educazione anti-autoritaria.*

una cantina in cui installare l'impianto di riscaldamento e le cisterne di gasolio. Nora e Tino, entrambi di tre anni, e Mirko, di quattro, cercavano spesso la mia compagnia. Con zappe e carriole volevano anche loro aiutare e partecipavano con impeto alla costruzione della 'loro' casa.
Il marito di Romina, Alex, per far fronte alle spese, andava tutti i giorni fuori a lavorare. Il mio contributo al progetto comune consisteva nel mettere a disposizione la mia abilità nei lavori di costruzione. Non mi sentivo preparato per stare con i bambini. A quel tempo perdevo facilmente la pazienza con i bambini piccoli, che piangevano e gridavano. Mi innervosivano. **Ora, guardando indietro, mi rendo conto di come essi mi ricordassero quel bambino interiore infelice, nascosto dentro di me, di cui ancora ignoravo l'esistenza. Sentivo una voce inconscia, che oggi esprimerei in questo modo: "Quello che mi è stato negato, non lo avrete neppure voi, potete piangere quanto volete!", seguito da: "Ma fate attenzione, che la pazienza non è infinita!".**
Potevo 'risolvere' il problema soltanto tenendomi alla larga e ritirandomi. Quello che fanno anche molti padri. Ma le madri come fanno a confrontarsi con sentimenti magari simili ai miei? Loro non possono andarsene come fanno gli uomini. Mi accorsi, fin da allora, con lucida chiarezza di come le madri abbiano bisogno urgente di sostegno, non solo pratico, ma anche empatico da parte del compagno o, in sua assenza, da parte della famiglia e della società. Da qui nacque il desiderio di dare un contributo in tal senso nella comunità in cui vivevo. Tuttavia il mio comportamento – in apparenza altruistico – non era *disinteressato*: dietro la facciata di colui che offre un contributo personale si celava qualcosa, che venne alla luce anni più tardi, dopo numerose sedute terapeutiche, e che, allora, mi era ancora precluso. Inconsciamente mi davo da fare per la 'paga' (una sorta di ricompensa): con il mio impegno sentivo di 'far parte' di qualcosa e mi meritavo il riconoscimento e quel senso di appartenenza che nella prima infanzia mi erano mancati!
Comunque sia, mi ritrovai innanzitutto a fare un'esperienza nuova e gratificante: i bambini non volevano nulla più di quanto io fossi in grado di offrire loro. Desideravano solo partecipare a quello che facevo. Questa constatazione mi permise di instaurare un rapporto rilassato con loro. Proprio come facevo io, Nora e Tino volevano camminare sulle passerelle sopra gli scavi del cantiere: dissi loro che ero d'accordo, a patto che lo facessero in mia

presenza. Infatti, così avrei avuto la possibilità di tenerli se avessero perso l'equilibrio. Mi rallegrai della loro fiducia in me e di quanto apprezzavano la mia presenza.
Gli scavi per la futura cantina furono terminati e tutti gli altri lavori proseguivano a pieno ritmo: fondamenta, pavimenti, messa in posa delle cisterne, intonaco, soffitti. Com'era bello, dopo una giornata di lavoro, sedersi a una tavola apparecchiata! I bambini, pieni d'entusiasmo, avevano aiutato Romina a preparare i cannelloni nella cucina improvvisata. Erano tutti rossi di salsa di pomodoro e cominciai piano piano a cogliere la ricchezza della condivisione della vita quotidiana tra adulti e bambini!
Romina e Alex partecipavano alle attività di svariati gruppi, pertanto per la casa passavano molte persone impegnate socialmente e in progetti di cambiamento politico. Tra di loro vi erano profughi cileni. Questi incontri erano del tutto nuovi per me e mi permisero di individuare correlazioni politiche di cui, in seno alla mia famiglia di origine, non si era parlato mai. Su di un piano intellettuale non potevo ancora partecipare alle discussioni, ma potevo seguire il discorso grazie al bagaglio di esperienza pratica.
Percepii sempre più come, dietro tutte quelle teorie, si celasse qualcosa tenuto ben nascosto. Detto in parole molto semplici, il fatto di essere in grado di valutare in modo critico il proprio comportamento e modificarlo! Non immaginavo ancora che questo sarebbe diventato il tema centrale della mia vita.
Arrivò il giorno in cui Romina andò in ospedale a partorire e la sera stessa il marito Alex tornò con la notizia che era nata una bambina e che stavano tutte e due bene. Ci rallegrammo e decidemmo di andare tutti a far loro visita in ospedale.
Poco prima di partire per l'ospedale, Rolf, uno dei bambini in affido più grandi, era rientrato da scuola pieno di rabbia. Aveva avuto una discussione con l'insegnante di religione, il quale sosteneva che gli animali non hanno l'anima. Rolf gli aveva detto di essere di altra opinione e, per spiegarsi, raccontò della gioia con cui il suo gatto lo salutava al rientro a casa. In tutta risposta l'insegnante gli rimproverò di non aver capito proprio nulla. I bambini della comunità erano indignati di fronte a un tale senso di superiorità.
Ma la visita all'ospedale ci riservò un ulteriore confronto con la rigidità di certe dottrine cristiane. Una suora imponente infatti ci bloccò il passaggio verso il nido: solo gli adulti potevano accedervi, i bambini dovevano aspet-

tare fuori. Tino, che all'epoca aveva quattro anni, le si parò davanti tutto accigliato, con i pugni sui fianchi, e, guardandola negli occhi, le disse: "Se non ci fai passare, ti dò un calcio nel culo!". La suora, senza parole di fronte a una tale maleducazione, non fece neppure in tempo a riprendersi: Tino era già andato oltre. Gli corse dietro gridando e così diede anche agli altri bambini la possibilità di passare. **Alla fine ci ritrovammo tutti, pieni di gioia, davanti a... una lastra di vetro, dalla quale potevamo gettare uno sguardo sul futuro membro della 'famiglia'. Noi adulti ci adattammo in modo esemplare, ma i bambini non capivano e poco dopo raccontarono a Romina con viva indignazione quello che avevano vissuto.**

Tino era arrivato da Romina e Alex per una strana coincidenza: quattro anni prima era nato lo stesso giorno e nello stesso ospedale di Nora, la loro primogenita, ma la madre – sola, senza compagno – per diversi motivi non si sentì di tenerlo con sé. Romina si dichiarò disponibile ad occuparsi di Tino, fino a quando non avesse potuto farlo la madre e fece ritorno, per così dire, con due 'gemelli'.

A casa mi misi immediatamente a piastrellare la cucina, affinché non fosse più un cantiere al rientro di Romina. Avevo le dita gonfie e screpolate a sangue, mi facevano male le ginocchia, eppure grande era la gioia di vedere la cucina diventare via via sempre più abitabile. Cominciai, quindi, con l'installazione dei caloriferi.

Nora, Tino e Mirko osservavano come tagliavo e filettavo i tubi e anche loro volevano farlo. Spiegai loro che la lama della sega era molto costosa e si rompeva facilmente se l'attrezzo non veniva usato con attenzione. Segarono con molta cautela e, sebbene fossero allo stremo delle forze, tennero duro fino in fondo. Gli si leggeva in viso l'orgoglio, ma subito divennero pensierosi e cominciarono a parlare di come dovesse essere faticoso per me passare tutto il giorno a tranciare tubi. Sentii che io e il mio lavoro eravamo degni di rispetto e che loro, grazie all'esperienza diretta, cominciavano ad apprezzare e capire l'importanza della competenza di un adulto, forse meglio ancora degli altri adulti.

Essere trattato con tale sensibilità da due bambini risvegliò dentro di me sensazioni dolorose. Ero contento, ma allo stesso tempo mi sentivo triste e solo. Ciò si ripeté quando anche gli adulti mi fecero i complimenti per il lavoro fatto.

Era come se sentissi una sorta di mancanza o di nostalgia per una relazione

d'amore profonda e duratura. In modo sempre più incisivo si delineò il bisogno di una relazione di coppia diversa. Ne avevo abbastanza di quelle belle, ma fugaci, avventure estive del passato.
Per vederci più chiaro mi iscrissi a un seminario di autocoscienza sotto forma di *Jeux dramatiques*[29], durante il quale scoppiai in un pianto liberatorio. Era la prima volta che succedeva dalla mia infanzia. Recitammo la storia di Wolfgang Borchert *Der Geierbaum*[30]. Io facevo la parte dell'albero su cui, ogni sera, si riunivano gli avvoltoi (rappresentati dagli altri partecipanti). Essi bisticciavano per il posto, saltando senza riguardi, e maltrattavano l'albero a tal punto da farlo crollare sotto il loro peso. Gli avvoltoi avevano prima dato per scontato il sostegno dell'albero e ora diventavano consci del loro comportamento. Tutti noi fummo profondamente toccati e scoppiammo a piangere.
Che rivelazione: non ero così forte come pensavano tutti e inoltre mi resi conto di presentarmi nella vita quotidiana più forte di quello che ero in realtà! In seno alla nostra comunità mi auguravo di provare proprio l'apertura con cui ci eravamo messi a nudo in questo gruppo!
Quando parlai dell'esperienza vissuta con Romina, Alex e con due donne che ci aiutavano ad accudire i bambini, ed espressi il desiderio di condurre qualcosa di simile anche da noi, mi scontrai con uno scarso interesse. Veniva considerato più importante l'impegno per un cambiamento politico rispetto al lavoro su se stessi, dato che "siamo tutti vittime di un sistema che va cambiato". Mi sentii lasciato solo con l'emozione vissuta durante il seminario. Ancora una volta mi accorsi di come la mia ricerca della 'verità' richiedeva dei cambiamenti. Avevo letto alcuni libri di Wilhelm Reich e mi trovavo d'accordo con le sue osservazioni, ma cosa potevo concretamente iniziare, partendo da lì?
L'inverno era alle porte e, nel frattempo, per la gioia di tutti, il riscaldamento funzionava in modo impeccabile. Volevo ritagliarmi del tempo da dedicare a nuove esperienze. Romina aveva già in passato espresso il desiderio di tornare a lavorare come insegnante, pertanto offrii di occuparmi part-time dei lavori domestici e dei bambini. Lei, però, non aveva ancora abbastanza fiducia in me, ma promise di rifletterci.

29. Metodo in cui una persona del gruppo mette in scena in modo pantomimico un testo scelto da lei, ma letto ad alta voce da qualcun altro.
30. *L'albero degli avvoltoi.* N.d.t.

Un giorno, le offrirono il posto di insegnante ausiliaria e si ricordò della mia proposta: mentre le si leggeva in viso tutto il suo timore a delegarmi le responsabilità, io, carico di ottimismo, non mi accorgevo quasi delle paure che provavo. Sarei stato davvero capace di sostituirla? Aveva un modo di fare così disteso con i bambini, cantava e giocava con loro con leggerezza, mentre io, a confronto, mi sentivo talvolta totalmente impacciato. D'altra parte, valutavo di saper riconoscere i bisogni dei bambini e di potermene occupare, forse altrettanto bene.

La prima mattinata da casalingo mi divertii un mondo. Mirta, che aveva ormai più di due anni, alcune volte volle che le dessi io il biberon, tenendola in braccio, mentre di solito lo faceva da sola. Naturalmente ci fu anche un pannolino da cambiare: per la prima volta pulii un bambino piccolo dai suoi escrementi. Mi sentii un po' a disagio a doverla toccare nelle parti più intime, come se non spettasse farlo a me, una persona 'estranea', ma fosse di competenza della madre o del padre. D'altra parte, ero felice che lei non mi rifiutasse e mi lasciasse fare in tutta fiducia. Essere accettato da lei mi emozionò!

Romina tornò dal lavoro soddisfatta. Mi sembrò un po' meravigliata di trovare i bambini così di buon umore. Io ero sollevato di lasciare a lei i lavori di casa del pomeriggio: ero davvero stanco per tutta l'attenzione richiesta dall'accudimento dei bambini.

Il pomeriggio allestii in giardino una piscina per loro. Finiti i lavori, tutti vollero essere bagnati con il tubo dell'acqua ed erano così eccitati che a fatica si lasciarono convincere a tornare a casa. Avevamo formato un grande millepiedi, aggrappandoci uno all'altro e coprendoci con gli asciugamani, e, scompisciandoci dalle risate, facemmo alcune evoluzioni sulla via di casa. Appena mi accorsi che Romina ci stava guardando, la mia spensieratezza se ne andò di colpo. Perché mi inibivo subito, appena mi accorgevo di essere osservato?

Mesi dopo, in una seduta terapeutica, mi trovai a rivivere come le mie idee creative avessero spesso incontrato la disapprovazione dei miei genitori. A un certo punto smisi di mostrargliele e preferii tenermele tutte per me. Trovarmi da solo con i bambini mi aveva permesso di riscoprire un pezzo di infanzia rimossa.

A poco a poco io e Anja, una donna impegnata socialmente che collaborava ai lavori domestici, avevamo intessuto una relazione intima e calorosa.

Spesso trascorrevamo la notte assieme. Una mattina, all'alba, la porta si aprì piano: era Tino. Appena si accorse che eravamo ancora a letto, volle subito andarsene. Lo invitai a restare e si infilò felice tra di noi. All'inizio era tutto teso e non sapevo se fosse perché si vergognava dell'intimità fisica o per la paura di venir allontanato. Sapevo che Alex, il padre adottivo, pochi giorni prima gli aveva detto che, a causa della puzza del suo pannolino, non era più gradito nel letto assieme a loro, come la sorella. Tino se la faceva addosso tutte le notti e la mattina insisteva per tenere il pannolino bagnato. Io supponevo che fosse un modo per darsi da solo un senso di 'calore', che compensava qualcosa che gli mancava.
Quando Tino si trovò nel nostro letto, mi accorsi del forte odore di urina, tuttavia mi sentivo vicino a lui e lo invitai a mettersi comodo. Si rilassò e si addormentò contento tra di noi.
Tino aveva sempre mal di gola e il medico consigliò l'asportazione delle tonsille. Era un bambino in affidamento e aveva espresso più volte la paura di essere abbandonato, perciò era importante che, a turno, qualcuno della comunità stesse con lui in ospedale giorno e notte. Naturalmente questo non corrispondeva alle prassi ospedaliere, ma riuscimmo a convincere un medico.
Fui io ad accompagnarlo all'ospedale, dove ci accolsero due infermiere. Non appena parlai del mio proposito di restare con lui, anche in sala operatoria, si opposero con forza. Tino piangeva ma una di loro gli spiegò: "Tutti i bambini piangono e tutti, poi, smettono da soli".
Per quel che mi riguardava, le cose erano chiare: senza di me, non ci sarebbe stata alcuna operazione. Vista la mia determinazione, le infermiere si arresero e mi diedero un camice sterile, una mascherina per la bocca e un rivestimento di plastica per le scarpe. Potei così tenere la mano a Tino mentre veniva addormentato. Superò proprio bene i due giorni in ospedale: Alex ed io gli portavamo bevande, gli raccontavamo storie e passavamo la notte vicino a lui, rendendolo felice.
Anni dopo, in una seduta, ho rivissuto il dramma delle mie tonsille. Avevo tre anni e mia madre mi affidò al medico e agli assistenti, per consolarmi mi disse che non mi sarebbe successo nulla di male. A quel punto mi legarono le mani e misero una maschera sul viso per somministrarmi il gas. Spaventato, volevo chiamare mia madre in aiuto ma non mi usciva la voce. Restai lucido ancora per qualche istante, convinto del fatto che mi avrebbero ucciso

e che avevano mentito sia a me che a mia madre. “Aria, aria, sto soffocando, sto morendo!” pensai e poi tutto divenne nero.
Infine mi ricordai di Tino ed ero immensamente felice di aver seguito con lui l’istinto, senza indugi e senza scendere ad alcun compromesso.

I bambini, nostri maestri

Per alcune settimane, durante un ricovero ospedaliero della madre, ospitammo nella comunità tre bambini. Il padre aveva abbandonato la donna già prima della loro nascita.
Uno di loro, il piccolo Mauro, un giorno, non smetteva di ingoiare acini d’uva marci all’ombra della pergola di fronte alla nostra casa. Invano tentai di offrirgli qualcosa di meglio.
Di solito ero impegnato nei lavori di restauro della casa, un’attività che rientrava a quel tempo tra quelle che mi sentivo capace di svolgere bene, mentre lasciavo volentieri che fossero altri ad occuparsi dei bambini. Il pianto dei bambini in particolare, fino a quel giorno memorabile, scatenava in me spesso una rabbia inspiegabile. Quel mattino tutto cambiò: grazie a Mauro, fui travolto da un’esplosione di emozioni che fino ad allora mi erano rimaste sconosciute. A quell’epoca non sapevo ancora come sia l’odio sia il dolore avessero a che fare con il bambino interiore rimosso che si trovava dentro di me. **Soltanto anni più tardi, con l’esperienza personale di terapia e di animatore di gruppi di autocoscienza, giunsi alla conclusione che la gelosia segreta che il padre può provare verso suo figlio quando viene accudito amorevolmente dalla madre, è legata a un sentimento simile a quello che provavo io di fronte a un bambino che piangeva. Sentimenti simili al mio, nella cultura occidentale contemporanea, possono contribuire alla depressione post-partum.** Sia l’uomo che la donna ‘risolvono’ facilmente il problema, relegando il bambino nella sua stanza o nella culla e giustificando il loro comportamento con spiegazioni razionali.
In quel giorno memorabile per la prima volta mi stavo prendendo cura dei bambini più piccoli del nostro gruppo. Ad un certo punto, Mauro si mise un’altra volta a piangere, disperato, e ormai mi era chiaro che se l’era fatta di nuovo addosso. Lo distesi sul fasciatoio e lo liberai dal pannolino sporco; mentre lo pulivo e cospargevo di borotalco il culetto tutto infiammato per

il contatto con le feci liquide e aggressive, mi sommerse la compassione. Tuttavia, non sapevo cosa potevo fare per non fargli male. Nonostante usassi estrema delicatezza, non potevo evitare di toccarlo sui punti doloranti, provocando un pianto disperato. Gli restai vicino mentre piangeva e provai a dirgli che capivo quanto dovesse far male, che mi dispiaceva non ci fosse la sua mamma e che, di sicuro, l'uva l'aveva mangiata convinto che gli facesse bene. Finita la pulizia, corse via sorridendomi pieno di gioia di vivere, con il pannolino pulito, per tornare sotto la pergola d'uva! Respirai sollevato, quando vidi che non ne mangiava più e si limitava a raccogliere gli acini in un cestino.

Non c'era tempo comunque per restare con le mani in mano. Le sue sorelle erano salite da sole sul balcone al piano di sopra e stavano gettando giù un triciclo, proprio là dove lui stava giocando. Fortunatamente il mio intervento impedì il peggio. Cominciavo a capire come mai nessuno volesse badare ai tre selvaggi tutti assieme. Sebbene separare Mauro dalle sorelle sarebbe stato un ulteriore trauma, c'era da chiedersi cosa fare di loro: la madre, completamente sopraffatta, a volte li rinchiudeva in una stanza per mezza giornata. Lasciati a se stessi, avevano sviluppato un comportamento selvaggio, quasi cannibale: quando erano arrabbiati, si mordevano l'un l'altro alle braccia e alle gambe. Comunicavano tra loro urlando come dei matti, per assicurarsi di essere ascoltati. Ma vi erano anche momenti incredibili di grande tenerezza reciproca e, nel tempo trascorso da soli, per comunicare avevano sviluppato un linguaggio loro, che però non era comprensibile agli altri, se non intuitivamente.

La nostra comunità era una soluzione temporanea a questa grave situazione. Ero completamente esaurito e tirai un sospiro di sollievo quando Romina, finalmente, rientrò a casa. Cominciavo a rendermi conto quanto fosse importante avere un po' di tempo libero per sé, per potersi rigenerare, raccogliere la forza e la gioia che poi sarebbero state benefiche anche per i bambini – e anche cosa significasse lasciare sole le donne di fronte a questo compito. Mi divenne evidente che le madri (o i padri) che si occupano dei figli da soli sono sottoposti a un'enorme pressione e che è necessario trovare urgentemente forme nuove di vita comunitaria, che tengano conto delle esigenze sia dei bambini sia degli adulti.

Noi avevamo fondato la comunità con l'obiettivo di mettere in pratica forme nuove di convivenza, adatte ad affrontare anche situazioni difficili e perfino

a prevenirle. I genitori 'single' trovavano da noi un ambiente in cui gli adulti avevano tempo e spazio per guadagnarsi da vivere e per soddisfare i propri bisogni e i bambini erano sempre in buone mani, ben accuditi. La madre dei tre piccoli ospiti non aveva mai goduto di una simile libertà. Dalla mattina alla sera era indaffarata a calmare il figlio che piangeva più forte. Dopo la bruciante esperienza di quella mattina, mi rendevo conto di che impresa fosse! Fui profondamente toccato da quell'esperienza passata assieme ai tre bambini: mai avevo osservato impeto distruttivo e manifestazioni di tenerezza così legati tra loro e, nonostante fossi distrutto attorno a mezzogiorno, mi sentivo riccamente ricompensato. Potei rendere onore e gustarmi questo dono soltanto perché un altro adulto prese il mio posto e continuò a prendersi cura dei bambini. Libero da preoccupazioni, sapendoli in buone mani, avevo il tempo per soddisfare i miei bisogni.
In quel periodo avevamo dato ospitalità temporanea nella nostra casa a profughi cileni. Una di loro portava il bambino sempre in braccio, con un telo porta-bebé. Aveva declinato l'offerta di servirsi di uno dei nostri passeggini. Ancora ero ignaro di che conseguenze avesse, per l'essere umano, essere portato in braccio o meno. Era impressionante vedere come il bambino, da sveglio, prendesse parte a tutto ciò che accadeva. Non piangeva mai e comunicava i suoi bisogni con mimica e gesti. Grazie allo stretto contatto fisico, la madre sembrava accorgersi immediatamente di ciò che serviva al bambino ed era pronta a dedicarsi a lui. Malgrado fossero sradicati dalla loro terra, i due emanavano pace. Da dove attingeva la donna tutta quella forza? Forse dal fatto di essere stata lei stessa portata da piccola?
I nostri bambini reagirono istintivamente: non soltanto i più piccoli, anche gli altri reclamarono biberon e pannolino, e ci giocarono per giorni. A turno assumevano il ruolo della madre premurosa o del neonato bisognoso. Si stavano forse dando l'un l'altro quello che era loro mancato nel primo periodo di vita? All'inizio, giocando, gridavano come d'abitudine, ma con una vocina acuta da neonato. Immediatamente gli altri erano pronti a prendersi cura amorevolmente di chi piangeva – proprio come potevamo osservare nella mamma cilena – e il pianto cessava presto. Era una scena che colpiva, quella di vederli tutti vicini a succhiare assieme dal biberon.
Giorni dopo la donna trovò ospitalità presso una conoscente e si preparò a partire. Nora, che aveva cominciato a parlare da poco, affermò di chiamarsi Luca (come il figlio della cilena) e di voler andare con lei. La vera madre

di Nora e la 'nuova mamma' erano d'accordo – fu preparata una piccola borsa per lei, con il pigiama e altre cosine, che si mise subito, orgogliosa, a tracolla.
Appena due giorni dopo, al telefono, ci comunicò di chiamarsi di nuovo Nora e di voler tornare a casa. Al suo arrivo, raccontò con gioia che aveva potuto prendere il seno, proprio come Luca. Nora da piccola era stata allattata artificialmente. In ospedale avevano consigliato alla madre di rinunciare all'allattamento al seno. Il fatto che Nora avesse osato lasciare la madre era – secondo me – segno di una sana fiducia che si era sviluppata grazie all'accudimento amorevole di cui aveva goduto.
Osservare questa bambina 'fiorire', in un periodo in cui non ero ancora entrato a contatto con il mio bambino interiore, fu un grande privilegio e mi diede la forza di mettermi alla sua ricerca. A posteriori, mi accorgo di essere passato per fasi simili a quelle che avevo osservato in quei bambini, alcuni anni più tardi, dopo un lungo processo di ricerca di sé in gruppo[31]. Nel frattempo mi ero in gran parte reso conto dell'importanza fondamentale, per l'essere umano, delle esperienze pregnanti del periodo primale.
Una mattina, come già ho raccontato, Nora e Tino vollero sapere da me perché mai chiudessi la porta del gabinetto. Spiegai loro che preferivo restare da solo, ma mi risposero osservando che io invece stavo con loro quando facevano pipì e di conseguenza non dovevo chiuderli fuori. Ero senza parole. Li lasciai entrare e aspettarono eccitati il mio getto di pipì. Invano. Alla fine fui costretto a confessare che non mi era possibile farla in presenza di altre persone. Naturalmente vollero sapere perché. Spiegai vagamente di provare una sorta di paura – divertiti, mi assicurarono che non avevo proprio nulla da temere da parte loro. Ne ero sollevato, anche se non mi aiutò affatto.
Più o meno in quel periodo scoprii il libro di Arthur Janov *Primal scream*. Ero talmente affascinato dal modo in cui l'autore procedeva nella rielaborazione delle esperienze traumatiche infantili, da continuare a leggere per tutta la notte. Finalmente avevo trovato quello che stavo cercando da molto tempo! Sempre più forte divenne il desiderio di scoprire cosa si celava dietro le mie inibizioni. I bambini della comunità avevano una creatività, un'apertura e un comportamento diretto, senza fronzoli, che dovevo aver avuto anch'io un tempo! Ma, allora, dove erano andati a finire? Sempre più, dentro di me,

31. Si veda *Gruppo di ricerca*.

crebbe il desiderio di diventare terapeuta. Innanzitutto, però, volevo prima venire a capo di me stesso. Decisi in un primo momento di contattare uno psicoanalista di cui avevo sentito parlar bene, che praticava la terapia primale e di iscrivermi a un gruppo di autocoscienza.

Mauro, povero re

Ciò che accade in seguito tra Mauro, 3 anni, le sue sorelle, un anno più grandi, e la madre mostra chiaramente quanta infelicità possa derivare dal fatto di ricorrere a surrogati (oggetti sostitutivi) senza essere consci del proprio tipo di comportamento, che io chiamo di *seconda scelta*.
Mauro aveva l'abitudine di gridare più forte di tutti per ottenere dalla madre qualcosa o semplicemente la sua attenzione. Le due sorelle, regolarmente, erano costrette ad aspettare. Sopraffatta e totalmente esaurita, la madre non sapeva fare di meglio che rinchiudere i bambini in una stanza.
Dopo ore di pianto, influenzandosi reciprocamente, cominciarono a sviluppare una lingua primitiva di sillabe, con cui potevano comprendersi alla perfezione. Più tardi, a tre/quattro anni, cominciarono a giocare alla 'famiglia' e a farsi vicendevolmente da madre.
Svilupparono veri e propri giochi di ruolo, a volte molto brutali, a volte molto affettuosi e pieni di premure, che riflettevano la situazione familiare del momento. Non si servivano di molte parole, dato che, a causa della mancanza del padre, non avevano un modello di comunicazione di riferimento tra adulti. La madre, per lo più, si rivolgeva loro gridando. Inserirono nel linguaggio del gioco via via le parole usate dalla madre e ad alcune diedero un altro significato, seguendo la loro sensazione emotiva. A tavola gridavano "All'attacco!" per dire "Ne vorrei ancora". Che intuizione perfetta! Il loro comportamento corrispondeva esattamente all'espressione.
Ero colpito dalla trappola relazionale in cui si trovava questa famiglia e proposi alla madre di trascorrere assieme una settimana al mare, con l'obiettivo di modificare quella situazione che portava via tutte le energie.
Non c'era da aspettarsi niente di diverso – ben presto fummo tutti travolti dal vortice dell'atmosfera conflittuale. In una scena tipica, stavo versando del latte in un bicchiere quando Mauro cominciò a urlare a squarciagola che anche lui ne voleva. Stupito, gliene offrii, ma continuò a gridare perché lo

voleva ricevere dalla madre. Quest'ultima, grazie alla mia presenza, si stava concedendo un attimo di relax sulla sdraio pochi metri più in là. Chiesi a Mauro di decidere lui stesso: se voleva sedersi in braccio alla madre, doveva andare da lei e chiederglielo; se invece voleva del latte, io volentieri gliene avrei versato. Mi gettò uno sguardo stizzito, andò dalla madre e si mise contento nelle sue braccia.

Nella vita quotidiana, la madre era intrappolata tutto il tempo in quelle situazioni conflittuali e riusciva a liberarsi dei bambini, urlanti attorno a lei, soltanto chiudendoli in una stanza. Il comportamento di tutti i membri della famiglia era di seconda scelta (un oggetto, cibo o altro). Soltanto grazie alla collaborazione consapevole di una terza persona poté essere riconosciuta e richiesta la prima scelta (il contatto con la madre). Potrebbe essere questo un compito del padre, la cui mera presenza fisica però non basta. Infatti, se lui reclama unicamente la 'meritata' pace, la madre diventa ancora più ricattabile di fronte ai bambini urlanti e si darà da fare per soddisfare i loro bisogni di seconda scelta, in modo che il padre possa restare indisturbato. In questo modo diventa schiava della situazione. Soltanto esprimendo il suo bisogno reale, di essere sostenuta dal partner nell'accudire i figli, farà il primo passo per uscire dalla trappola.

I bambini, anche le sorelle più grandi, bagnavano il pannolino tutte le notti. Mi chiedevo se lo facessero per creare una possibilità di contatto e proposi di occuparmi del cambio dei pannolini durante la settimana al mare. Una sera – dopo che un vento da tempesta e un forte temporale avevano danneggiato la nostra tenda – ci ritrovammo a cenare tutti nello spazio ristretto del piccolo camper. Mauro, che non ricevette il piatto pieno per primo, si alzò in piedi sulla panca e pisciò in modo provocatorio. C'era un silenzio esplosivo e la madre riuscì per un pelo a dominare l'impulso di picchiarlo, rispettando il nostro accordo. Avevamo pattuito che, in caso di situazioni difficili, sarei intervenuto io. Mi occupai di asciugare il materassino e ci mettemmo di nuovo a tavola.

Dopo mangiato sembravamo tutti stanchi morti. Lo stress dovuto all'estrema promiscuità stava sortendo il suo effetto. Tutti ci preparammo per andare a dormire, eccetto Mauro, che cominciò a strillare forte, senza dubbio perché una delle sorelle aveva già preso posto vicino alla mamma. Nonostante la madre lo invitasse a distendersi lì anche lui, insisteva piangendo sul fatto che solo lui aveva diritto a quel posto. Il temporale era scoppiato non soltanto

fuori, ma anche dentro al camper.
Rassicurai la madre, dicendole che non doveva sentirsi responsabile della situazione, infilai a Mauro un completo da pioggia e lo presi in braccio, deciso a fare una passeggiata assieme a lui. Piangendo si opponeva e cercava di colpirmi. Il suo pianto disperato faceva quasi credere che io imponessi in modo brutale e violento la mia volontà a un povero bambino indifeso. Indifeso?
Un cane abbaiò nelle vicinanze e riportò il bambino alla realtà. Gli raccontai che senz'altro si trattava del cane fedele di un pastore, che difende bene il gregge, proprio come io difendo lui. Questo lo calmò e risvegliò la sua curiosità. Addirittura propose di andare a far visita a questo bravo cane. Ribattei che bisognava camminare un bel po', al che mi disse di essere molto stanco e di voler tornare indietro. Gli ricordai che, di sicuro, tutti stavano già dormendo e che avrebbe dovuto decidere dove voleva mettersi. Rispose: "Vicino alla mamma". Gli feci notare che ci sarebbe stato posto per lui, però c'era già una delle sorelle. Avrebbe dovuto accettare di condividere lo spazio. Era d'accordo. Non appena salimmo sul camper si mise a piangere svegliando tutti.
Mi riimmersi con lui nel paesaggio notturno. Rapidamente si calmò e propose di nuovo di andare a far visita al cane. Accettai.
Dopo un po' raggiungemmo un recinto e dentro, nel buio, vi scorgemmo il cane che ora stava abbaiando davvero minacciosamente. Dissi a Mauro che questo cane eseguiva diligentemente il suo lavoro di proteggere il gregge. Mauro ebbe parole di lode per il cane, che piano piano si calmò. Con sua grande gioia, si avvicinarono alla rete anche alcune pecore. Infine, soddisfatti, tornammo indietro e, quando raggiungemmo il camper, Mauro si infilò senza commenti a fianco della madre, si accoccolò e si addormentò di colpo.
Il giorno dopo, di buon mattino, venni svegliato dal tocco timido di una manina. Era Mauro, che mi fece capire a gesti di voler uscire dal camper.
Non appena fuori, si tolse il pigiama, si liberò del pannolino e me lo mostrò con evidente orgoglio. Era asciutto. A quel punto si aprì la porta del camper e uscirono anche le sorelle. Anche loro mi mostrarono felici il pannolino asciutto. Quindi tutti e tre vollero giocare a pallone – dopo un'ora buona di gioco eravamo tutti affamati. La madre, nel frattempo, aveva preparato una colazione da re. Il temporale era passato e ce ne stavamo seduti contenti sotto il tiepido sole mattutino. La sera seguente, al momento di andare a letto, i bambini per sicurezza chiesero il pannolino, ma al mattino fu chiaro a tutti

che, per fortuna, era diventato superfluo.
Avevo l'impressione che ognuno stesse cominciando ad esprimere i suoi reali bisogni. Ma a quel punto, si presentò un nuovo ostacolo: spesso la madre non si accorgeva quando i bisogni espressi dai figli erano reali. Era necessario che lei passasse dall'indifferenza, diventata ormai un'abitudine, a uno stato di vigile attenzione.
Rivedere una scena ripresa con la videocamera fu per lei uno shock salutare. Quella stessa mattina, alla fine della ricca colazione, passò per di là un contadino seduto su un carro trainato da buoi e seguito da un cavallo, legato con una lunga corda. Si recavano a bere al pozzo vicino.
Mauro, agitando le mani pieno di entusiasmo, si mise a saltare e chiamò insistentemente la madre, senza risultato. Tuttavia non si arrese. Evidentemente non voleva che lei si perdesse quel momento eccitante. Dopo un po', sempre presa dal solito tran-tran, gli gettò un breve sguardo disinteressato e biascicò a fatica "Sììì, ho visto", continuando a sciacquare i piatti.
Quando, rientrati a casa, le mostrai questa scena, le vennero le lacrime agli occhi, riconoscendo la gioia di vivere e la bellezza dei suoi figli. Si rammaricò di essere stata così cieca in quel momento speciale e irripetibile.

Marisa, la ribelle coraggiosa

Carla era davvero disperata quando si presentò da me assieme alla figlia Marisa, di tre anni, con l'obiettivo di risolvere una situazione conflittuale. Non poteva concedersi neanche un momento per se stessa, poiché Marisa con richieste illogiche reclamava continuamente la sua attenzione. Se i suoi desideri non venivano esauditi, scoppiava in un forte pianto e riusciva sempre a far sì che la madre cedesse.
Negli ultimi tempi queste scene si erano ripetute con frequenza crescente: la madre era diventata una vera e propria schiava della figlia ed era prigioniera di una relazione familiare che le lasciava sempre meno spazio per se stessa. Tutto ciò era legato anche all'atteggiamento del marito, che esigeva prima di tutto la 'meritata pace' quando rientrava dal lavoro. Affinché lui non venisse disturbato, a quel punto la madre doveva aver già provveduto a mettere a letto Marisa. Ma quest'ultima non era affatto d'accordo e ogni volta urlava con tutte le sue forze. Il padre rinfacciava alla moglie di non essere capace di

educare la figlia. Così ebbe inizio un circolo vizioso: per salvare il matrimonio, la donna cominciò a calmare Marisa con piccoli regali o favori, mentre la bambina moltiplicò le sue richieste e si metteva a strillare senza riguardi per ottenere quello che voleva se non veniva soddisfatta subito. Presto anche i vicini si accorsero di Marisa e lanciavano alla madre sguardi pieni di disapprovazione, che sottintendevano: "Come può una madre essere così insensibile e malvagia da lasciar piangere un bambino tanto a lungo?".
Alla ricerca di una soluzione per una situazione che sembrava senza via d'uscita, vennero da me per alcuni giorni. La prima volta che facemmo colazione assieme fu indimenticabile. Marisa tentò di disturbare ogni azione comune in seno alla nostra piccola cerchia di tre persone. Si rifiutò di mangiare e insistette ininterrottamente affinché le sue richieste venissero esaudite. "Voglio quell'angioletto sulla copertina del libro", "Voglio che tu vada a cercare il gatto e lo porti qui!", "Devo fare pipì" (naturalmente non la fece); era evidente che voleva interrompere ogni contatto tra me e la madre ed esigeva tutta l'attenzione per sé. Se non la otteneva subito, cominciava a dimenarsi e a gridare arrabbiata.
Erna mi guardava con gli occhi intrisi di sensi di colpa. La preoccupava il fatto che la situazione potesse diventare insopportabile per me, esattamente come per suo marito.
Le spiegai che proprio quel timore la rendeva ricattabile. Il primo passo da fare era di stipulare un patto, secondo il quale lei era sollevata, ora e in futuro, da ogni responsabilità per quello che faceva la figlia e poteva restare tranquilla, senza sentirsi in dovere di intervenire. Caso mai non riuscissi più a sopportare la situazione, la responsabilità di comunicarlo direttamente a sua figlia era solo mia. Aggiunsi che era una buona madre, piena di sensibilità, e che cercava di fare del suo meglio. Dopo un po' di tempo trascorso assieme, mi saltò agli occhi qualcosa di strano nel comportamento della bambina. Quando Marisa chiedeva di essere presa in braccio e la madre, sollecita, lo faceva, spesso insisteva con la sua richiesta, nonostante avesse ottenuto quello che desiderava. Il suo sguardo diventava assente, vacuo e velato di lacrime. Indagai su eventuali avvenimenti in cui la bambina potesse aver percepito una madre assente, seppur presente fisicamente, ai quali fosse riconducibile il comportamento attuale.
Carla raccontò che, nel corso dei primi due anni di vita di Marisa, alcune volte si era ubriacata e aveva fumato troppa marijuana ed era rimasta assie-

me alla bambina in uno stato delirante. Comprese subito come in quei casi, malgrado la presenza fisica, fosse stata irraggiungibile affettivamente per la figlia.
Indubbiamente Marisa inscenava in continuazione quel trauma passato: "La mamma non è qui con me, anche se mi tiene in braccio!". Era quindi del tutto inutile che la madre la prendesse in braccio, se Marisa non la guardava negli occhi e non la prendeva sul serio. Che soluzione c'era a questa trappola?
Da quel momento in poi, fui io ad assumermi l'onere di soddisfare le richieste irrazionali di Marisa, che – naturalmente – all'inizio si rifiutò di accettare qualunque cosa da me, cercando con tutti i mezzi 'sperimentati', fino alle grida rabbiose, di ricevere ciò che chiedeva unicamente dalla madre. Ma le sue urla perdettero il loro potere, perché noi riuscivamo a tollerarle. Come ultima arma, le rimase soltanto il bisogno di andare al gabinetto. Anche in questo caso la madre restò irremovibile: ad accompagnarla sarei stato io.
Il mattino dopo, a colazione, Marisa esibì di nuovo, senza successo, tutto il suo repertorio. Quando si rese conto che urlava, piangeva e si dimenava per niente, si gettò a terra disperata e rabbiosa chiamando la madre.
Le feci presente che era perfettamente in grado di alzarsi da sola per andare dalla madre, la quale l'aspettava a braccia aperte. Marisa, cocente dalla rabbia, cominciò ad emettere strilli acuti e battere i piedi per terra, ma infine si arrese all'evidenza: non funzionava, sua madre ed io non ci lasciavamo manipolare.
Mi guardò piena di odio, si alzò decisa e si diresse verso la madre. Un'espressione trionfante apparve sul suo viso, quasi per dire: "La mamma è in ogni caso mia e non tua! Non ce la fai ad impedirmi di andare da lei!". Carla la prese in braccio al colmo della gioia e si scambiarono uno sguardo complice. Questo contatto sarebbe potuto avvenire da lungo tempo, se la percezione di Marisa non fosse stata deformata dalle brutte esperienze dell'infanzia; la madre ormai da tempo non assumeva alcuna droga né alcol.
Intanto avevamo rotto il circolo vizioso e Marisa, compreso rapidamente che non ero suo rivale, cominciò ad apprezzare la mia presenza.
Non ci eravamo però ancora occupati di cosa sarebbe successo al rientro a casa. Che fare se il padre insisteva per la 'meritata pace' davanti alla tv oppure per voler trascorrere le serate senza la figlia? Ci era chiaro che non avrebbe funzionato senza la sua partecipazione.

Proposi a Carla di esprimere, in un gioco di ruolo, i suoi bisogni e desideri nei confronti del marito. Le spiegai che si sarebbe dovuta esprimere con molta consapevolezza e precisione. C'era da aspettarsi che il marito non sarebbe stato per nulla, o poco, disponibile a fare la sua parte e ciò avrebbe naturalmente risvegliato in lei un profondo senso d'impotenza. Esplorammo a fondo, con il gioco di ruolo, il comportamento da tenere in tale possibilità. All'avvicinarsi della partenza, Carla aveva maturato una grande chiarezza sui suoi bisogni e la sua vita affettiva. Si mise sulla strada di casa decisa a tentare di tutto per cambiare la situazione.
Poco tempo dopo mi telefonò, per comunicarmi che il marito rifiutava categoricamente di partecipare a ogni cambiamento e insisteva nella richiesta di essere lasciato in pace. Lei gli aveva detto che non si sarebbe più sentita responsabile della sua pace, ma lui non lo tollerava ed era diventato violento, sia con lei che con la bambina.
Carla, tentando di fare tutto il possibile per salvare il matrimonio, pose il marito di fronte a un ultimatum: o si rendeva disponibile a recarsi da una persona competente per risolvere questo conflitto o l'avrebbe lasciato. Il marito rifiutò, Carla traslocò in un piccolo appartamento con Marisa e cercò un impiego part-time che le permettesse di essere indipendente economicamente e allo stesso tempo avere tempo sufficiente per stare con la figlia.

Rico, il pagliaccio

Alcuni anni più tardi cominciai ad animare incontri di autocoscienza. Elvira, un'insegnante elementare che aveva preso parte a un mio gruppo, mi domandò se ero disponibile a partecipare a una settimana di scuola speciale in montagna. Era una donna molto impegnata socialmente e sensibile ai problemi degli scolari, motivo per cui i colleghi le affidavano – o meglio le rifilavano – i casi 'difficili'. Si ritrovava con una classe di 24 bambini, assieme a una ragazza in tirocinio priva di esperienza. Era una situazione intollerabile che la stava portando al limite dell'esaurimento.
Un ragazzino di undici anni, Rico, era l'ultimo a essere stato aggiunto, recentemente, alla classe. Presentava un ritardo scolastico importante e pertanto era stato destinato alla terza elementare. Bambino di strada latino-americano, era stato 'salvato' da un destino infelice da un'organizzazione

umanitaria e offerto in adozione alle famiglie svizzere. Intanto, nella fase di transizione, era stato affidato per alcuni mesi a una famiglia provvisoria. Più tardi emerse che questa famiglia, per 'favorire la sua fiducia nel contatto', gli aveva detto che sarebbe potuto restare presso di loro per sempre. Inoltre l'organizzazione non prese per nulla in considerazione le ripercussioni della separazione dalla sorella minore, cui il bimbo si sentiva molto legato e di cui si era preso cura nel periodo passato per strada; la bimba era stata lasciata in Brasile. Lui ne soffriva e si sentiva ingannato. Istintivamente percepiva che qualcosa non era in ordine e cominciò a provocare i genitori provvisori, allo scopo evidente di mettere alla prova la loro capacità di sopportazione.
In breve tempo li costrinse ad ammettere il falso gioco e si vendicò con un comportamento adeguato: andava e veniva a suo piacimento, senza mai raccontare dove trascorresse il suo tempo.
Sviluppò una bella relazione con la maestra Elvira, ma l'attenzione che richiedeva superava di gran lunga le forze di lei. Per completare il quadro, un altro alunno, Marcel, cominciò a entrare in competizione con Rico. Era geloso per l'attenzione che gli veniva data e disturbò talmente le lezioni, da spingere Elvira a risolvere il problema in modo creativo. Fu così che si decise per la settimana di scuola in montagna, con il mio appoggio.
Mi fu subito chiaro che i due bambini si davano da fare tutto il tempo per guadagnarsi l'attenzione di Elvira. La questione era: "Chi di noi due è il pagliaccio migliore?". Intanto, in mezzo agli applausi dei compagni, era impossibile fare lezione di matematica.
Per illustrare il problema a tutti, Elvira propose la prima sera un gioco di ruolo con le marionette di Kasperli[32]. I bambini scelsero, per rappresentare Rico, la figura del 'negro', che corrispondeva agli stereotipi del tempo con le sue labbra rosse e carnose. Il ragazzo, scioccato e ferito, scappò nella camerata piangendo e si nascose sotto le coperte, dove rimase senza lasciarsi avvicinare.
Mi misi al suo fianco, mentre gli altri bambini restarono attorno al letto in silenzio. Appoggiai la mano sulla sua schiena e non la spostai, nonostante lui si muovesse per toglierla. Nel frattempo dissi con voce decisa, in modo da poter essere sentito da tutti: "Rico ha bisogno di veri amici, che lo ap-

32. *Kasperli* è la figura principale di questo teatrino, diffuso in tutti i paesi di lingua tedesca e conosciuto con il nome di *Kasperlitheater*. N.d.t.

prezzino per le sue qualità umane e non per i suoi numeri da pagliaccio! Chiedo a tutti quelli che gli vogliono bene e che vogliono essergli vicino, di avvicinarsi al letto e di appoggiare in segno di amicizia la mano sulla sua schiena come me”.
I bambini erano molto commossi. Tutti dimostrarono la loro amicizia con quel gesto. Rico, sotto le coperte, era scosso dai singhiozzi. Lentamente cominciò a calmarsi, mentre i compagni erano rimasti lì vicino, con dignitosa serietà. Dissi loro che ora Rico sapeva di avere dei veri amici e che potevano andare tutti a letto. Quando fu spenta la luce, l'atmosfera era calma e rilassata.
Il giorno dopo Rico fu il primo ad alzarsi ed espresse il desiderio di apprendere lo judo con me – dopo un quarto d'ora d'intensa lezione, concludemmo con una lotta mimata. Lui lottava con un impegno sorprendente, allo stesso tempo con sensibilità e senza far uso di violenza. Era per tutti e due un piacere e alternativamente era lui o ero io ad avere la meglio. L'altro ragazzo ‘difficile' della classe, Marcel, volle anche lui combattere con me, ma, dato che si muoveva in modo scoordinato e violento, era grande il rischio che uno di noi due si facesse male. Non c'era verso di convincerlo a muoversi più dolcemente e, dopo alcuni tentativi, interruppi la lotta. Lui tuttavia non capiva perché avessi ‘combattuto' con Rico e non facessi lo stesso con lui. Si sentiva ferito, tanto quanto Rico il giorno prima, e, con la testa nascosta tra le mani, si mise disteso a piangere.
Fu allora che gli si avvicinò Rico, mise dolcemente la mano sulla sua schiena e disse, con le lacrime agli occhi: “Lo so di che cosa ha bisogno Marcel! Di amici! Chi vuole essere un vero amico per lui venga qui e gli sia vicino!”. Nessuno della classe restò lontano e alcuni erano talmente emozionati che si misero a piangere. Era un pianto di gioia contagioso e si propagò a tal punto da diventare quasi un'isteria di gruppo. Decisi di intervenire, facendo presente che pianto e riso sono manifestazioni emotive molto vicine una all'altra. Alcuni allora si misero a ridere, poi tornarono a piangere, finché le risate non presero definitivamente il sopravvento e tutto si concluse con una entusiastica battaglia di cuscini. Da quel giorno Rico e Marcel non ricorsero più alle buffonate da pagliaccio per attirare l'attenzione.
Ma ritorniamo un attimo agli avvenimenti appena descritti. La ragazza in tirocinio era l'unica a essere rimasta molto chiusa fino alla fine e, colpito dal suo sguardo accusatore, le chiesi che cosa la opprimesse. Secondo lei,

avevo manipolato i bambini in modo pericoloso. Mi parve una critica molto intellettuale e mi domandai che cosa le fosse successo – era l'unica a non aver pianto. Mi confidò che piangere, o esprimere le proprie emozioni, era un tabù nella sua famiglia. Anche lei si era commossa, ma si era chiusa per paura di lasciar trapelare le sue emozioni. Dopo questa dichiarazione, la sua tensione si sciolse.

Era evidente fino a che punto una dinamica distruttiva all'interno di un gruppo potesse essere potente: infatti, il pagliaccio ha bisogno di un pubblico che lo applaude! La storia di Rico mostra anche che le procedure di adozione e affido possono avere conseguenze drammatiche se non sono del tutto trasparenti. A casa dalla famiglia che lo ospitava, Rico continuò con le sue azioni di vendetta fino al limite estremo e alla fine ne uscì 'vincitore': non lo sopportavano più. Cominciò a trascorrere le notti fuori casa e si diceva che frequentasse l'ambiente degli omosessuali.

Un'esperienza positiva di affido

Una madre eroinomane decise di sottoporsi a una cura di disintossicazione, seguita dalla rielaborazione dei suoi deficit relazionali, in un centro terapeutico. Le sue condizioni di salute e di umore erano molto labili e le era difficile venirne a capo da sola; non riusciva dunque ad occuparsi della sua bambina, Mara. Non sopportava quasi più di sentirla piangere, cosa che probabilmente andava a risvegliare le sue emozioni, risalenti a esperienze dolorose vissute nella prima infanzia. Sentiva spesso dentro di sé impulsi distruttivi, che rischiava di scaricare su se stessa e sulla bambina.

Mara fu affidata per il periodo del ricovero a una famiglia con bambini che viveva all'interno dello stesso centro. Poteva avere regolarmente un contatto con la madre, anche se i loro incontri erano brevi e insoddisfacenti. La madre sostitutiva si sentì in colpa quando si accorse che la bambina cercava il contatto con lei e ne provava evidente piacere, mentre invece si opponeva, gridando, al contatto fisico con la madre biologica. Più la bambina piangeva, più la madre si sentiva incapace e inadeguata. La madre sostitutiva prese quindi le distanze dalla bambina – secondo me per via di un errato eccesso di riguardo. Si arrivò al punto che a Mara non venne più permesso di infilarsi nel lettone la mattina, mentre i loro figli continuavano a farlo. In quel

periodo Mara soffrì di attacchi di tosse e asma sempre più frequenti, che fece passare molte notti in bianco ai genitori sostitutivi, portandoli allo stremo delle forze. Cominciarono a chiedersi se, per rispetto di Mara, dovessero limitare il contatto fisico anche con i loro figli.
Mi ero accorto di questa evoluzione e, quando mi chiesero consiglio, domandai loro per prima cosa come fosse la relazione con Mara. Mi confermarono di sentirsi molto vicini alla bambina, quasi come fosse loro figlia. Quando consigliai loro di tenere vicina Mara proprio come facevano con i loro figli, mi guardarono senza capire. Avevano paura di allontanare totalmente Mara dalla madre, la quale non aveva alcuna possibilità di offrire alla bambina qualcosa di paragonabile. Dissi loro che, facendo tutto il possibile per facilitare il contatto tra Mara e la madre, non c'era motivo di preoccuparsi: essi non dovevano in alcun modo spingere Mara a dubitare chi fosse la sua vera mamma e dovevano mantenere con quest'ultima un rapporto affettuoso e rispettoso. Il padre sostitutivo mi confidò che, istintivamente, si sarebbe comportato proprio così, ma che un sacerdote amico suo lo aveva sconsigliato in modo assoluto. Dopo il nostro colloquio, Mara poté di nuovo prender parte all'intimità familiare come gli altri bambini. Due giorni più tardi i genitori sostitutivi, raggianti, mi raccontarono che Mara dormiva tutta la notte e non aveva più la tosse.
La madre di Mara inizialmente provò gelosia, osservando che sua figlia stava rifiorendo e che dimostrava affetto per la madre sostitutiva. Si sentiva incapace e senza valore. La rassicurammo sul fatto che anche lei aveva qualcosa di prezioso da offrire a Mara: era stata lei ad averle offerto la vita.
Ogni progresso di Mara venne accolto come un regalo. Ora che Mara si sentiva amata all'interno della famiglia sostitutiva, cominciò a rivolgersi anche alla madre con gioia. I momenti trascorsi assieme divennero sempre più soddisfacenti e frequenti.

L'educazione anti-autoritaria

A partire dal movimento hippie e studentesco del '68, si vennero a creare delle comuni in cui furono sperimentate forme alternative di vita insieme. Tra l'altro, venne rimesso in discussione il concetto di autorità e si svilupparono forme di relazioni consensuali. A quel tempo la scuola anti-autoritaria

Summerhill, diretta da Alexander O. Neill, un amico di Wilhelm Reich, era il simbolo di un nuovo modo di educare i bambini. Neill parte dal presupposto che i bambini, senza essere costretti, per loro proprio desiderio di scoprire, apprendono in modo spontaneo e che essi, a seconda delle loro inclinazioni e capacità, esprimono questo istinto all'apprendimento nel momento per loro opportuno. La messa in pratica delle sue teorie fu un successo che ebbe riflessi non solo sulle capacità comunicative, sulla vivacità e sulla gioia di vivere degli scolari, ma anche sulla comprensione delle correlazioni, la base per ogni comprensione intellettuale.

Summerhill divenne un fenomeno di culto e molti genitori decisero di educare i lori figli in modo anti-autoritario. Finalmente cominciarono ad ascoltare i bisogni dei bambini e a coinvolgerli al momento di prendere una decisione. Fu in linea di principio una buona cosa, ma ebbe un effetto boomerang che mise in cattiva luce l'educazione anti-autoritaria.

Genitori pressoché inconsapevoli delle proprie esperienze nella prima infanzia, tentarono di accudire i figli senza violenza. Sforzandosi di essere amorevoli, considerarono il bambino più importante di loro stessi. Anti-autoritario, per loro, significò lasciar decidere il bambino. Con buona probabilità avrebbe potuto funzionare in modo soddisfacente, se si fosse trattato di un bambino accudito da una madre davvero in pace con se stessa, capace di accoglierlo per quello che è e di comportarsi con lui in modo amorevole, una madre che lo ha portato sul suo corpo i primi mesi di vita, che lo ha allattato a richiesta e che anche in seguito ha rispettato il suo bisogno di contatto. Un bambino simile non ha mancanze da compensare ed quindi non presenta un comportamento di seconda scelta ed è in grado di comunicare quello che gli serve. Essendo i suoi bisogni chiaramente riconoscibili, diventa semplice per i genitori rispondervi in modo adeguato. Al termine della fase 'in braccio'[33], questo bambino è capace di fare le sue scelte senza paura e di esprimere i suoi desideri ragionevolmente, laddove possono essere soddisfatti, in quanto essi non sono abbinati a una richiesta di attenzione, spesso rivolta alla madre[34].

33. Termine usato da Jean Liedloff, in ***arm phase***, per indicare quel periodo tra la nascita e l'inizio del gattonamento, prima quindi che il neonato sia mobile in modo autonomo, quando è tenuto sempre in braccio. Non esclude che anche dopo il bambino venga preso in braccio e portato, ogniqualvolta lo richiede. N.d.t.

34. Si veda nel capitolo Mauro, povero re, l'episodio riguardante 'versare il latte'.

Il bambino, invece, che non è stato portato in braccio o i cui bisogni non sono stati riconosciuti, tenta di compensare la mancanza di accudimento sofferta con richieste non realistiche. Intanto non gli importa affatto soddisfare i bisogni che esprime, vuole piuttosto catturare l'attenzione della madre o del padre. Questo modulo comportamentale ha fatto sì che, nell'educazione anti-autoritaria, vi fossero genitori che soddisfacevano ogni desiderio del figlio o che abbandonavano il bambino a se stesso, lasciandolo agire in modo distruttivo. L'autostima, già compromessa a causa delle mancanze vissute nella prima infanzia, diminuiva così ulteriormente. Invece il bambino che ha superato la fase in braccio, è in grado di adeguarsi alle esigenze, ragionevoli beninteso, dei suoi genitori. Questo significa che anche i genitori possono e, anzi, 'devono' formulare chiaramente ciò che serve loro. In questo modo, i genitori danno il buon esempio e incoraggiano anche il bambino a esprimersi apertamente e con chiarezza. Quindi, entrambe le parti possono trovare un compromesso che tenga conto delle esigenze di tutti; questo non significa per forza che tutti i bisogni saranno soddisfatti, ma potranno emergere soluzioni costruttive, che non andranno a ledere l'autostima di nessuno. Questo è il concetto principale di una convivenza consensuale e non dominante[35].
Mi preme qui aggiungere un'osservazione importante riguardo la decisione consapevole di genitori 'all'avanguardia' di rispondere in modo appropriato ai bisogni biologici del bambino (portare in braccio, allattare ecc.). Questi comportamenti pratici non sono per nulla una garanzia che tutto sia perfetto. Però, quando qualcosa non funziona, non significa che le 'buone' pratiche di accudimento non siano valide – esse hanno concrete basi fisiologiche – quanto piuttosto che va affrontato il fardello portato dai genitori, che solitamente passa di generazione in generazione, ai quali è stato negato proprio quel tipo di accudimento. È necessario, in linea di massima, che i genitori non calpestino i loro bisogni e che non si sovraccarichino quando cercano di offrire al bambino qualcosa che loro stessi non hanno ricevuto. È importante che ammettano come le loro necessità sono il risultato di una difficoltà o di una limitazione e che si lascino toccare emozionalmente da esse, per potersi ricollegare alle proprie esperienze. Questo è un passo verso la guarigione[36].

35. Si veda *Conclusione, una nuova politica integrale.*
36. Letteralmente *ganz werden*, diventare intero. Ritrovare l'unità, l'integrità. N.d.t.

Conclusione

Quando si ha a che fare con bambini, è importante tenere a mente che un loro comportamento disfunzionale esprime un senso di privazione. I traumi vissuti non possono essere cancellati, ma le mancanze sofferte nel periodo primale possono essere rielaborate dal bambino nel momento in cui comincia ad essere trattato in modo appropriato.
La società dovrebbe rendersi conto dell'enorme valore dell'operato di chi si occupa di bambini, professionalmente o privatamente, e dovrebbe promuovere una valutazione critica dei metodi utilizzati, favorendo il lavoro personale di autocoscienza.
Per affrontare in modo costruttivo situazioni difficili o conflittuali è necessario comprendere fino in fondo quali sono le reali esigenze biologiche di un bambino. Dato che nella cultura occidentale ci si è allontanati molto dai punti di riferimento fisiologici, è importante ricordare che l'essere umano viene al mondo con bisogni vitali intatti. Sono i seguenti:

- il contatto sensoriale integro con il corpo della madre, che offre calore e sicurezza: essere stretti al petto, essere portati in braccio *(riflesso di aggrapparsi);*
- succhiare il seno della madre[37], soddisfare la fame e la sete *(riflesso di suzione);*
- essere riconosciuto e considerato come un essere umano unico degno di amore grazie allo sguardo e all'attenzione della madre *(riflesso di guardare il viso).*

Per soddisfare questi bisogni il neonato si rivolge naturalmente in prima istanza alla madre. **L'attrazione verso la madre costituisce la prima relazione d'amore nella vita di ogni essere umano.** Questo vale anche quando il contatto viene impedito o un'altra persona si occupa delle prime cure. **Attraverso il ri-conoscimento e la com-prensione della madre nei primi mesi di vita il neonato impara a conoscere il mondo.** Questa esperienza è decisiva affinché la successiva comprensione intellettuale sia collegata ad

37. Con il termine allattamento in questo testo si intende: offrire il seno al bambino ogni volta che lo richiede e lasciare che lo svezzamento avvenga naturalmente, per iniziativa del bambino. Questo significa avere il bambino al seno con una frequenza e per un periodo di tempo che supera largamente la norma culturale. Significa anche che vi sono le condizioni affinché madre e bambino possano stare assieme senza restrizioni nei primi anni. N.d.t.

esperienze concrete.
La soddisfazione di questi bisogni fondamentali è per il neonato una questione di sopravvivenza. Lui investe tutte le sue energie per comunicare a viva voce i suoi bisogni.
Studi recenti[38] mostrano chiaramente che l'essere umano, dal punto di vista biologico, si aspetta di essere portato in braccio – egli non è quindi né un nidifugo né un nidiaceo. **I cuccioli come quelli dell'essere umano che collaborano attivamente per essere portati, al contrario dei marsupiali che si fanno portare passivamente, subito dopo la nascita manifestano il grasping reflex, che permette loro di aggrapparsi attivamente, oltre ad altri riflessi corporei che rendono più facile essere presi in braccio dalla madre e accoccolarsi al suo corpo.** Quando ci si avvicina a un neonato disteso, subito le gambe assumono una posizione divaricata con le ginocchia piegate, la stessa posizione di quando viene portato sul fianco. **I neonati sono esseri viventi competenti, che esprimono chiaramente quello di cui hanno bisogno. Per comprendere i loro segnali è necessaria tuttavia una persona con una capacità di ascolto intatta. Purtroppo in molti adulti questa capacità è fortemente disturbata a causa delle esperienze vissute nella prima infanzia.**
Essere portati contribuisce ad uno sviluppo osseo sano, soprattutto dell'articolazione dell'anca, e anche dei centri cerebrali necessari alla partecipazione alla vita sociale e alla gioia di scoprire ciò che ci sta intorno in modo autonomo.
Tutti i popoli del mondo originariamente portavano i bambini. È stato solo con il passaggio dalla vita nomade alla coltivazione della terra e poi all'industrializzazione che sono stati messi in culle e lettini.
Jean Liedloff ha fatto un'osservazione molto interessante che riguarda il popolo degli Yequana in merito all'atteggiamento appropriato dell'adulto. Gli Yequana rispetto a noi sono passivi piuttosto che attivi – essi non propongono nulla al bambino ma sono a disposizione in caso di necessità. **Il bambino ha in effetti un bisogno primario di essere accolto e apprezzato per il suo valore intrinseco**, cosa che praticamente si traduce in molteplici atteggiamenti, tra cui portarlo in braccio, per soddisfare tra l'altro la richie-

38. Hassenstein B., *Verhaltensbiologie des Kindes*, Piper (*Biologia del comportamento del bambino*, N.d.t.); Kirkilionis E., *Der menschliche Säugling – ein Tragling* (*Il neonato umano – un portato*, N.d.t.).

sta di contatto fisico. **Nonostante le buone pratiche, tuttavia, è possibile accogliere e apprezzare il bambino per quello che è soltanto quando si smette di riversare su di lui emozioni e frustrazioni che risalgono a esperienze ingiuste e dolorose avvenute in passato e che non hanno a che vedere con la situazione contingente. Questo significa aver superato i propri traumi primali ed essere completamente immersi nel momento presente.**

Solo il bambino sa esattamente di che cosa ha bisogno e quando è arrivato il momento giusto. Per questo motivo, la competenza e il controllo dei bisogni primari, come per esempio mangiare e dormire, dovrebbe essere lasciata al bambino. Il neonato segnala in modo inequivocabile i suoi bisogni e la sua disponibilità ad apprendere cose nuove. **Quando trova ascolto, quando viene accolto e trattato conformemente alla sua natura, non sviluppa alcuna strategia per ottenere quell'attenzione che sarebbe necessaria alla sopravvivenza e neanche ricorre a lotte di potere o alle cosiddette fasi del no. Si comporta piuttosto in modo cooperativo.**

Alcune culture (per esempio a Bali e presso gli Yequana) si comportano così con i loro bambini e il risultato in termini di gioia di vivere e stabilità sociale è evidente. Essi hanno fiducia nella natura umana, che considerano buona, costruttiva, addirittura divina. Essi riconoscono che il bambino, per sua natura, senza venir istruito dagli adulti, si comporta nel modo 'giusto' e fa del suo meglio. Un bambino i cui interessi e bisogni sono stati ascoltati e rispettati, tratterà i suoi simili a sua volta con rispetto e stima.

LAVORO DI GRUPPO CON GIOVANI E ADULTI

Un progetto pilota per giovani esposti al rischio di droga

Al termine di un processo di crescita interiore durato diversi anni e dopo avere approfondito svariati metodi di psicologia umanistica, fui ingaggiato per la creazione di un progetto di comunità destinata a giovani esposti al rischio di droga. Quell'esperienza fu per me un confronto profondo e rivelatore con un mondo dalle connotazioni negative.
A quell'epoca, in una grande città tedesca, chi amministrava la giustizia si era reso conto che nei problemi di droga, piccola criminalità, violenza e vandalismo le condanne innescavano una sorta di circolo vizioso che rendeva inefficaci le misure di punizione[39]. Esse avevano perduto il loro potere dissuasivo all'interno di gruppi sociali emarginati e i giudici erano alla ricerca di alternative. Ma non sembrava ce ne fossero: né l'ospedale psichiatrico né la prigione costituivano una soluzione per giovani che le case di rieducazione non volevano più accettare. Nacque così l'idea di un progetto pilota per giovani esposti al rischio di droga.
Negli anni '70, permettere a ragazzi disadattati di elaborare e compensare i loro deficit, sociali e individuali, in una comunità aperta in totale responsabilità personale, anche se sotto supervisione, era un'idea all'avanguardia. La struttura avrebbe dovuto offrire a questi ragazzi la possibilità di sbagliare e imparare dai propri errori, senza rischiare di perdere il tetto sopra la loro testa. Era richiesto soltanto il rispetto di norme di comportamento minime.
Eravamo circa dieci operatori, per lo più della generazione del '68, tra cui assistenti sociali, psicologi, un sociologo, un falegname, alcuni giovani in tirocinio, un obiettore e io nel triplice ruolo di animatore del lavoro di gruppo, coordinatore del team e accompagnatore terapeutico.
Un anno prima ero entrato a far parte del progetto illudendomi di poter con-

39. Si veda lo schema *Appartenenza – separazione – esclusione – violenza* in Appendice.

tribuire con le mie capacità in campo terapeutico a riportare sulla 'retta via' quei giovani. Ben presto compresi che il mio concetto di accompagnamento terapeutico nella rielaborazione dei traumi della prima infanzia potevo proprio dimenticarmelo. Mi trovavo nell'occhio di un ciclone distruttivo e nessuno dei ragazzi sembrava motivato alla ricerca interiore.

Cominciai rapidamente a interrogarmi sui motivi che avevano portato i membri del team a scegliere un'attività professionale in grado di portarci tutti al limite del crollo psicologico e fisico. Contemporaneamente iniziai ad osservare con interesse quello che accadeva in me e negli altri. Per esempio, pochi dei collaboratori – nonostante gli studi di psicologia, sociologia o scienze sociali (o a causa di essi?) – erano capaci di un coinvolgimento emotivo. Praticamente nessuno osava esporsi in prima persona.

Durante le riunioni discutemmo ore intere sul modo di procedere e sulle sanzioni da applicare per tenere sotto controllo il comportamento distruttivo che minacciava la vita in comune o addirittura l'incolumità dei singoli. Per esempio, una volta nel corso di una riunione un frigorifero nuovo volò dalla finestra del piano superiore, letteralmente davanti ai nostri occhi. Uno dei ragazzi era talmente arrabbiato con noi del team che nessuno degli altri aveva potuto trattenerlo da quell'azione.

Non mi era ancora chiaro che per quei ragazzi noi operatori eravamo come un'emanazione della società. Ai loro occhi ci comportavamo nello stesso modo anonimo e privo di relazione, stabilendo sanzioni che mettevano a repentaglio il loro senso di appartenenza. Non era per niente diverso dal comportamento riservato loro durante l'infanzia dalla madre e, in seguito, dal padre e dagli operatori degli istituti. I ragazzi si trovavano a rivivere continuamente il senso d'impotenza che avevano provato nel periodo primale. Noi del team ricevevamo in tutta la sua intensità l'odio che ne risultava. Anche noi, nella nostra impotenza, non sapevamo far di meglio che minacciare di privare del senso di appartenenza quei giovani che oltrepassavano il limite. Quando il frigorifero si sfracellò sul prato, ci guardammo spaventati e sui nostri volti si leggeva la tacita domanda: "Chi di noi va al primo piano a controllare la situazione?".

Ogni membro del team aveva fallito nel tentativo di convincere i ragazzi ad adeguarsi a uno dei modelli ideali della società. Chi lavorava spinto da tale motivazione ora, comprensibilmente, soffriva per il senso di colpa e di

fallimento. Di solito presentavamo al ragazzo interessato un ammonimento sotto forma di decisione collettiva del team. Con il passare del tempo, questa procedura si dimostrò essere sempre più controproducente. In tal modo, infatti, si continuava a negare al giovane un *confronto diretto* che scaturisse dal *coinvolgimento personale*. Egli si sentiva impotente di fronte a un sistema onnipotente e anonimo.
Mi chiesi cosa si potesse fare affinché i colleghi superassero la paura di essere rifiutati, diventassero capaci di prendere personalmente posizione nelle situazioni conflittuali e potessero quindi agire e decidere in modo autonomo. Dietro il tipico tentativo di evitare i conflitti diretti, cominciava ad accumularsi una montagna di problemi irrisolti e rimandati. Avevamo bisogno di tutte le nostre forze per tenerli faticosamente a distanza. Ciò ci lasciava troppo esausti per poter fronteggiare il presente, con la spiacevole sensazione di arrivare ad affrontare le situazioni sempre in ritardo.
Le interazioni tra di noi sembravano dominate dalla paura di non essere più apprezzati se per esempio un ragazzo sbottava: "Sei un pezzo di merda! Ma i tuoi colleghi, loro sì che sono a posto".
Una persona che teme di non essere apprezzata – un fenomeno particolarmente diffuso tra gli operatori medici, paramedici e sociali – spesso si adopera quasi senza lamentarsi fino al totale esaurimento. Non di rado una grave malattia è un'occasione per andarsene. Io mi rifiutavo di arrivare fino a quel punto ed ero deciso a fare tutto il possibile per togliermi dal marasma in cui eravamo invischiati.
Ero colpito dal fatto che, nonostante la grande stanchezza, tentavo costantemente di compensare con ore straordinarie la sensazione di non aver fatto abbastanza o di aver fallito. Più mi accanivo a voler rimediare, più aumentava il senso di fallimento e più ore straordinarie mi erano necessarie per recuperare; era un processo senza fine!
Già da tempo mi sentivo a disagio, anzi ero proprio insofferente di fronte all'incapacità di alcuni stretti collaboratori ad esporsi personalmente davanti ai ragazzi. Con tutta evidenza la paura di perdere 'l'amore' (la stima) dei ragazzi, rendeva gli operatori 'comprensivi' e pertanto, molto spesso, incapaci di agire.
Quando gli operatori cercavano di comportarsi con coerenza, i giovani annientavano abilmente il tentativo di fermezza, affermando ripetutamente come gli altri colleghi fossero più comprensivi e meno testardi. **In pratica,**

mi parve di riconoscere che gli operatori erano diventati ricattabili e manipolabili a causa dei loro traumi infantili non ancora risolti. Quello che sentivo benissimo era che questi comportamenti andavano a toccare i miei traumi primali, che però io nel frattempo avevo già ben rielaborato.

Ero convinto che senza un confronto emozionale delle due parti, sarebbe stato difficile attuare i cambiamenti necessari. Questa fu la motivazione che mi spinse ad elaborare strumenti di lavoro con cui si potesse rompere il circolo vizioso. Alcuni colleghi furono all'inizio alquanto scettici, ma ciononostante cominciammo a raccogliere le prime esperienze pratiche con il metodo d'intervento nelle situazioni di crisi che proposi. In seguito lo chiamammo *Gruppo Ki*[40]. Individuai la direzione da seguire in base alla domanda chiave: "Cosa posso fare per restare in buona salute, pur continuando a far parte – con motivazione e gioia – del progetto pilota anche tra qualche anno?".

La risposta che mi detti fu lapidaria:

1. in futuro, neppure un quarto d'ora di lavoro straordinario che non potesse essere recuperato già il giorno seguente con una riduzione dell'orario di lavoro;
2. avrei affrontato ogni conflitto con coinvolgimento personale e avrei preso autonomamente una decisione che fosse trasparente per tutti gli interessati, con l'obiettivo di giungere assieme a un accordo riguardo il comportamento da assumere;
3. avrei subito cominciato, ma a partire dall'interno del team!, con il secondo punto.

La messa in pratica di questi propositi ebbe un effetto sorprendente sulle riunioni del team. Tutti eravamo oberati di lavoro ed eravamo abituati, fino a quel momento, a trattarci l'un l'altro con grande cautela, per non complicarci la vita. Ci era sembrato fuori luogo peggiorare la situazione con atteggiamenti aggressivi. Ma si trattava della stessa vecchia storia: chi si lasciava andare, rischiava di non essere più apprezzato dai colleghi. Desideravo davvero che ognuno di loro, singolarmente, si assumesse piena responsabilità nelle situazioni critiche e accettasse il confronto diretto anche con il rischio di risultare sgradevole.

Io, d'altro canto, mi sarei permesso di esprimere tutto il mio disappunto se,

40. *Ki* o *Chi* significa nella cultura giapponese: forza vitale, che assieme alla determinazione spirituale si manifesta nell'agire concreto. N.d.t.

per schivare un conflitto entrando in turno, mi fossi dovuto occupare di questioni ancora aperte. Nel caso i colleghi mi avessero trovato insopportabile, mi riproponevo di resistere e di invitarli piuttosto ad andarsene – io senza dubbio sarei rimasto. Ovviamente correvo il rischio di venir licenziato dal datore di lavoro.

Il confronto nel team

Era l'ora fissata per la riunione del team e, come spesso succedeva, aspettavamo soltanto che arrivasse il signor Rossi. Lui si distingueva subito all'interno di un gruppo di idealisti sessantottini che si davano del tu e vestivano di colori sgargianti: portava camicia bianca e cravatta, aveva modi borghesi e pretendeva che gli venisse dato del lei sia dai colleghi che dai ragazzi. Occasionalmente a qualche ragazzo scappava uno 'stronzo' nei suoi confronti, se lui lo aveva contrariato. Il signor Rossi arrivava regolarmente in ritardo alle riunioni. Quella volta, tuttavia, era particolarmente fastidioso, poiché era proprio lui a seguire personalmente il ragazzo di cui si sarebbe parlato alla riunione.
Di solito come prima cosa si preparava un caffè e accendeva una sigaretta, anche se era già in ritardo. Prima ancora che arrivasse, all'interno del team si propagava il risentimento ed era sfuggito il commento: "Non oserà mica farlo anche oggi!". Invece fu proprio come le altre volte, prima la sigaretta e poi il caffè. Tutti restarono in silenzio, lanciandosi sguardi espliciti eppure evidentemente disposti a prolungare di una mezz'ora la riunione, come sempre, per riuscire ad affrontare tutti i punti all'ordine del giorno. Ma ciò significava rinunciare a parte del proprio tempo libero.
Io non era più disposto a farlo. Avevo deciso infatti di non fare più straordinari. Mi rivolsi al signor Rossi spiegandogli che volevo cominciare immediatamente la riunione. Non mi stava bene che si dedicasse come prima cosa al suo caffè.
Era venerdì e i miei colleghi mi guardarono preoccupati; esauriti com'erano dal lavoro straordinario contavano sul fine settimana libero. A seguito della mia provocazione, il signor Rossi poteva non essere più disponibile a coprire il turno del fine settimana come promesso. Una collega a bassa voce mi diffidò dall'insistere.
A mio avviso era una situazione intollerabile per una professione come

la nostra: indubbiamente eravamo ricattabili anche in seno allo staff. Ero fermamente deciso ad andare fino in fondo. Il signor Rossi si scusò per il ritardo ma insistette sul fatto che senza caffè e sigaretta non aveva modo di chiarirsi le idee. Ribattei che, a partire da quel momento, non ero più disposto a scusarlo per i suoi ritardi e gli chiedevo di cominciare subito con i lavori – avevamo bisogno del suo punto di vista riguardo il ragazzo di cui si occupava.
Lui insistette per prendere il caffè e allora non ebbi più alcun riguardo verso di lui. Sbraitai che a causa delle sue abitudini io avrei pagato con il mio tempo libero e che, se il caffè era per lui così importante, doveva preoccuparsi di arrivare un quarto d'ora in anticipo. Non avrei più tollerato il suo comportamento asociale.
"Non mi lascio mica trattare così!" con queste parole, fuori di sé dalla rabbia, si alzò e uscì dalla stanza sbattendo la porta.
I colleghi mi guardarono senza entusiasmo: "Hai visto? Te l'avevamo detto! Chi fa ora il turno del fine settimana al posto suo?".
Mi sembrò proprio il colmo! Sfogavano la loro rabbia su di me invece che su Rossi! Potevo fare a meno di simili collaboratori!
Seguii il fuggitivo nel corridoio e gli gridai dietro: "Il suo comportamento quasi non si differenzia da quello dei ragazzi di cui ci occupiamo. Sbattono le porte allo stesso modo quando qualcosa non gli conviene. Come vogliamo trasmettere a questi ragazzi qualcosa che noi stessi non siamo in grado di fare?". E aggiunsi: "Se lei si comporta così, possiamo rinunciare alla nostra collaborazione!".
Gli altri colleghi avevano sentito tutto e mi ricoprirono nuovamente di rimproveri. Non potevamo permetterci di rinunciare a un professionista modello come lui. Io ribadii ancora una volta che ne avevo definitivamente abbastanza di lavorare assieme a persone sulle quali non potevo fare affidamento.
Dopo dieci minuti, il signor Rossi riapparve e ammise dignitosamente: "Avete perfettamente ragione. Mi spiace di essermi comportato così, senza riflettere. Desidero comportarmi diversamente in futuro". Ci guardammo negli occhi con la certezza che la nostra futura collaborazione avrebbe funzionato a meraviglia!
Tutti avevano compreso l'insegnamento che scaturiva dalla situazione di conflitto appena vissuta. Il coraggio di esprimere disaccordo all'interno del team era la condizione imprescindibile per poter lavorare con lo strumento

del Gruppo Ki. Grazie alla mia presa di posizione, il nostro modo di lavorare cominciò a modificarsi dalla base. Nei rapporti personali vi era spazio per emozioni e intimità; il risultato, per alcuni inaspettato, era valorizzazione e amore. Mi rallegrai di poter contare infine su veri collaboratori, disposti a confrontarsi con le loro emozioni apertamente.
Grazie al grado di fermezza raggiunto negli operatori, fu possibile estendere il Gruppo Ki anche ai ragazzi. Ci eravamo prefissati l'obiettivo di far passare in secondo piano il concetto di 'vaso pieno' (la somma dell'infrazione delle regole dei nostri ragazzi) come criterio per l'esclusione dal progetto e lasciar emergere, tra i membri del progetto stesso, vicinanza e coalizione.
Il team comunicò le seguenti linee guida:

- rimproveri, collera e rabbia vanno formulati ed espressi emotivamente;
- i veri bisogni, nascosti dietro la collera, vanno riconosciuti e va loro dato un nome;
- assumersi responsabilità personali per i propri veri bisogni significa soddisfare in modo adeguato le proprie necessità;
- si pretende una presa di posizione del partner di conflitto e ci si mette d'accordo per un cambiamento di comportamento che sia accettabile per entrambi. Questo ha il valore di un accordo morale, che – se non rispettato – autorizza il penalizzato a convocare un ulteriore Gruppo Ki.

La possibilità di esprimersi emozionalmente anche di fronte a membri del team costituì un'esperienza completamente nuova per i ragazzi. Avevano qualcosa da dire e si sentirono ascoltati e accolti – in breve, ebbero la sensazione di "appartenere".

La motivazione degli operatori

Nel corso della supervisione mensile del team da parte di uno psicoanalista, più volte ci si chiese quale fosse la motivazione a lavorare in questo settore nell'occhio di un 'ciclone distruttivo'. Nessuno di noi trovò una risposta soddisfacente. Certo, avevo una supposizione, ma soltanto in seguito fui capace di esprimerla a parole. **Quei ragazzi portavano dentro di sé lo stesso odio che provavo io e che ancora a tratti – benché in modo consapevole – porto dentro di me. Ma lo esprimevano in un modo svantaggioso.** La rielaborazione delle mie esperienze primali si rivelò un tesoro di conoscenza e intuizione, che mi permise di riconoscere il meccanismo di azione dell'odio nascosto e di imparare a usarlo in modo costruttivo. Lavorare alle condizioni estreme offerte dal progetto per ragazzi a rischio di droga, fu come una prova del fuoco per la mia capacità di amare non ancora ben consolidata.

Nel corso di quell'esperienza, ripetutamente mi lasciai toccare nel profondo ed entrai per un istante in contatto con eventi passati e i sentimenti ad essi correlati. Provavo nuovi sentimenti di compassione e di amore ed inoltre ero più sicuro delle mie azioni. 'Tutto' divenne un equilibrio tra ricostruzione e distruzione, un fluido divenire dell'uno nell'altro, come la danza di yin e yang nel cerchio del tao. Soltanto anni dopo divenni consapevole di come il mio passato personale si rispecchiasse in quelle situazioni drammatiche. Oggi sono convinto che, a livello inconscio, individuavo i posti giusti e vi restavo il tempo necessario per entrare in contatto con i sentimenti dell'infanzia che non avevo ancora integrato.

Eccovi alcune delle correlazioni con la mia esperienza personale che ho potuto individuare.

Tina[41] mi richiamò alla memoria un episodio dell'infanzia: mia madre seduta a tavola dopo aver pranzato che piangeva, con i nervi a pezzi. Poco prima l'avevo fatta di nuovo arrabbiare e lei aveva detto che desiderava morire.

Quando le domandai perché mai non volesse più vivere, rispose: "Per via di tutto". Le chiesi ancora: "Quindi anche a causa mia?". Restò in silenzio, continuando a piangere e infine disse che voleva aprire il rubinetto del gas. Mi spaventai e, allo stesso tempo, provai una collera immensa per il fatto che lei si lasciasse andare a tal punto e mi lasciasse da solo. Tuttavia, ebbi paura di esprimere quella rabbia. Mi sentivo in trappola: se mi arrabbiavo, lei poteva mettere in pratica il suo proposito. Da adulto, assieme a Tina, provai di nuovo la sensazione di correre quel rischio, ma avevo rielaborato quest'aspetto e non subii più in silenzio.

Peter[42] risvegliò la seguente ferita: mio padre era solito picchiarmi, cosa che ritenevo profondamente ingiusta. Mi considerava responsabile dell'esaurimento nervoso di mia madre. Nel profondo del cuore, lo sapevo che in nessun caso potevo essere io il reale motivo e che tutto quello che volevo era essere amato e non picchiato.

41. Si veda *La violenza femminile.*
42. Si veda *La violenza maschile.*

Peter e io, disperati[43], ci comportammo allo stesso modo: incapaci di formulare il bisogno di amore, ricorrevamo alla violenza per segnalare la nostra situazione di emergenza.

Mediazione del team in caso di crisi

L'esempio precedente del conflitto tra me e il signor Rossi mostra chiaramente come, ai fini di una buona collaborazione, sia necessario lasciarsi andare ad un confronto emozionale. Mette anche in evidenza come questo processo sia sempre collegato alla paura di essere abbandonati, profondamente radicata dall'infanzia. È proprio questa paura a renderci ricattabili e manipolabili.

Per quello che riguarda i ragazzi di cui ci occupavamo, essi si trovavano costantemente come sul filo di un rasoio, una situazione inevitabile ma salutare. Per poter vivere in comunità essi dovevano accettare una sorta di scambio: ottenevano l'appartenenza, se rispettavano un minimo di regole, vi rinunciavano se rifiutavano di attenersi alle regole, però potevano ritornare dopo aver riflettuto e cambiato idea.

Con l'inizio degli incontri del Gruppo Ki, si era deciso che i ragazzi coinvolti nel conflitto fossero obbligati a partecipare. L'appartenenza al progetto pilota aveva quindi un prezzo per i ragazzi, ovvero la loro disponibilità ad accettare il confronto emozionale all'interno del Gruppo Ki.

Per i nuovi arrivati, tuttavia, che presentavano ancora un deficit relazionale importante, tutte le regole e i doveri erano esagerati. Coloro che avevano raggiunto un grado di indifferenza e di ribellione troppo elevato credevano spesso di non avere nulla da perdere in caso di esclusione. Non avrebbe avuto senso applicare da subito le misure di esclusione in questo caso. Quei ragazzi non avevano mai fatto in passato un'esperienza paragonabile al progetto pilota, dove la decisione di rimanere era nelle loro mani, e volevamo permettere loro di rendersi almeno conto di che cosa si trattava e a che cosa avrebbero rinunciato andandosene.

L'esempio seguente illustra ampiamente il nostro modo di procedere.

Normalmente i ragazzi ricevevano una paghetta due volte al mese. Fritz non riusciva ad amministrarla e si ritrovava regolarmente senza soldi dopo ap-

43. Si veda *La prima ferita, Effetti sul comportamento sociale*, pag. 71.

pena una settimana. Aveva chiesto dei prestiti ai suoi compagni, ma non li aveva restituiti e così, con il passar del tempo, perse credibilità: nessuno voleva più anticipargli nulla.
Un giorno volle recarsi in città con l'autobus, ma non aveva i soldi necessari ad acquistare il biglietto. Si recò dalla segretaria per chiedere un anticipo, approfittando del fatto che, comunque, l'indomani sarebbe stato il giorno del pagamento. Ovviamente lei non fu disposta ad anticipargli nulla. Fritz le disse che sarebbe stata colpa sua se, costretto a viaggiare senza pagare, lo avessero scoperto e spedito in galera. Infatti, si trovava ancora in libertà condizionata proprio per uso di mezzi pubblici senza biglietto.
La segretaria gli suggerì di andare a piedi – la città distava soltanto mezz'ora. Rifiutò la proposta offeso, sbatté la porta e si eclissò al piano superiore imprecando, senza smettere di accusarla di avarizia e di minacciarla. Poco dopo mobilitò i suoi compagni di stanza e tornò in ufficio assieme a loro. Gli avevano ricordato che, recentemente, la segretaria aveva dato un anticipo a qualcun altro e che non c'era motivo lo negasse a lui. In quel caso, la segretaria aveva ceduto per non perdere la 'reputazione', ma nel frattempo aveva deciso di non farlo più. Non era facile per lei, ora, davanti a tutti quei ragazzi, eppure restò irremovibile nonostante la accusassero di consegnare Fritz nelle mani della giustizia e la ricoprissero di insulti. Rabbioso, uno dei giovani ruppe la lastra di vetro della porta, dopodiché la truppa di vandali si allontanò.
In quel momento montavo di turno assieme alla collega Susanne – decidemmo di invitare immediatamente Fritz e compagni a un incontro del Gruppo Ki. Mi recai subito nelle loro camere per avvisarli. Nel frattempo anche altri ragazzi avevano solidarizzato con Fritz e appena ascoltarono la mia opinione, che coincideva con quella della segretaria, dettero anche a me dello stronzo.
Indignati e determinati ad 'aiutare' Fritz, vennero all'incontro del Gruppo Ki. Le argomentazioni ragionevoli non fecero breccia – sostenendosi a vicenda, restavano chiusi a ogni visione realistica della situazione.
Per togliere forza alla 'società onnipotente', che noi operatori agli occhi dei ragazzi rappresentavamo, Susanne ed io improvvisammo un 'finto gioco'. Susanne cominciò apparentemente a cambiare opinione, ispirata dagli argomenti dei giovani, e solidale con loro mi attaccò: "Anch'io, Willi trovo inopportuna la durezza tua e della segretaria. Intestardendovi contro quel

ridicolo anticipio, che potrebbe salvarlo dalla prigione, il vostro comportamento è in dissonanza con le belle dichiarazioni di voler aiutare ragazzi come Fritz. Al vostro posto avrei già dato i soldi a Fritz!". La sorpresa fu generale – nessuno si aspettava che qualcuno del team prendesse le difese dei giovani!
Ma la sorpresa fu ancora maggiore quando mi rivolsi a Susanne con queste parole: "Proprio gente come te, Susanne, è colpevole se Fritz deve andare in prigione! Gli dai l'impressione di non avere altra scelta e appoggi in modo drammatico il suo atteggiamento di vittima, trattata ingiustamente dalla società o da me. In tal modo gli impedisci di riconoscere come si crei lui stesso la sua disgrazia o – detto altrimenti – sia lui stesso a spedirsi in prigione. Tutti voi, suoi 'amici', compresa te Susanne, con il vostro 'aiuto' siete corresponsabili del fatto che Fritz resti cieco di fronte alla realtà e prigioniero del ruolo di vittima, come voi. Di conseguenza Fritz non arriverà mai a ragionare e comportarsi in modo davvero intelligente! Fritz avrebbe bisogno di veri amici, capaci di aprirgli gli occhi e di mostrargli come potrebbe venire meglio a capo dei suoi problemi! Siete tutti complici, con il vostro comportamento, del meccanismo che farà finire Fritz di nuovo in prigione!".
Di fronte a me c'erano facce sbigottite mentre il silenzio regnava nella stanza. Aggiunsi ancora: "Non trovate assurdo che Fritz passi ore a far niente, si annoi nella sua stanza e allo stesso tempo non gli garbi di camminare mezz'ora per raggiungere la città? Tutti voi lo incoraggiate a continuare così?!".
Le mie parole trovarono evidente risonanza e, alla fine, pensieroso, prese la parola il ragazzo che fino ad allora era stato il più grande alleato di Fritz: "Mi sembra che Willi possa davvero aver ragione; strano, ma non avevo mai guardato le cose da questo punto di vista".
Alcuni dei presenti, con problemi simili a Fritz, cominciarono increduli a discutere. Fritz continuava ad essere chiuso verso di me, tuttavia si apriva con i compagni e Susanne. Si andava creando una solidarietà sulla quale poteva davvero fare affidamento.
In quest'atmosfera prese la parola un giovane, palesemente preoccupato per Fritz; negli ultimi tempi lo aveva osservato in città in compagnia di ragazzi che si procuravano denaro con scippi agli anziani. Uno di loro, in punti poco frequentati della metropolitana, all'avvicinarsi di una persona anziana faceva finta di avere un attacco di vomito e di perdere i sensi. Quando l'anziano si fermava per aiutarlo, gli altri lo gettavano a terra e gli strappavano la bor-

sa o il portafoglio. Lui, in passato, aveva partecipato a queste azioni e ora esprimeva a Fritz le sue perplessità in merito a tali amicizie. Fritz ammise che anche lui dubitava della compagnia di questi scippatori, ma essi erano comunque i suoi unici veri amici.

Lentamente Fritz cominciò a riconoscere a che punto si trovasse: aveva grandi probabilità di finire in prigione – un luogo che conosceva già e dove non voleva tornare.

Nei giorni seguenti l'incontro, i compagni di stanza lo appoggiarono molto. Riuscì a prendere le distanze dagli 'amici' della metropolitana e a impegnarsi maggiormente in comunità. Il confronto nel gruppo fu per lui un'esperienza che poteva trasmettere ai nuovi arrivati, nel caso fossero risultati prigionieri di simili situazioni. Essi gli davano retta, perché – diversamente da noi, gli operatori del team – era uno di loro. I ragazzi con cui abitava cominciarono a interessarsi anche alla sua storia personale. Fritz, fin dalla prima infanzia, era stato separato dalla famiglia d'origine nell'ambito di un programma che puntava a far crescere i figli di zingari in ambienti benestanti 'sani'.

In età scolastica non sapeva ancora quale fosse la sua vera famiglia, ma sospettava l'imbroglio. I genitori adottivi davano molta importanza al fatto che li chiamasse mamma e papà, ma lui si sentiva lontano da loro. Non sentiva di appartenere a quella famiglia. Il suo disadattamento fece aumentare ancora i conflitti: lui si sentì trattato ingiustamente e decise di farla pagare di nascosto ai genitori adottivi. Ad un certo punto, essi gli rivelarono che era un figlio adottivo e che lo avrebbero mandato in un orfanotrofio perché non lo sopportavano più. Una volta arrivato in orfanotrofio, rifiutò categoricamente di conformarsi a qualunque regola e si oppose perfino alla frequenza scolastica. Non voleva imparare né a far di conto né a scrivere. Quando, a 17 anni, fu accolto dal nostro progetto, non era in grado di firmare nemmeno i documenti.

I giudici si erano arresi – con Fritz ogni condanna si era rivelata inutile e aveva portato soltanto a una catena senza fine: viaggiare senza biglietto, ammonizione, condanna a detenzione con la condizionale, viaggiare senza biglietto, richiamo dell'ammonizione, scontare la condanna, viaggiare senza biglietto, condanna a detenzione, di nuovo scontare la condanna.... finché il giudice decise di proporgli la nostra struttura in alternativa alla prigione.

Nonostante non rientrasse nei parametri lo accettammo. Era orgoglioso e molto vulnerabile – non si lasciava sottomettere da nessuno. Faceva di tutto per restare fedele a se stesso e si difendeva da ogni regola che non avesse scelto lui direttamente, specialmente da quando, dopo una lunga attesa, gli avevano finalmente rivelato che era figlio di una zingara, la quale secondo l'assistenza sociale non era in grado di occuparsi di lui. Ma le autorità non vollero, o non poterono, dargli alcuna ulteriore indicazione sull'identità della madre. Le conseguenze furono serie: la sua determinazione a strappare alla società ciò che gli era stato tolto e ora gli veniva negato si rafforzò e continuò a servirsi gratuitamente nei supermercati e a viaggiare senza biglietto.

In molte situazioni il grado d'istruzione carente era uno svantaggio per lui. La sua abilità a comunicare era minima, era incapace di leggere i cartelli stradali, gli orari, le istruzioni per l'uso o i giornali e celava questo enorme deficit di informazione dietro un'apparente sicurezza in se stesso. Per la prima volta in vita sua, dopo l'incontro del Gruppo Ki, aveva degli interlocutori che lo prendevano sul serio. Dopo un po' si rivolse alla 'sua' operatrice, Susanne, e le chiese di insegnargli i rudimenti di scrittura e lettura, in un primo momento in segreto perché si vergognava ancora di ammettere pubblicamente le sue carenze. Cercò anche consiglio per l'amministrazione della paghetta – in breve, cominciò a interessarsi a un miglioramento della qualità della sua vita. Addirittura arrivava ad esprimere il desiderio di una fidanzata e di un appartamento proprio, tutte cose che fino ad allora aveva considerato irraggiungibili. Sapeva però che un lungo cammino lo aspettava e che da noi stava facendo soltanto i primi passi. Si era messo alla ricerca della sua identità e il desiderio di ritrovare la madre si fece sempre più grande, ma le istituzioni dichiaravano di non saperne nulla e di fronte a lui si trinceravano dietro al silenzio. Fu allora che il nostro direttore lo prese a cuore. Per la prima volta Fritz aveva al suo fianco un valido avvocato, categoria che finora conosceva solo dalla parte dell'accusato! Con il suo aiuto, gli uffici finalmente rivelarono il nome della madre e dopo lunghi sforzi poté risalire anche al suo domicilio. Incontrarla, tuttavia, fu una cocente delusione: era alcolista, viveva in condizioni di estrema miseria e non si ricordava neppure esattamente cosa fosse successo dopo la nascita del figlio. Il padre di Fritz se n'era andato prima della sua nascita senza mai riconoscerlo. All'età di circa un anno, l'assistente sociale aveva destinato Fritz a un orfanotrofio e da allora i genitori non ne avevano più saputo niente.

Fritz e sua madre restarono distanti ma lui, grazie a questa visita, aveva trovato una pace interiore. Ora sapeva chi era.

Possibilità di intervento

Tutti gli operatori del team e i ragazzi ospiti della comunità, in caso di conflitto o di problemi personali, avevano il diritto di indire un incontro del Gruppo Ki e di invitare chi volevano vi partecipasse. In ogni incontro si venivano a creare situazioni differenti che richiedevano da parte di noi operatori notevoli doti di flessibilità e creatività, a volte addirittura di astuzia.
Nell'incontro dedicato all'episodio con Fritz, la collega Susanne aveva assunto il ruolo dell'operatrice comprensiva, disponibile, solidale con il ragazzo, rischiando di passare per una stupida ignorante, non idonea per il suo lavoro. Quando, arrabbiato e con una certa superiorità, la accusai di essere complice di Fritz, aveva anche corso il rischio di perdere la sua reputazione ed essere ridicolizzata in pubblico.
Io, invece, 'sconfiggendola' di fronte ai ragazzi avevo infranto un tacito tabù tra gli operatori del team. Non ero stato solidale con lei e l'avevo messa di fronte alla sua incapacità ad aiutare Fritz. Soltanto perché tra noi due gli accordi erano chiari e avevamo un'alta stima in noi stessi, potemmo diventare 'sgradevoli', 'antipatici', perfino 'stronzi' agli occhi dei ragazzi. Nel gioco di ruolo, a un'osservazione superficiale, prima ero stato io il 'cattivo' e Susanne la 'carina', mentre alla fine io ero diventato 'l'esperto'e lei la 'stupida'. Questo processo smosse emozioni profonde dentro di noi. La prassi di scambiarci in seguito le nostre impressioni sul tipo di comportamento tenuto si dimostrò molto fruttuosa: ci rese più disponibili ad esporci e ad accogliere le proiezioni dei ragazzi su di noi, senza volerli correggere immediatamente. Più riuscivamo a restare centrati su noi stessi, più era facile riflettere, porsi delle domande e vivere il 'gioco' delle proiezioni come un fenomeno positivo.
Accadde spesso che qualcuno del team avesse paura di assumersi un ruolo del genere. In tal caso la tattica non funzionava e io stesso finivo per diventare lo 'zimbello' tradito da tutti. Ci riunimmo a volte in sedute di rielaborazione emozionale, che ci permisero di gettare uno sguardo sempre più profondo sul nostro bisogno di essere amati. L'intimità che venne così a crearsi si rivelò essere il terreno adatto per una buona collaborazione. Tutti gli operatori del team avevano quindi iniziato in questo modo un processo di crescita interiore, che permetteva di affrontare i conflitti con creatività ed efficenza.

RICHIESTA DI ATTENZIONE

I seguenti esempi di vita quotidiana all'interno di questo progetto, mettono in evidenza l'origine dei comportamenti distruttivi e autodistruttivi. La richiesta di attenzione è un forte segnale di disagio. Attivare misure di esclusione o concedere l'attenzione apparentemente desiderata non si sono rivelati strumenti efficaci. È stata sviluppata piuttosto una forma di comportamento equilibrato, allo stesso tempo accogliente verso la persona e fermo per quel che riguarda comportamenti ammessi o non ammessi.

Alcolismo e tentativi di suicidio

Margrit aveva 18 anni e si trovava da un anno nel progetto di comunità per ragazzi a rischio di droga. Era una ragazza molto espansiva, ma a causa della sua costituzione robusta, quasi maschile, non si sentiva molto attraente e, in generale, si considerava di poco valore. Il suo grado d'istruzione era carente: aveva frequentato una scuola speciale e, prima di arrivare da noi, aveva trascorso un periodo in una clinica per alcolisti. Da bambina era stata separata dalla madre e affidata all'orfanotrofio. Desiderava trovare impiego come apprendista fiorista, ma nessuno la assumeva perché non scriveva correttamente. Quando aveva cercato lavoro per potersi mantenere era sempre capitata da datori di lavoro che avevano approfittato della sua tragica situazione e l'avevano molestata sessualmente.
Dopo quelle esperienze si era scoraggiata e si era messa a bere, proprio come un tempo aveva fatto la madre. Arrivò da noi con il desiderio di recuperare l'istruzione scolastica che le mancava per soddisfare i requisiti necessari a diventare apprendista.
Con il tentativo di suicidio e le storie di eroina, un'altra ragazza, Tina, aveva ben attirato l'attenzione su di sé[44] e in seguito anche Margrit cominciò a dire

44. Si veda *La violenza femminile*.

agli operatori: "E io? Nessuno si occupa di me?". Naturalmente non si riferiva solo a qualcuno che si dedicasse a lei, cosa che succedeva, ma in modo implicito a qualcuno che la compiangesse per le sue disgrazie. Probabilmente per ottenere la forma di attenzione che lei riteneva le spettasse si ubriacò e, non riuscendo a tagliarsi le vene con le forbici, minacciò di gettarsi dalla tromba delle scale. Sembrava aver perso completamente la ragione e cercava disperatamente di obbligarci a prenderci cura di lei con empatia, simile a ciò che la madre in preda all'alcol aveva richiesto da lei quando era piccola. Immaginiamo il dramma di un bambino in una tale situazione! In quell'occasione, nella comunità erano di turno due operatori del team, tra cui io, e riuscimmo ad impedirle di gettarsi. Era talmente ubriaca, che quasi non si poteva parlare con lei – ci limitammo a impedirle fisicamente di uccidersi. La nostra vicinanza le fece bene e pianse. Quando fu nuovamente lucida, era soddisfatta di non esserci indifferente – ma, soprattutto, si tolse un gran peso dal cuore appena seppe che poteva continuare a restare in comunità. Fino ad allora, in situazioni analoghe, aveva sempre pagato con la perdita dell'appartenenza.

Prostituzione

Gerhard aveva 16 anni e si trovava nel progetto per giovani a rischio di droga da due mesi. Aveva perso la madre appena nato ed era cresciuto con il padre, un uomo d'affari che aveva poco tempo da dedicargli. Gerhard in apparenza era esageratamente gentile, ma diventava molto sfuggente, quando si veniva a creare un'atmosfera di intimità o si andavano a toccare le emozioni. Non aveva amici né nemici ed era poco interessato alla vita di comunità, vale a dire cucinare, fare la spesa o partecipare ai lavori di falegnameria. Si presentava regolarmente in ritardo agli incontri di gruppo, in cui si parlava anche nel suo interesse, e le sue scuse erano poco convincenti. Stare da noi, quindi, sembrava non avere un gran significato per lui.
All'inizio, la sera rientrava attorno a mezzanotte, come richiedeva il regolamento, ma presto cominciò a presentarsi soltanto al mattino, quando tutti si stavano alzando, con tracce di smalto colorato sulle unghie e di trucco sul viso. Si rifiutò di parlare delle sue attività notturne, fino al giorno in cui rientrò con un occhio pestato a sangue – allora raccontò che, travestito da

donna, si recava nel quartiere a luci rosse per incontrare omosessuali. Non lo faceva per soldi – gli bastavano i piccoli regali e l'attenzione che riceveva, per lui era una dimostrazione d'amore e la prova di essere apprezzato e desiderato.
Gerhard, durante la prima infanzia, aveva sofferto per la mancanza di contatto fisico con la madre e non gli rimase altra scelta che cercare presso il padre il calore materno che gli mancava. Lui stesso rivelò che il padre, quando aveva avuto tempo per lui, era stato molto affettuoso – però si era assentato molto di frequente, tornando carico di regali. Gerhard, dunque, crebbe nella nostalgia d'amore e ora cercava con gli uomini che incontrava una situazione analoga. Non era da escludere, inoltre, che fin da bambino fosse stato abusato sessualmente, anche se lui non conservava alcun ricordo concreto.
Quando si accorse che noi operatori lo prendevamo sul serio, senza giudicarlo, e soprattutto che poteva continuare a far parte del progetto, fu molto sollevato. A partire da quel momento, partecipò con gioia a tutte le attività di casa.

Guai agli spiriti da lei chiamati...

Martha arrivò da noi per sfuggire alla situazione oramai insopportabile con la madre. Era ancora minorenne e stava sotto tutela di un responsabile legale. Si sentiva molto controllata dalla madre, una donna che aveva fatto carriera in ambiente bancario, nubile, che ambiva anche per lei a un impiego in banca. Ma Martha avrebbe preferito frequentare una scuola professionale e sabotava i piani della madre con tutti i mezzi a sua disposizione: fu bocciata agli esami, mangiava smodatamente e ingrassava, non si prendeva cura di se stessa e si abbigliava (agli occhi della madre) come un pappagallo.
Quando la madre veniva a far visita alla figlia, controllava apertamente i suoi 'progressi' e cercava di mostrare agli operatori come si sarebbero dovuti occupare dell'educazione della ragazza. Le spiegammo naturalmente che tutto ciò non corrispondeva ai nostri principi pedagogici e che la figlia aveva bisogno di altro per poter gestire la sua vita in modo soddisfacente.
Martha collaborava alacremente ai lavori quotidiani, ma reagiva con astio (come di fronte alla madre) alle osservazioni critiche da parte degli operatori.
Con grande piacere lavorava nel laboratorio di falegnameria, sotto la guida

del falegname, ed espresse apertamente il desiderio di iniziare il tirocinio. Le era tuttavia difficile servirsi degli attrezzi rispettando le norme di sicurezza e rifiutava ogni suggerimento. Vi sono molti falegnami cui manca qualche dito, ma i rischi cui si esponeva Martha con il suo comportamento avrebbero potuto avere conseguenze ancora più gravi. Proposi un colloquio tra Martha, il mastro falegname e me – Martha accettò, dato che si fidava di me (ma non del mastro, su cui proiettava la madre), convinta che io non l'avrei potuta criticare in quel campo. Tuttavia, per esperienza professionale, ero in grado di valutare il pericolo nell'uso dei macchinari e di illustrare i possibili incidenti. Ascoltò i miei 'commenti amichevoli' con più attenzione di quelli del mastro falegname e si rese conto di quanto fosse pericoloso il suo comportamento, che alla fine fu disposta a modificare. Nel seguito del colloquio, Martha riconobbe che il falegname aveva per lei lo stesso ruolo della madre nelle situazioni conflittuali: era proprio un identico meccanismo, lei lo trovava dispotico e reagiva astiosa e contrariata.

Martha descrisse con gran soddisfazione lo shock della madre quando seppe che voleva iniziare l'apprendistato come falegname. Tuttavia, già mentre raccontava, si accorse da sola che avrebbe scelto volentieri anche altre professioni, ma le escludeva a priori se aveva anche solo l'impressione che potessero incontrare l'approvazione della madre. A quel punto, le feci notare che la madre non era lì e, di conseguenza, poteva prendere in considerazione tutte le possibilità a suo piacimento.

Martha, sbigottita, ammise addirittura di aver voglia di preparare pasti semplici come spaghetti al pomodoro o patatine fritte e non le pietanze lussuose e raffinate che avrebbe gradito la madre. La incoraggiai a cimentarsi e in breve tempo divenne un membro apprezzato della cucina e preparava i suoi piatti preferiti con grande divertimento. I ragazzi erano entusiasti: finalmente c'era qualcosa di 'decente' da mangiare! In comunità, erano loro ad organizzare gli acquisti e la cucina a turno, mentre il team metteva a disposizione il denaro per la spesa.

Stranamente, Martha cominciò sempre più spesso a sabotare con piccoli incidenti i suoi iniziali successi; per esempio una volta le cadde tutto il pacchetto di sale nella pentola, un'altra volta carbonizzò un dolce alla cannella o ancora cercò di risparmiare sulla spesa e prese solo un pacco di spaghetti invece dei cinque necessari, per riuscire a comperare otto scatole di ananas per il dessert. Circa venti ragazzi affamati espressero a viva voce la loro

disapprovazione e Martha fu amaramente delusa del fatto che nessuno sembrava interessarsi al dolce.
Su iniziativa dei ragazzi (per la prima volta!) venne indetto un Gruppo Ki, in cui Martha fu ricoperta di aspre critiche – nessuno sembrava ricordarsi dei pasti apprezzati da tutti che aveva preparato in passato. Martha reagì comportandosi proprio come con sua madre con tutti i membri del gruppo: li accusò di cattiveria e di aver distrutto in lei tutta la gioia e la creatività. Ma, ascoltando le repliche, cominciò ad accorgersi della sua parte di responsabilità nel creare quella situazione e a riconoscere la similitudine tra le ripetute situazioni di conflitto in comunità e quelle con la madre.
D'un tratto, si rese conto che voleva superare l'esame di maturità per poter proseguire gli studi e che non aveva mai preso in considerazione questa possibilità, solo perché rispondeva alle aspettative della madre. Finalmente si mise a preparare l'esame di ammissione della scuola prescelta e nel frattempo continuò con successo a cucinare per i suoi compagni, finché emersero altri elementi di disturbo.
Da alcuni giorni stava girando la voce che avessero luogo riunioni spiritiche la notte, ma nessuno dei ragazzi era disposto a fornire dettagli. Un operatore trovò tra i rifiuti una gran quantità di noci moscate e teste di papavero cotte, probabilmente usate come allucinogeni. Di certo qualcosa bolliva in pentola.
Un giorno, un collega non si presentò al lavoro – cadendo da una scala si era rotto la gamba. Non appena la notizia si propagò nella casa, alcuni ragazzi reagirono in modo apparentemente enigmatico. Uno di loro era a tal punto spaventato che ruppe il silenzio promesso sotto giuramento, nonostante fosse terrorizzato dalle conseguenze. Era disposto a parlare con un operatore solo in tutta riservatezza, altrimenti la sua vita sarebbe stata in pericolo.
Dalle sue dichiarazioni, si dedusse che parecchi ragazzi si incontravano attorno a mezzanotte nella camera di Martha, per tenervi delle sedute spiritiche a porte chiuse. Seguendo gli ordini di Martha, sbarravano la porta con sedie e tavoli. A quest'ultima piaceva, evidentemente, il ruolo di strega mentre gli altri erano affascinati da quello che accadeva: erano in opera forze naturali o era solo un imbroglio? Ebbero l'idea di fare delle prove e quindi, per verificare l'efficacia del loro potere, presero di mira un operatore che recentemente aveva suscitato il loro odio, chiedendo che si fratturasse una gamba.

Non c'era da stupirsi dello spavento generale quando ciò, al di là di ogni previsione, si avverò. La situazione si era fatta minacciosa: Martha, anche lei turbata, aveva ricordato subito a tutti gli apprendisti stregoni il giuramento fatto di mantenere il silenzio. Infine, si riuscì a convincere la ragazza che aveva rotto il voto a parlare di fronte a tutto il team.
Alcuni di noi, tra cui una persona che aveva la passione della parapsicologia, erano convinti della pericolosità delle forze occulte e del fatto che la ragazza, avendo rotto il silenzio, ora si trovava in pericolo di vita; altri non ci credevano. La mia opinione era che poteva ben essere – tuttavia l'unica via d'uscita possibile restava una buona comunicazione e la piena fiducia nelle energie 'buone' di ognuno.
Tutti i ragazzi della comunità avevano un operatore che li seguiva personalmente. Coloro che avevano partecipato alle sedute furono informati singolarmente del fatto che non vi era più alcun segreto e quindi vennero tutti invitati a un incontro di confronto, dove si mostrò come il voto di omertà era diventato una trappola per tutti, persino per la 'grande strega'. Si decise di non applicare alcuna sanzione, perché non li ritenevamo responsabili dell'incidente accaduto al collega.
Martha e tutti gli altri si erano tolti chiaramente un peso dal cuore. Ebbi l'impressione che fosse un'ottima lezione per capire realmente che è possibile mantenere la dignità anche nei momenti di debolezza. Martha iniziò a considerare la critica come un consiglio, piuttosto che un tentativo di sottometterla, come invece le accadeva di fronte alla madre.
Al termine della riunione mi alzai e montai sulla bicicletta per tornare a casa. Fu una coincidenza? Bucai la gomma con un chiodo e dovetti scendere e spingere...

Conclusione

Nell'ambito della psicologia del comportamento, della teoria sistemica e dei servizi sociali vige la regola che l'operatore debba rimanere neutro e non lasciarsi coinvolgere emozionalmente. Si insegna che solo questo comportamento sia adatto per stare vicino in modo efficace a persone che si trovano in una situazione di crisi. Questa regola permette di prendere le distanze dalla dimensione dolorosa, vissuta personalmente dall'utente/paziente, e di agire liberi dagli inevitabili sensi di colpa a livello umano. Essi sorgono a causa della limitazione del tempo disponibile per l'intervento e per il contatto e dell'impossibilità di creare un ambiente accogliente idoneo, che permetta all'utente/paziente di acquisire familiarità e di aprirsi. Quando l'operatore, per svariati motivi, si confronta con un senso di impotenza – con la sensazione di non riuscire a venirne a capo – la sua capacità ad accogliere questo sentimento in modo costruttivo, senza essere tentato a ricorrere a forme di abuso di potere per proteggersi, è in relazione diretta con il grado di rielaborazione del suo vissuto personale. Considero indispensabile, per chiunque si adoperi in campo sociale, intraprendere un lavoro di ricerca interiore e lo consiglio vivamente. Finché tuttavia questo aspetto non entra a far parte della formazione degli operatori, può risultare difficile, perfino impossibile, agire professionalmente con coinvolgimento emozionale, così come proposto da me. In base alla mia esperienza, proprio il coinvolgimento personale dell'operatore è necessario per rendere possibile un processo di crescita interiore in chi è assistito e per cominciare a riconoscere in che modo egli proietti le esperienze traumatiche primali sulla vita relazionale. Grazie a questo processo, si affronta la vera origine del disagio e si offrono reali prospettive di cambiamento. Altrimenti, non resta altro che il trattamento con psicofarmaci e la reclusione in strutture speciali.

ESPERIENZE CON IL LAVORO EMOTIVO E CORPOREO

Fu soprattutto grazie all'esperienza fatta in seno alla comunità di ricerca assieme ad altri terapeuti, o futuri tali, uniti dall'obiettivo di snidare i traumi della prima infanzia[45], che acquisii le conoscenze da cui in seguito sviluppai il Lavoro Emotivo e Corporeo. È preferibile farlo in gruppo, ma con un numero di partecipanti tale da permettere un accompagnamento individuale attento. Io offro un incontro di due giornate ogni due mesi e un ritiro intensivo di sei giorni ogni sei mesi, a cui si può partecipare anche una sola volta, o in modo regolare, accompagnando il processo di autocoscienza nel tempo. Invito i partecipanti ad assumersi la responsabilità di quello che dovrebbe accadere nel corso dell'incontro per poter affermare alla fine che ne è valsa la pena. Proprio la mancanza di un programma concreto, unita all'incapacità di esprimere i veri bisogni originatisi nella prima infanzia, porta inevitabilmente in contatto con le parti scisse e rimosse e con le strategie difensive scelte per non provare mai più le stesse sensazioni dolorose di allora. In questo modo vengono attivati esattamente quegli schemi comportamentali che, all'interno della coppia e della famiglia, causano infelicità. L'ambiente appositamente studiato per garantire la completa sicurezza fisica (con materiali ammortizzanti e materassi di protezione) e un senso d'intimità, le regole di comportamento adatte alla situazione e l'atmosfera umana amorevole facilitano la liberazione delle emozioni risvegliate con piena intensità, senza timore di essere giudicato. Il corpo torna a ricordarsi in modo cosciente delle esperienze primali, che sono comunque memorizzate in ogni sua cellula, e questo ri-collegamento apre la strada alla guarigione. Il trauma riportato alla coscienza potrà essere finalmente elaborato e integrato e cesserà di ripetersi, accompagnato sempre dalle medesime dinamiche interiori. Stimolato dal desiderio di comprendere fino in fondo la situazione e di ricercare tutte le possibili alternative per uscirne, si innesca un processo detto del *crescere insieme* accompagnato da una rinata gioia di vivere, sia all'interno del gruppo

45. Si veda *Intervista*.

che nella vita quotidiana e nella relazione di coppia. Si tratta di un lavoro nel vero senso della parola e può essere di aiuto a chi desidera intraprendere un processo di crescita personale. Spesso risulta spiacevole, legato com'è a sensazioni dolorose, e anche scomodo, visto che risveglia sentimenti sgradevoli e va a toccare inibizioni profonde. Tuttavia il risultato è una qualità di vita più soddisfacente e un modo di trattare se stessi, il prossimo e l'ambiente con più amore e maggior grado di coscienza. Grazie ad esso, si passa da un comportamento inconscio di *seconda scelta* al riconoscimento – conscio – della *prima scelta* che, paradossalmente, include anche la possibilità di un comportamento conscio di seconda scelta. Si abbandona un atteggiamento vittimistico, in cui ci si sente costretti a prendere una decisione, per sviluppare la capacità di decidersi con coscienza, trascinati da una gioiosa accettazione della vita.

Diversamente da tipi di psicoterapia in cui il terapeuta 'cura' i pazienti assumendosi la responsabilità del loro processo di guarigione, nel Lavoro Emotivo e Corporeo non si tratta alcun dolore, sintomo o malattia.

I partecipanti si assumono in modo cosciente la responsabilità personale di loro stessi, con i loro bisogni e la cura della loro salute e non li delegano a me, come guida e accompagnatore, né ad un'altra persona.

Io valuto che la malattia sia una reazione sana del corpo e della psiche a un comportamento o a uno stile di vita malsani. Il famoso medico Paracelso, se non mi sbaglio, disse una volta: *"Non curare nessuno, se non è disposto a modificare il comportamento che è all'origine della malattia"*. Il suo insegnamento sembra dimenticato da numerosi operatori della salute, orientati al profitto.

Il Lavoro Emotivo e Corporeo mette impietosamente di fronte ai propri schemi comportamentali, causa di sofferenza, e agli eventi primari quando, per autodifesa come strategia di sopravvivenza, si è ricorsi per la prima volta a quel tipo di comportamento, che poi è diventato un'abitudine.

Con esso è possibile aprirsi a un modo di comportarsi nuovo, adeguato alle situazioni contingenti e alla soddisfazione dei veri bisogni vitali.

La respons-abilità cessa di essere un peso e diviene la capacità di riconoscere ed esprimere i propri bisogni vitali. Chi comincia ad assumersi la propria responsabilità personale nella vita viene ricompensato da una dirompente gioia di vivere.

Bulimia e anoressia

Nell'ambito del Lavoro Emotivo e Corporeo è emersa una correlazione tra la bulimia e l'anoressia e gli avvenimenti vissuti nella prima infanzia. I gruppi sono bilingue e, dato che accompagno i partecipanti individualmente nella loro madrelingua, c'è sempre qualcuno escluso. Ciò che, a prima vista, potrebbe sembrare un ostacolo, si è rivelato uno degli ausili più preziosi per questo lavoro: le emozioni, risvegliate dalla situazione di esclusione, sono identiche a quelle causate dalla separazione del neonato dalla madre.
Accade spesso che uno dei partecipanti, a causa della sensazione di essere escluso, voglia fare la valigia e andarsene. Convinto di comportarsi in modo 'adulto' e appropriato, è ancora incapace di riconoscere quanto il conflitto primario lo influenzi e come sarebbe opportuno cominciare a guardarlo in faccia. In questi casi, di solito, invito a sentire l'emozione che si risveglierebbe se non vi fosse alcuna possibilità di andare via e, inoltre, il significato che avrebbe continuare a sentirsi escluso. Spesso mi viene risposto: "Allora la vita non avrebbe più senso, preferirei morire". Esatto, proprio come fare la valigia e partire!
La sensazione di essere escluso viene così fortemente rifiutata, che vi sono persone pronte a rimetterci il costo del seminario, pur di potersi dileguare: ma dove? Laggiù, nella 'sala d'attesa' della vita, dove domina un senso di appartenenza superficiale.
Chi invece si lascia andare al senso di esclusione, può entrare molto velocemente in contatto con le emozioni della prima infanzia e, ritornato neonato, rivive l'angoscia di non riuscire a far capire le sue necessità ai genitori – che sembrano parlare una lingua straniera – e la paura di morire provata a seguito della separazione vissuta. Tutto il corpo reagisce, contraendosi di fronte al desiderio di tornare indietro nel grembo materno, ma l'unica possibilità resta rassegnarsi a quel minaccioso senso di abbandono.
'Fare le valige', letto in questa chiave, corrisponderebbe a lasciarsi morire, rinunciando all'istinto di sopravvivenza. Il neonato, in modo del tutto logico, manifesta questa condizione con la mancanza di appetito o una difficoltà nella suzione, ma tali 'segnali di resa' vengono corretti con l'alimentazione forzata. Se il neonato reagisce con vomito o diarrea, si conoscono le cure adatte, affinché sopravviva.

Nell'ambito della cultura occidentale odierna, una forma di protezione dal dolore primale è molto frequente: essere assente mentalmente o psichicamente. Da cui l'incapacità a vivere qui e adesso.
Nell'adolescenza, il ragazzo, ignaro – a livello conscio – degli avvenimenti della prima infanzia, che ha profondamente rimosso, si confronta ancora una volta, pieno di rabbia, con i sentimenti vissuti in passato. A seconda del tipo di esperienze primali fatte, l'adolescenza può trasformarsi in un periodo molto vulnerabile. Il senso di abbandono, la tristezza, la rassegnazione e la depressione a volte si trasformano – proprio come era successo nella prima infanzia – in mancanza di appetito o nel desiderio di morire. Questi sentimenti non possono venir assolutamente mostrati ai genitori. Essi infatti – specialmente la madre – si aspettano che il figlio apprezzi il nutrimento offerto, anzi considerano l'apprezzamento una sorta di prova d'amore. **Ma, mentre il 'desiderato' figlio maschio può permettersi di rifiutare il cibo apertamente, la femmina, meno 'desiderata', teme di essere subito rimessa giù in caso di disobbedienza e non osa rifiutarlo di fronte alla madre. Con il tempo, per accontentare la madre, impara a sforzarsi ad apprezzare il cibo che detesta.** Questo le garantisce l'appartenenza e, allo stesso tempo, non va ulteriormente a intaccare l'autostima, già compromessa, della madre.
Certo, fin da neonata, preferirebbe poter rifiutare il cibo. Nell'adolescenza, quando fa di nuovo capolino l'odio per il trattamento subìto da piccola, si riattiva la rabbia verso i genitori, ogniqualvolta si permettono anche una minima mossa falsa. **Per paura di perdere il senso di appartenenza, la ragazza non esprime apertamente la sua collera e la dirige verso se stessa, sotto forma di bulimia o anoressia.** Nel primo caso, butta giù, assieme al cibo indesiderato, la rabbia verso i genitori e soprattutto verso la madre. Quando si allontana e vomita di nascosto, il linguaggio del corpo è esplicito: "Fa schifo!". Spesso, in questa fase, sospetta che pure il padre sia costretto a simili prove d'amore e facilmente è solidale con lui. Nel secondo caso, invece, neutralizza la collera con la mancanza di appetito. A livello inconscio, rifiutando il cibo offerto dalla madre, scarica la rabbia che prova per lei senza poter essere sospettata di questo sentimento. Da neonata è stata costretta a mangiare, ma da adulta avrà lei il coltello dalla parte del manico: non potrà più essere nutrita a forza. Non mette a repentaglio il suo senso di appartenenza, perché nessuno viene escluso a causa dell'anoressia. Con

la sua malattia si vendica, in modo elegante, sulla madre, suscitando in lei preoccupazione e sensi di colpa. Allo stesso tempo, l'odio che prova per se stessa, a seguito del senso d'impotenza e tradimento, la spinge all'autolesionismo.
In ambedue i casi ha un ruolo anche la convinzione che non valga la pena sopravvivere in una situazione in cui si subisce una grande privazione, come accade nella prima infanzia, sia alla nascita per l'intollerabile separazione dalla madre, che in seguito, per esempio venendo nutriti in modo non adeguato (a orario o con latte artificiale). Queste privazioni vengono vissute come un senso di non essere amati e di non appartenere.
Un primo passo per ritrovare l'appetito potrebbe essere cambiare ambiente, ma, senza rielaborare la sensazione di non essere amata, essa inevitabilmente si ripresenterà sia nell'isolamento della vita da single che nell'intimità della coppia.
In particolar modo, quando l'innamoramento iniziale viene meno e appaiono conflitti di coppia, il senso di appartenenza della giovane donna sarà nuovamente in pericolo e allora bulimia e anoressia si possono riattivare. Sentendosi non amata, i regali del partner – simili al nutrimento della madre – perdono valore come dimostrazione di affetto e lei ricomincia, a livello inconscio e in modo indiretto, a rifiutare il cibo.
Soltanto grazie a un profondo processo di autocoscienza – come è possibile con il Lavoro Emotivo e Corporeo di gruppo a lungo termine – si raggiungono gli strati profondi alla base di questa infelice situazione.
Mentre, pieno di entusiasmo, ero immerso nella stesura di questo libro, feci un'esperienza interessante riguardo l'anoressia. Scrivevo senza posa, giorno e notte, seguendo il motto *Batti il ferro finché è caldo*. Perfino bere e mangiare erano diventati fattori di disturbo; avevo molta energia, ma fame per niente. Questo fenomeno era ancora più evidente durante le giornate in cui la mia compagna Nicole si recava al lavoro. A volte mi cuocevo un po' di riso e verdure, ma non appena ne mangiavo due cucchiaiate, provavo repulsione. In questo modo oltrepassai il punto critico e non assumevo più una quantità di nutrienti sufficiente a coprire il mio fabbisogno. Le riserve di energia si erano esaurite e il corpo cominciò ad utilizzare gli elementi di cui era costituito. Mancavano persino i minerali necessari affinché si innescasse il meccanismo di sazietà/fame.
Avevo oltrepassato il punto in cui avrei potuto, di mia iniziativa, riassumere

un comportamento normale verso il cibo ed ero caduto prigioniero di un circolo vizioso. Un giorno, rientrando, Nicole si spaventò per il mio aspetto emaciato, da moribondo. Senza badare alla mia mancanza di appetito e al fatto che non volessi mangiare nulla, cucinò e mi invitò a tavola. Per un quarto d'ora restai seduto, senza mangiare. Poi, piano piano, grazie al piacere di stare insieme e di raccontarci quello che era successo, si risvegliò in me il desiderio di mangiare. A ogni boccone, il cibo mi sembrava più saporito. È probabile che, come è capitato a me scrivendo, anche conflitti latenti possano, in un certo modo, assorbire totalmente una persona al punto di mettere in secondo piano i bisogni corporali. Come ho appena descritto, questo può dare avvio a una mancanza di appetito. Se i conflitti coinvolgono la persona con cui abitualmente si condividono i pasti, quasi non c'è speranza in un ritorno dell'appetito e, quindi, si instaura un comportamento anoressico. Anche Nicole fece un'esperienza simile quando fu completamente assorbita dal contenuto del libro mentre lo correggeva. Le altre necessità – per esempio la vicinanza fisica con me – divennero di secondaria importanza. Così facendo, anche lei oltrepassò il punto critico e, di conseguenza, non sentiva più i suoi bisogni (Freud avrebbe definito questo stato *sublimazione*). In modo quasi impercettibile, cominciò a insinuarsi tra noi due una distanza; tuttavia, grazie alla qualità della relazione, restò senza strascichi. Non entrammo, come si osserva spesso nelle coppie in situazioni simili, nel tipico circolo vizioso di vendetta subdola sul partner tramite assenza di desiderio e altre forme mascherate di rifiuto. Nicole, donna saggia e vigile di fronte alla minima sollecitazione emotiva, dopo un po' tirò il freno di emergenza e mi disse: "Oggi vorrei passare la mattinata nel letto assieme a te e non davanti al computer!". In questo modo mi segnalava di essere presente e di voler creare uno spazio per il contatto e l'incontro amoroso, libero da aspettative. Grazie a questa sua coerenza interiore, tornai in me, tornai a essere innanzitutto semplicemente 'là' (come di fronte al cibo) e in questo spazio mi ritornò 'l'appetito'.

Emicrania

Nel corso della mia vita, sempre si ripeteva – in modo doloroso e a diversi livelli – la lotta per la sopravvivenza che avevo vissuto durante la nascita e aveva esaurito tutte le mie forze. Con il tempo aveva assunto, tuttavia, una connotazione positiva: ero capace di impegnarmi in compiti creativi, che ad altri sembravano spesso senza via d'uscita, al punto che li rifiutavano o li abbandonavano velocemente; riuscivo a trovare una soluzione anche dove gli esperti gettavano la spugna. Tutto ciò si ripercuoteva anche sulla vita di relazione e, quando (ri)iniziai a fidarmi delle mie emozioni, cominciai a entrare in contatto profondo con il cuore altrui. A titolo di esempio, vi riporto la seguente situazione.

Lina era mia amica e studiava medicina. Aveva alle spalle alcuni anni di pratica di autocoscienza e alcune volte partecipò, da ospite esterna, ai ritiri intensivi della nostra comunità. Per questo motivo si era venuta a creare tra noi un'intimità libera da inibizioni, senza la quale le seguenti interazioni non sarebbero state possibili. In linea di principio, io diffido dal tentativo di imitarle in una situazione in cui non domina una relazione amorevole e la volontà di crescere insieme. Se ciò accadesse, molto probabilmente, ne risulterebbe un ferirsi a vicenda e un aumento della distanza.

In quel periodo, Lina stava preparando la tesi di laurea in medicina e soffriva a giorni alterni di forti attacchi di emicrania, durante i quali vomitava bile. Tre medici suoi amici, all'oscuro del fatto che lei si rivolgesse ad ognuno di loro, le prescrivevano farmaci antidolorifici contro il mal di testa, al limite delle quantità massime proponibili. Lina prendeva tutti quei farmaci per poter continuare a 'funzionare' in quel periodo per lei molto importante. Una domenica, per riposarci, Lina e io eravamo intenzionati a fare una passeggiata nel *Bayerischer Wald*. Io avevo atteso quel giorno con grande trepidazione, ma la mia gioia svanì quando trovai Lina a letto con un forte attacco di emicrania.

La situazione, istantaneamente, mi riportò alle domeniche della mia infanzia, quando simili iniziative, pregustate con gioia, venivano regolarmente cancellate a causa del mal di testa di mia madre.

A quel tempo, da bambino, sarebbe stato inconcepibile esprimere la mia rabbia, ma nel frattempo avevo imparato a fidarmi delle mie emozioni. Non mi tirai indietro e mi arrabbiai con l'ammalata – di cui teoricamente si sarebbe dovuto aver compassione – intimandole di venire lo stesso a fare la passeggiata, con o senza mal di testa. Naturalmente tutto ciò le sembrò pazzesco e pure lei si arrabbiò. Determinato, mi misi a tirarla giù dal letto, mentre lei, gridando e protestando, si difendeva con tutte le forze. Entrambi

entrammo a contatto con l'odio provato nell'infanzia, lo sfogammo con una lotta furiosa e tirandoci dietro i cuscini e alla fine Lina si accorse, con sorpresa, che l'emicrania era stata come spazzata via. Felici, ci gettammo uno nelle braccia dell'altro e ci preparammo per l'escursione.
Lina mi raccontò che tutti, nella sua famiglia, soffrivano di emicrania. Era l'unico strumento efficace per sottrarsi al lavoro, per poter restare da soli o per far sentire in colpa gli altri. **L'emicrania si manifestava, con tutta evidenza, a seguito di situazioni nelle quali sarebbe stato opportuno uno scoppio di rabbia.**
Solo suo fratello, considerato schizofrenico, si permetteva di tanto in tanto di lasciare libero corso alla rabbia: era andato, di proposito, a sbattere contro un muro con il trattore e aveva distrutto macchinari costosi nella grande azienda agricola dei genitori. Da più di un anno Lina non era più andata a trovarli e mi chiese di accompagnarla. Quando arrivammo nel nord della Germania, dopo il lungo viaggio, tutta la famiglia era al lavoro nonostante la nostra visita fosse stata annunciata. Non vi era gioia – i visi si illuminarono soltanto quando tirammo fuori un dolce, mentre prendevamo il caffè.
Ci eravamo appena seduti a tavola e la madre già ordinava al fratello di Lina, che aveva trent'anni e non stava facendo niente di davvero urgente, di bere il caffè più veloce che poteva e di rimettersi subito al lavoro prima che si fosse tagliato il dolce.
Evidentemente era abituato ad obbedire e si alzò senza fare commenti, nonostante io avessi scorto gioia sul suo viso nel rivedere la sorella. Anche Lina taceva. Non credevo ai miei occhi e alle mie orecchie: eravamo stati cinque ore in macchina, la madre voleva impedire che la famiglia fosse riunita per mezz'ora e nessuno osava opporsi. La conversazione si limitava a poche domande di cortesia tipo: "Come stai?", e a risposte di circostanza come: "Bene, grazie".
La situazione era intollerabile. Mi feci coraggio e dissi che mi rattristava che il fratello se ne andasse e che desideravo restasse assieme a noi. Lina mi guardò stupefatta, mentre il fratello, già pronto sull'uscio, mi gettò uno sguardo complice, sorrise e si voltò quindi verso la madre come per dirle: "Finalmente qualcuno che vede qual è la nostra sofferenza!". La madre non diede segno di opporsi, ma aggiunse con noncuranza che il figlio, dopo aver mangiato il dolce, sarebbe tornato al lavoro. Era chiaro per tutti che tollerava ciò in via eccezionale solo perché non voleva apparire scortese in mia pre-

senza. Suo figlio approfittò dell'opportunità con ostentata soddisfazione. La tensione si sciolse, si parlò di ricordi comuni e dei sopraggiunti cambiamenti. Il padre, come d'abitudine, giaceva a letto, al buio, in preda a un attacco di emicrania. Lina andò a salutarlo brevemente. Al momento della partenza, il fratello di Lina mi abbracciò con trasporto e la madre era radiosa. Ero commosso per come tutti avessero aperto i loro cuori nel breve tempo trascorso assieme. Tutti sembravano felici: per una volta qualcuno aveva impedito che scattasse la trappola in cui si trovavano nella vita quotidiana.
Più tardi scoprii che il fratello, di sua volontà, con la scusa della diagnosi di schizofrenia, trascorreva abitualmente i mesi invernali in una clinica psichiatrica. Ebbi l'impressione che ciò rappresentasse una sorta di vacanza dai rapporti malsani di casa e mi parve che fosse proprio lui il più sano della famiglia.

Il legame

Con la teoria sulle costellazioni familiari, Bert Hellinger mostra chiaramente i meccanismi all'opera nelle relazioni umane. Anch'io, nel corso della mia pratica personale, li ho osservati e utilizzo, in parte, una terminologia simile a quella scelta da Hellinger[46].
Tutti abbiamo una coscienza che funge come una sorta di 'stazione di controllo' per mantenere l'equilibrio nelle relazioni. Essa si esprime per mezzo della sensazione di aver agito bene (essere *innocente*) o di aver sbagliato (essere *colpevole*): di sentirsi, per l'appunto, con la coscienza sporca o pulita. Attraverso di essa si manifestano e si propagano gli 'ideali' del clan familiare o di un gruppo. Un senso di colpa rimosso, risalente anche a generazioni precedenti, *lega* le persone tra loro e impedisce di intessere relazioni soddisfacenti o di concluderle in caso di disagio (per esempio, violenza). Questo tipo di legame irrisolto impedisce di vivere appieno 'qui e ora' il momento presente. Spesso, legami di questo tipo non vengono riconosciuti come tali e sono considerati alla stregua di relazioni scelte liberamente. Invece, quando alla base vi è un senso di colpa o la sensazione di essere *in debito*, quello che si viene a creare è, nel vero significato del termine, un *legame*. Questo succede, per esempio, quando si riceve un dono e non si può

46. Hellinger Bert, *Gli ordini dell'amore*, Apogeo, 2003.

ricambiare con qualcosa di valore all'incirca equivalente; quando si prende il posto che spetta a un altro membro della famiglia; o ancora quando ci si macchia d'ingiustizia in seno alla famiglia. Il risultante senso di colpa va a toccare la paura di venire escluso.

L'innocenza (la coscienza pulita), al contrario, garantisce appartenenza e intimità. In apparenza sembra che l'innocenza – e quindi la libertà di andarsene – possa essere riconquistata soltanto nel momento in cui si ricambia il dono ricevuto con qualcosa di valore simile. Eppure c'è un'altra possibilità: accettare il dono amorevolmente, riconoscerne il valore e non preoccuparsi di dover ricambiare. Sentirsi privo di debiti, di conti in sospeso o di sensi di colpa, insomma libero da obblighi, scioglie il legame. Senza più catene vincolanti, si può andare – o restare – in tutta libertà, a proprio piacimento.

Il bisogno di appartenenza è primario e ha la precedenza assoluta. Per 'far parte' il bambino è disposto a tutto; spesso si assume il ruolo del colpevole, senza che nessuno se ne accorga, per espiare al posto di un altro un'ingiustizia commessa in seno alla famiglia, oppure, sempre al posto di qualcun altro, si offre come vittima. Con il lavoro di autocoscienza, l'adulto può porsi l'obiettivo di riconoscere che la vita stessa è un regalo da accettare con umiltà e accetterà di onorare coloro che gliel'hanno donata, i genitori. Soltanto allora diventa possibile contribuire personalmente, facendo in modo che tutto *vada bene* (come dice Bert Hellinger) e diventando capaci di donarsi ai propri figli.

La collera inespressa emerge spesso nella ritrosia a dimostrare gioia o a ricevere doni senza dare nulla in cambio. È quello che accade spesso tra figli e genitori, nel vano tentativo di evitare di essere in debito l'uno verso l'altro e quindi di sottrarsi ad ogni obbligo. Quando si vive in questo modo, con la fiammella al minimo per così dire, si finisce con il tirare avanti senza concedersi nulla, arrivando non di rado a stati depressivi. Secondo me, con grande probabilità, un tale meccanismo inconscio di automortificazione si nasconde dietro certe scelte di vita. Per esempio, quando ci si ostina a seguire una teoria alimentare pur non provando piacere con quella dieta. Oppure si continua a far parte di una setta pur accorgendosi di essere sfruttati. O ancora, quando ci si sacrifica per gli altri o per un'attività oltrepassando i propri limiti e arrivando all'esaurimento.

L'appartenenza a più gruppi (anche il clan materno e paterno lo sono) porta inevitabilmente allo scoppio di conflitti e alla nascita di alleanze: l'innocen-

za è quindi esclusa in partenza.
Dietro ogni legame che si ritrova all'interno di un clan familiare, si cela un antenato che commise un'ingiustizia o un errore, ma si rifiutò di assumersene la responsabilità. Questo tipo di legame, diffuso in tante famiglie, esercita per generazioni un'influenza potente, simile agli incantesimi delle favole. Esso, soprattutto nell'infanzia, induce l'impulso inconscio a lasciarsi coinvolgere dalla storia passata e irrisolta per saldare il debito e scontare la pena al posto del vero artefice. Per mezzo del Lavoro Emotivo e Corporeo, o di altri metodi come le costellazioni familiari secondo Bert Hellinger, diventa possibile riconoscere legami e intrighi, riassegnare la responsabilità ai veri colpevoli e riappacificarsi con i propri genitori.
Ecco alcuni tipici esempi di questi legami trans-filiali e trans-generazionali:

- *l'innamoramento, la scelta del partner, l'attrazione sessuale*. Nell'innamoramento si cerca di ricevere dal/la partner quello che è mancato da parte dei genitori nell'infanzia (e in particolare dalla madre nella prima infanzia). Se si resta nuovamente delusi, perché il partner non offre quanto sperato, gli si voltano le spalle oppure ci si lascia sommergere dalle emozioni represse in passato davanti ai genitori per paura di perdere l'appartenenza. È il trauma di separazione ed esclusione risalente alla prima infanzia, ancora irrisolto, a tenere gli adulti legati tra loro e a regolarne l'attrazione reciproca a livello inconscio.
- *Proiezione delle aspettative dell'adulto sul figlio*. I genitori cercano nel figlio quello che è mancato loro con i propri genitori, per esempio amore incondizionato, accoglienza, un senso della vita. Per amore, il bambino fa di tutto per soddisfare questi desideri, arrivando addirittura a sacrificare se stesso. Il bambino può essere mosso a dimostrazioni di affetto o di bravura non spontanee, ad assumere un determinato ruolo, a fare scelte scolastiche, professionali o di attività di tempo libero che non corrispondono al suo reale desiderio, ma rispondono al bisogno di non deludere le aspettative dell'adulto. Il bambino ferito nel suo senso di appartenenza è, in linea di massima, più vulnerabile da questo punto di vista rispetto al bambino che ha ricevuto cure appropriate (accoglienza fin dal concepimento, ascolto dei suoi bisogni fin dalla gestazione, contatto multisensoriale integro con la madre immediatamente alla nascita, contatto fisico e allattamento materno). L'uomo si sottrae spesso all'oppressione della famiglia di origine andandosene, anche se resta legato alla madre senza

accorgersene. La donna si sposa presto quando vede nel matrimonio un motivo plausibile per poter lasciare la casa natìa. Spesso lascia che sia sua madre ad occuparsi dell'educazione del figlio. Una soluzione in apparenza sensata, specialmente se la donna non è affiancata da un compagno. Dietro di essa, però, può celarsi una ragione ben più profonda: il bambino è strumentalizzato per permettere alla donna, oppressa dal legame familiare, di emanciparsi, allontanarsi, prendere le distanze dalla madre, libera da sensi di colpa. Il bambino si ritrova invischiato nel legame familiare ed è lui a pagare il prezzo della libertà della madre.

- *Ingiusto coinvolgimento del bambino nei conflitti tra i genitori*. Quando uno dei due genitori si permette di parlare al bambino degli errori o delle debolezze dell'altro, sta abusando della sua confidenza e ferisce la sua dignità. Il genitore rompe il patto di alleanza con il partner e infrange un comportamento morale, la correttezza all'interno della coppia, su cui il bambino fa grande affidamento. Il bambino vive la mancanza di coesione dei genitori come una lacerazione interiore e soffre per l'incoerenza di un adulto, che dovrebbe guidarlo e indicargli il comportamento appropriato. Sente quasi la sua stessa sopravvivenza in pericolo. In questo modo il genitore che coinvolge il bambino lo rende partecipe di una sorta di segreto e il messaggio implicito, registrato perfettamente dal bambino, è: "Non diventerai mica come tuo padre (o tua madre)!". Per non rischiare di perdere l'appartenenza, il bimbo non si oppone a questo legame fatto di complicità e omertà. Nel suo intimo resta fedele all'altro genitore, davanti al quale mantiene il segreto, e inevitabilmente sarà condizionato ad assumere proprio quelle sue caratteristiche odiate e ripudiate. Questa situazione per un bambino ha ripercussioni molto più gravi rispetto a una separazione vissuta con rispetto e dignità.
- *L'aborto*. La perdita di un bambino durante la gravidanza è sempre legata a sensi di colpa, specialmente se si tratta di una scelta consapevole o se è legata a uno stile di vita sregolato. È un'illusione fare come se non fosse successo niente. La mancata rielaborazione del lutto si paga spesso a caro prezzo, tacitamente: per esempio, cominciando a trascurarsi e lasciando sfiorire la propria bellezza o negandosi al contatto fisico e spirituale con il partner. Il legame con un bambino abortito può manifestarsi in molteplici atti di espiazione inconsci, anche dei suoi fratelli.
- *La morte di un figlio o la nascita di un figlio diversamente abile*. La man-

cata rielaborazione del lutto da parte dei genitori ha un ruolo importante anche in questi due casi e può avere ripercussioni importanti sugli altri figli. Per esempio, se la morte di un fratello minore è connessa a un rifiuto inconscio della sua presenza (i genitori avevano già abbastanza figli), un bambino può sentirsi in debito verso di lui ed essere spinto a saldare questo debito rinunciando alla gioia di vivere. Spesso è impossibile per i fratelli di un bambino che, per fattori congeniti o a causa di un incidente, è portatore di handicap godere di buona salute senza contemporaneamente sentirsi in colpa o almeno a disagio. Succede perfino che si espongano a incidenti, nella convinzione inconscia – errata – di diminuire la sofferenza del bambino disabile con questa forma impropria di solidarietà. In tali situazioni è davvero opportuno riuscire ad accettare umilmente la propria felicità e la propria salute, senza sentirsi obbligati a contraccambiare e senza sentirsi in colpa, perché qualcun altro non ha ricevuto la stessa grazia. Il legame inconscio impedisce tuttavia al bambino di assumere un simile atteggiamento. Nella maggior parte dei casi, l'opportunità di liberarsi dal fardello del legame si presenta in età adulta, grazie all'avvio di un processo di crescita interiore con cui si aumenta la propria consapevolezza. I genitori che, in tale modo, riescono a far luce sui retroscena passati, possono contemporaneamente liberare anche i figli dai ruoli espiatori che, inconsciamente, si sono assunti.

- *Morte della madre alla nascita.* Nonostante non sia affatto colpa del bambino, succede spesso che nella sua vita sia attanagliato da sensi di colpa inconsci. Egli tenterà, inconsapevolmente, di espiare la morte della madre, per esempio non riuscirà a godere della bellezza della vita. Tutto ciò non serve a nulla e a nessuno, se non a perpetuare il dolore. Riconoscere e onorare il bisogno di vivere il lutto, permetterebbe di superarlo e di giungere alla pace interiore. **L'assunzione di un ruolo espiatorio avviene in modo inconscio e intacca il senso di rispetto verso se stessi e il riconoscimento del proprio valore. La rielaborazione del lutto con rispetto e onore, invece, rende l'espiazione superflua.**

Legame incestuoso

Il Lavoro Emotivo e Corporeo con vittime di abuso ha evidenziato come, in caso d'incesto, entrambi i genitori – senza rendersene conto – siano implicati. Non importa quale sia il genitore a commettere il crimine: dietro le quinte, anche l'altro è corresponsabile.

Per mezzo dell'incesto, infatti, si tenta di riportare in equilibrio una situazione familiare in cui uno dei partner nega il contatto intimo. Nella maggioranza dei casi è l'uomo a cercare relazioni incestuose e ciò è correlato al fatto che, da generazioni, a causa delle mancanze primali, l'uomo ha difficoltà a vivere relazioni sessuali soddisfacenti. Il suo bisogno di intimità non viene riconosciuto e la partner spesso gli nega la forma di contatto che desidera.

La donna, infatti, indignata sia per la situazione contingente che, in modo inconscio, per il legame con eventi accaduti in passato e non risolti, tende a chiudersi di fronte all'uomo, negandosi fisicamente ed emozionalmente. Prigioniera di un ruolo che le è stato trasmesso per via trans-generazionale, maledice il compagno e gliela fa pagare al posto di chi, a suo tempo, si era macchiato di un'ingiustizia verso di lei. In tal modo si rende complice: con il suo comportamento spinge il partner a cercare sfogo o conforto altrove, magari nei figli.

L'uomo, così come la donna, è reso cieco dal legame con un'ingiustizia avvenuta nel passato e in cui è ancora coinvolto. Nelle relazioni di coppia si trova imprigionato in ruoli espiatori, come accade per esempio quando, alla richiesta di contatto fisico, la partner lo rifiuta. In quel momento espia la colpa dell'antenato. Può succedere che, invece di affrontare il problema direttamente, cada nella tentazione di prendersi dai figli ciò che non ottiene dalla compagna. Soprattutto quando è la figlia ad avvicinarsi a lui, alla ricerca dell'amore materno che le è mancato, può arrivare ad abusare di lei senza vergogna, vantandosi addirittura di non aver usato alcuna violenza. La bambina, in realtà, è estremamente sensibile al deficit d'amore del padre; accortasi della sua sofferenza, cerca di consolarlo. Se il padre risponde invitandola a un rapporto sessuale, essa può arrivare a concedersi soltanto per rendere felice un padre triste e senza neppure rendersi conto di subire un abuso. Nel tentativo di salvare la relazione tra i genitori, il figlio abusato è disposto a mantenere il silenzio sull'accaduto. Il prezzo che si ritrova a pa-

gare sul piano psicologico è altissimo: oltre ad essere coinvolto in un intrigo tenuto segreto, ad avere subìto una forma di contatto fisico impropria e denigrante, nelle sue future relazioni di coppia, in modo inconscio, perpetuerà il legame 'costringendo' il/la partner o i figli a espiare l'ingiustizia di cui è stato vittima.
Il dolore psicologico e la tortura fisica sono ancora maggiori nel caso si tratti di un bambino piccolo sfruttato sessualmente. Sono la fiducia ancestrale riposta nei genitori e l'autorità naturale dell'adulto agli occhi del bambino a far sì che egli possa accettare di partecipare ad azioni depravate. È prigioniero di un meccanismo a cui non può sottrarsi: anche quando si accorge che qualcosa non va, si abbandona impotente alla situazione, per non perdere l'appartenenza.
Un simile destino va affrontato con umiltà (nel senso di Bert Hellinger): all'accaduto non si può rimediare. L'apparente 'necessaria e legittima' punizione del colpevole, con l'esclusione dalla famiglia o la fine della relazione di coppia, va ad aumentare i sensi di colpa del bambino violentato e a rafforzare ulteriormente il suo legame, inconscio, con il genitore che si è macchiato dell'abuso. Considerata la situazione in tutta la sua complessità e valutate le possibili future ripercussione, è lecito chiedersi se l'esclusione del 'colpevole' sia davvero di vantaggio per qualcuno. Infatti, a seguito di questa misura punitiva, la persona che ha subìto l'ingiustizia o la violenza resta schiava del ruolo di vittima e della volontà di espiazione. Questo doppio peso malsano influenza in modo determinante le sue relazioni future: per esempio, si negherà a un partner che non ha fatto nulla o sceglierà un partner che a sua volta, a causa di un legame inconscio dello stesso tipo, si macchierà di un simile abuso.
Con il Lavoro Emotivo e Corporeo, è possibile limitare al massimo le ripercussioni future nefaste dell'incesto. Infatti, la vittima dell'abuso, dopo avere rivissuto l'odio accumulato e il senso d'impotenza che si celava dietro di esso, può riconoscere le rispettive responsabilità di tutti coloro che erano implicati, anche della madre, senza più giustificarli. La vittima dell'abuso può finalmente rendersi conto di come, a suo tempo, si era caricata di quel pesante fardello per amore verso i genitori. Di conseguenza, può liberarsi dal ruolo di vittima e ritrovare la propria dignità. Così facendo, offre anche ai genitori la possibilità di riconoscere e accettare la loro responsabilità e di ritrovare la loro dignità attraverso il pentimento. La vittima si libera dal

legame con i genitori e può riappacificarsi con loro. Ciò avrà in ogni caso benefiche ripercussioni a lungo termine sulla sua vita di coppia.

Il desiderio di morire

Sigmund Freud parla di un innato istinto a morire dell'essere umano. L'esperienza con il Lavoro Emotivo e Corporeo mi ha portato ad osservare in modo consistente come l'adulto, inconsciamente, si metta in situazioni in cui prova sentimenti simili a quelli vissuti nella prima infanzia. Se ha sofferto profondamente a causa della separazione con la madre, di frequente emergerà un desiderio inconscio di morire. È probabile che Freud, all'epoca, non si sia reso conto che questa tendenza inconscia, tipica della maggior parte delle persone appartenenti alla cultura occidentale attuale, non ha nulla a che fare con un istinto, ma piuttosto è riconducibile alle esperienze traumatiche del mancato imprinting e/o del mancato senso di appartenenza nel periodo primale. **Si tratta del desiderio di sfuggire a una situazione troppo dolorosa, cioè la separazione dalla madre: per questo la persona desidera ritirarsi in un mondo più luminoso e leggero, l'aldilà.** Con gli interventi medici intensivi, per salvare la vita a tutti i costi, il neonato viene abbandonato a un dolore fisico e psichico insopportabile. **Per sopravvivere a questo trauma primale immenso, al bambino non resta che la rimozione, efficace meccanismo di protezione della psiche. L'apparente amnesia riguardo gli eventi traumatici passati e i sentimenti provati, rappresenta una sorta di scissione interiore: significa vivere dissociati da alcune parti di se stessi. Il desiderio, conscio, della presenza della madre (la prima scelta) o di morire (la seconda scelta) si trasforma in una nostalgia (inevitabilmente di seconda scelta), inconscia e indefinita, da cui si possono originare comportamenti autodistruttivi che mettono a repentaglio la vita.** Secondo me questa nostalgia indotta, che si fa sentire ogni volta che si è di fronte ad una crisi esistenziale, corrisponde a ciò che Freud chiamava istinto innato a morire.

La separazione del neonato dalla madre alla nascita rende impossibile un contatto multisensoriale integro al momento giusto e impedisce l'imprinting. Questa usanza, che da generazioni rappresenta la prassi nel mondo occidentale, costituisce una situazione a tal punto intollerabile per il bambino,

che preferirebbe morire.
Aver voglia di morire è un concetto tabù nella società attuale. Invece di affrontarlo alla radice e migliorare le condizioni per il neonato, si fa di tutto per costringere un essere umano a sopravvivere. Di conseguenza i sopravvissuti si creano continuamente situazioni che riattivano il dolore provato nella prima infanzia: il senso di abbandono e d'impotenza, la rabbia, la tristezza, la rassegnazione. Essi soffrono spesso di depressione oppure, con incidenti o abitudini malsane, mettono in pericolo la loro stessa vita.
Wilhelm Reich ha effettuato innovative ricerche sulle drammatiche conseguenze delle esperienze traumatiche infantili. Per quanto ne so, non è giunto alla conclusione che, all'origine di quella che lui chiama la *peste emozionale*, potrebbe esserci il mancato momento dell'imprinting tra madre e bambino nell'unico periodo giusto – ovvero immediatamente alla nascita.
Tutto ciò che in modo rivoluzionario viene descritto nei suoi libri, è interpretato da Reich come la conseguenza di una sessualità repressa e non si rende conto di come le difficoltà nell'orgasmo e la corazza caratteriale potrebbero essere correlate al mancato imprinting.

Contatto con persone estranee al momento dell'imprinting

Coloro che hanno trascorso i primi giorni dopo la nascita separati dalla madre, non potendo quindi vivere l'imprinting, portano spesso dentro di sé, a livello inconscio, un legame irrisolto con le persone da cui sono stati accuditi in quel periodo. La relazione con la madre, la prima relazione d'amore di ogni essere umano, influenza tutte le relazioni future ed è essa stessa fortemente influenzata dalla qualità dell'imprinting. **In caso di mancato imprinting, il fatto di vivere il primo contatto multisensoriale con estranei e non con la madre, ha degli effetti importanti sulle relazioni future.** Nella maggior parte dei casi, il contatto con questo estraneo, iniziato immediatamente dopo la nascita, viene interrotto bruscamente quando il bambino è affidato alla madre biologica. Viene così meno il processo naturale di crescente emancipazione, che nel corso di molti anni sfocia nell'autonomia completa del bambino. Poco importa se questa prima relazione è stata frustrante o stimolante, essa si ripercuoterà in ogni caso sui modelli relazionali futuri.

L'esperienza con il Lavoro Emotivo e Corporeo mette in evidenza che chi, immediatamente dopo la nascita, ritrova provvisoriamente il calore materno che gli manca presso una persona 'di seconda scelta', spesso nella sua vita riproduce all'infinito questo tipo di legame sostitutivo. Per esempio, riesce a vivere con trasporto e passione solo avventure extraconiugali, finché non riporta alla coscienza il legame rimosso risalente alla prima infanzia.

A fungere da 'sostituto della madre' per il primo contatto multisensoriale possono essere stati per esempio un'ostetrica, un'infermiera affettuosa, un medico premuroso o anche il padre. Questa relazione sostitutiva lascia un'impronta al posto dell'imprinting e può contribuire a una grande confusione nella vita di coppia adulta. Sulla base delle mie esperienze, sono giunto alla conclusione che, a grandi linee, sia l'uomo che la donna hanno la tendenza a innamorarsi del/la partner che, all'inizio della relazione, offre ciò che è mancato loro da parte della madre durante la prima infanzia: essere accolti con gioia e tenuti in braccio, sentirsi al sicuro, ricevere amore e calore. L'influenza di un'esperienza accettabile, soddisfacente dal punto di vista sensoriale, con una persona amorevole dello stesso sesso al posto della madre, potrebbe avere un ruolo importante nel fenomeno dell'omosessualità, in particolare quando la relazione sostitutiva è stata interrotta bruscamente, senza che il bambino abbia avuto la possibilità di prendere commiato al momento per lui opportuno.

Spesso, in una relazione omosessuale, i due partner sono molto possessivi, hanno grandi aspettative reciproche e fanno molta fatica a soddisfare i bisogni dell'altro. Entrambi vogliono a tutti i costi restare fedeli a se stessi e cominciano a negarsi, fisicamente ed emozionalmente. In questo modo vanno inevitabilmente a risvegliare nell'altro la paura inconscia di essere abbandonato, paura che risale alla prima infanzia. L'innamoramento si trasforma in rabbia, gelosia e odio all'emergere della delusione vissuta al momento della separazione, improvvisa e inspiegabile, dalla persona che aveva prestato le cure alla nascita. Finché resta a livello inconscio, questa situazione continua a ripetersi come uno schema fisso. Al momento in cui subentra la delusione, si opta per una separazione e si spera di trovare in un nuovo partner quel contatto e quell'intimità di cui si ha tanta nostalgia.

A questo punto è legittimo porsi una domanda: chi si prende cura del neonato al posto della madre può lasciarsi andare a un amorevole contatto mul-

tisensoriale col piccolo oppure così facendo peggiora soltanto la situazione? La mia risposta è che, senza dubbio, è preferibile un contatto amorevole con un sostituto piuttosto che il vuoto. Quel bambino ha già sofferto per la separazione dalla madre e non ha potuto vivere, del tutto o in parte, l'imprinting. La qualità del contatto con una persona diversa dalla madre, nonostante tutto, può costituire per il bambino un germoglio che, in futuro, gli darà la forza per mettersi alla ricerca delle sue radici.
La principale preoccupazione di chi si occupa del neonato al posto della madre dovrebbe essere quella di coinvolgere la madre nell'accudimento del bambino, rendendo evidente e chiaro chi è la vera madre (e il vero padre), in special modo quando essa è in difficoltà ad assumersi il suo ruolo. In caso contrario, si imbroglia sia il bambino che la madre.
Ho l'impressione che la stessa cosa valga, in seguito nell'infanzia, anche nel caso che sia solo un genitore a prendersi cura del figlio e il contatto con l'altro genitore venga impedito o reso difficile. Naturalmente, in caso di abuso sessuale sospettato o conclamato, o ancora di rischio di rapimento, vanno presi dei provvedimenti come l'accompagnamento da parte di una terza persona per proteggere il bambino. Non è legittimo che venga negato il contatto tra un bambino e uno dei suoi genitori.
Il bambino viene profondamente imbrogliato anche quando i genitori adottivi gli nascondono la verità sui genitori biologici. Quando la famiglia adottiva gioca a carte scoperte, l'adozione non costituisce per forza un trauma per il bambino. È importante, tuttavia, con opera di mediazione, facilitare l'elaborazione del lutto e permettere che la madre prenda commiato, in modo dignitoso, dal figlio offerto in adozione. Per esempio, gli potrà dire che sarà in buone mani e che andrà a far parte di un'altra famiglia. Il gesto assume così un'altra qualità: il bambino viene affidato amorevolmente e non semplicemente abbandonato. Ciò permette alla madre di liberarsi dai sensi di colpa e al bambino di conservare un'immagine accettabile della madre, che gli sarà di riferimento durante la crescita.

Ruolo e presenza del padre nel periodo primale

Il padre, nelle prime settimane dopo la nascita, ha normalmente soltanto un influsso indiretto sulla crescita sana ed equilibrata del bambino. Il suo compito è soprattutto quello di offrire generosamente alla donna amore, fiducia, sostegno e protezione, in modo che lei possa dedicarsi indisturbata al bambino e che l'imprinting possa aver luogo. L'aiuto nei lavori domestici è un grande contributo. L'ideale è che si prenda cura della compagna, stando al suo fianco, senza mettere in discussione il suo istinto materno. Il congedo di paternità, a mio avviso, dovrebbe essere un diritto per tutti. Ora come ora, c'è almeno la possibilità di organizzarsi per prendere ferie in occasione della nascita di un figlio. Se il padre non coglie l'occasione di stare a fianco della compagna e del bambino nelle prime settimane dopo la nascita, si perde qualcosa di irrecuperabile!

All'uomo, però, può risultare difficile questa scelta: vedere la compagna totalmente assorbita dall'accudimento del bambino e sentirsi così attratto dalla particolare bellezza che emana una neomamma, può risvegliare in lui sentimenti rimossi che potrebbero trasformarsi in gelosia e invidia.

Una delle conseguenze dell'assenza del padre all'inizio del puerperio è che la donna si sente sopraffatta e in lei si riattivano le emozioni risalenti alla prima infanzia. Da sola, senza una presenza premurosa al suo fianco[47], la donna sprofonda sempre più in un senso di mancanza. Quando, per concedersi un po' di respiro, lascia il bambino a piangere nel lettino, è di nuovo il bambino a dover soffrire per il senso di abbandono e a doversi rassegnare, impotente.

L'esempio seguente illustra come una coppia, senza alcuna esperienza di terapia, possa affrontare assieme le emozioni risvegliate dall'arrivo di un figlio. Mi stavo recando a un congresso dove avrei tenuto una conferenza dedicata alla sensibilizzazione dei futuri genitori per un'accoglienza del bambino e per un comportamento naturale con lui. Stavo attraversando a piedi un parco, quando fui raggiunto da una domanda: "Ciao, sei tu Willi?". Mi voltai e, alquanto meravigliato, risposi di sì alla giovane coppia seduta su una panchina che mi sembrava di non conoscere. Con un entusiasmo che in un primo momento non riuscii a spiegarmi, aggiunsero ancora da lontano: "Abbiamo fatto proprio come hai detto tu ed è andata come previsto!". Un po' confuso, chiesi loro a che cosa si riferissero. "Ecco, guarda!". Fu solo allora che mi accorsi come ciò che avevo creduto essere un capo d'abbiglia-

47. Tra le varie possibilità di sostegno post-partum, sta emergendo anche in Italia la figura della *doula* (dal greco, schiava o serva), come scelta personale di donne che desiderano mettere al servizio la loro competenza e la loro umanità. N.d.t.

mento, era in realtà un telo portabebè, da cui facevano capolino due occhietti radiosi. "Proprio così, questo è il nostro bambino, che ora ha già tre mesi! Ed è stato proprio come avevi detto nella tua conferenza a Lugano, abbiamo pianto un'intera settimana!".
Cominciai a ricordare che quella giovane coppia aveva assistito, un anno prima, alla proiezione del mio video *Imprinting*[48] e che all'epoca non era per nulla informata, pensava a un parto in ospedale con 'l'aiuto' medico. *Imprinting* è un documentario creato per toccare emozionalmente, in modo da aprire i cuori di fronte a quest'argomento.
Sorpreso, dopo averli salutati, chiesi loro: "Come sarebbe a dire che avete pianto per un'intera settimana?". Io, infatti, mi limito ad invitare ad abbandonarsi al pianto quando se ne sente la necessità. "Proprio così, un'intera settimana ed è stato meraviglioso!", mi risposero all'unisono. A quel punto ero proprio curioso di sapere cosa fosse successo; mi raccontarono che tutti e due, appena nati, avevano trascorso le prime settimane dopo la nascita in incubatrice. Grazie al contatto con il loro bambino, subito alla nascita, si erano risvegliate queste memorie e anche i sentimenti ad esse correlati. Essi avevano potuto esprimerle sostenendosi reciprocamente ed era stato davvero meraviglioso. Ora stare assieme al loro figlio era un grande gioia. Profondamente commosso e felice, li salutai. Mi restava solo un quarto d'ora per raggiungere il palazzo dei congressi, montare il proiettore e poter quindi iniziare la conferenza. A mio avviso questo racconto illustra mirabilmente come l'accoglimento del bambino, con apertura emozionale, possa contribuire a prevenire la depressione post partum e sentimenti di gelosia nel padre. Infatti, la vicinanza tra madre e bambino tocca spesso nell'uomo – inconsciamente – il vissuto primordiale di separazione.
Un aspetto molto importante all'interno della coppia è il riconoscimento del valore del ruolo materno: va reso onore e rispetto al fatto che, nei primi tempi, sia la donna ad occuparsi in maniera quasi esclusiva del neonato e va rispettata la relazione preferenziale tra lei e il figlio. L'impegno di una donna che accudisce il proprio bambino – allattandolo ogni volta che lo richiede, offrendogli contatto fisico e accesso incondizionato a lei – va compreso in tutta la sua ampiezza: la donna si dona in modo incondizionato. C'è da essere riconoscenti! Inoltre, quando non si è ricevuto

48. Disponibile presso l'autore, si veda *Letture consigliate e indirizzi utili.* N.d.t.

lo stesso trattamento, questo può risultare molto difficile, anzi doloroso e lacerante, e può essere utile uno specifico accompagnamento. Se è vero che accudire un bambino è una non-attività che si aggiunge a tutte le attività vere e proprie, è altrettanto vero che essa modifica sostanzialmente i tempi e i ritmi precedenti e mal si concilia con uno stile di vita, socialmente avvalorato, che non contempla più la presenza dei bambini e vorrebbe che tutto fosse come se essi non esistessero. A questa ingiusta pressione sociale sulla donna, si aggiunge un'incomprensione di base della fisiologia del puerperio e dell'allattamento e una visione distorta di quella che dovrebbe essere la vita sessuale di una coppia dopo la nascita di un figlio[49]. Il padre del bambino dà un contributo eccezionale alla serenità della famiglia se evita di sottoporre la sua compagna a pressioni sessuali di qualunque tipo. Questo non significa che non vi sia spazio per un'intimità fisica in questo periodo, ma essa può assumere forme e tempi diversi. **All'uomo si offre un'occasione fantastica di accogliere il figlio con una sua presenza solidale, piena di tolleranza e spirito di adattamento per la nuova situazione e una certa curiosità ad osservare, interrogarsi, mettersi in discussione e imparare. Questo sia per quel che riguarda i sentimenti e i bisogni della donna che del bambino**.

Nel caso il padre rimanga invece assente nel primo periodo, se ricompare in seguito facilmente può assumere il ruolo di 'salvatore' del bambino, ormai cresciuto, nelle situazioni di conflitto tra lui e la madre. In India, i cuccioli di elefante, incatenati e lasciati per un po' senza cibo e acqua, restano fedeli per tutta la vita a chi li salva da morte certa portandogli da mangiare e da bere. In modo simile, il padre 'salva' il bambino infelice dalla sua tragica situazione e spesso si ritrova nel ruolo del gentile protettore, che assieme al bambino 'ruba l'uvetta dal dolce', mentre la madre, cattiva e fallita, giorno dopo giorno sempre più si cala nel ruolo di quella che, senza gioia e con fa-

49. Secondo Michel Odent non è possibile studiare la durata fisiologica dell'allattamento finché si resta ancorati all'attuale modello di vita matrimoniale, in cui è previsto che la madre si renda presto disponibile sessualmente al partner dopo il parto. È inevitabile che ciò si ripercuota sulla pratica dell'allattamento, favorendo una sua interruzione precoce. Infatti la prolattina, l'ormone principe della lattazione, inibisce la libido. Se l'uomo invece sta accanto a una donna nel puerperio senza interferire con la sua attività di madre, neanche sul piano psicologico, i livelli di ossitocina, prolattina ed endorfine aumentano e ciò lo rende disponibile al dialogo e alla collaborazione nell'accudimento del bambino. N.d.t.

50. Questa fase naturalmente non ha motivo di esistere in un cultura non avversativa, non conflittuale. N.d.t.

tica, si occupa di tutti i lavori. Specialmente il bambino maschio percepisce che qualcosa non va e può cominciare a difendersi. Nella 'fase del no'[50], la madre diventa facilmente per lui come un poliziotto, pronta a punirlo, mentre il bambino comincia ad aspettare con impazienza il rientro del padre. Ma quest'ultimo, spesso, non ha tempo da dedicargli e resta totalmente immerso nelle sue occupazioni.

Alla fine, sia il bambino che la madre possono sentirsi abbandonati dal padre: essi allora si gettano addosso l'un l'altro la rabbia che non osano esprimere apertamente davanti a lui. Se il padre non riesce a godere della sua 'meritata' pace, tende a ripristinare 'l'ordine' con la severità di un giudice e picchiando i più deboli. Egli spesso accusa la madre di essere responsabile della confusione e può avere uno o più dei seguenti comportamenti:

- rimproverare la madre di fare troppe concessioni e di essere incapace;
- punire il bambino (soprattutto se si tratta di una bambina) per 'disobbedienza' con misure di esclusione, per esempio rinchiudendola in stanza;
- punire la donna, devalorizzandola e tenendo le distanze, mentre comincia a lodare la figlia, che si rende attraente ai suoi occhi per guadagnarsi il suo riconoscimento;
- accusare la madre per ogni piccolezza e solidarizzare con il figlio maschio. Sotto la sua protezione, il figlio può permettersi di vendicarsi per il senso d'impotenza vissuto nella prima infanzia.

Se il padre e la madre non si accorgono di quale meccanismo si sia innescato, rischiano di perdere tutta la dignità agli occhi del figlio. Qui inizia spesso una spirale distruttiva di odio, che porta a punizioni e mancanza di rispetto reciproca. A tutti sfugge che il bambino, quando manca di rispetto ai genitori, in realtà si vendica inconsciamente per la loro presenza insufficiente, o la loro assenza, nella prima infanzia.

Più tardi, può succedere che il padre accusi la madre di aver educato male i figli, mentre la madre tende a lamentarsi di fronte a loro per l'assenza del padre. Con il suo comportamento, il padre può contribuire inconsciamente al senso di mancanza di presenza materna vissuto dai figli nella prima infanzia. Non è però in grado di riconoscere la sua parte di responsabilità, finché – preso in trappola – comincia ad accorgersi dei propri limiti e del senso di mancanza di cui lui stesso soffre. **La donna non può sottrarsi facilmente come l'uomo ai suoi doveri di genitore: nei primi anni, per motivi biologici, il suo ruolo non è intercambiabile; in seguito, a causa degli attuali**

ruoli sociali, è lei ad essere maggiormente investita della pressione morale di doversi occupare del figlio, fino all'ingresso nell'età adulta.
L'assenza o la distanza dell'uomo possono risvegliare facilmente nella donna la sensazione di essere abbandonata, risalente alla prima infanzia. Un dolore paragonabile si manifesta nell'uomo soltanto quando rivive anche lui i sentimenti provati nella prima infanzia. Ciò accade spesso quando la donna non tollera più il suo comportamento, comincia ad esprimere i propri bisogni ed è pronta a lasciarlo se non vi sono cambiamenti. Purtroppo le donne si sentono spesso dipendenti dal riconoscimento dell'uomo, inoltre possono dipendere da lui economicamente ed è raro che si spingano fino a questo punto, a meno che non siano già coinvolte in una nuova relazione. In questo modo, resta preclusa la possibilità di un processo di crescita di coppia e non si riesce a continuare la relazione in modo soddisfacente.

La sessualità

Alla base del comportamento sessuale dell'essere umano vi è la qualità del primo incontro multisensoriale con la madre e in generale della relazione con essa in tutto il periodo primale. Queste esperienze oggigiorno sono talmente disturbate da rendere legittimo il sospetto che tutti siano più o meno colpiti da un disturbo della sessualità. Di certo gran parte dell'umanità è privata, nel momento dell'imprinting, della sensazione di estatico piacere e di ricevere un trattamento paradisiaco in modo del tutto gratuito e incondizionato, tutto intriso della gioia della madre. **La mia esperienza mi porta a concludere che anche il tipo di interazioni sessuali avvalorate e accettate socialmente siano il risultato di un profondo disagio psichico e quindi da considerarsi deviate.**
La sessualità maschile socialmente normale, infatti, è perlopiù, anche se non a livello cosciente, accompagnata da un impulso sadico alla penetrazione violenta, collegato al desiderio di voler conquistare o sottomettere la donna. Dalla mia esperienza, questo atteggiamento ha origine senza eccezioni dal desiderio provato nella prima infanzia di superare la barriera alzata dalla madre, che per paura o repulsione del contatto fisico/sensoriale limitava l'accesso al seno.
In molti uomini, la rabbia si cela nell'apparente tentativo di dimostrare la

potenza sessuale e di esibirsi in tecniche acrobatiche per eccitare e/o soddisfare la donna.
La sessualità femminile, d'altro canto, sempre a livello inconscio, è spesso al servizio del desiderio di essere salvata dalla solitudine, originatosi in seguito al senso di abbandono provato nella prima infanzia. Una donna che si reputa di poco valore spesso usa l'arma della seduzione per cercare la vicinanza; addirittura sopporta la penetrazione maschile nella speranza di essere coccolata, simulando eccitazione per non deludere l'uomo. Fin dall'infanzia ha perso la stima in se stessa e non osa esprimere i suoi veri desideri a causa della paura inconscia di perdere nuovamente l'appartenenza – adesso non più alla madre ma al partner.
Una sessualità sana e appagante richiede invece un'autostima intatta in ambedue i partner, che permetta di offrirsi l'uno all'altro per il puro piacere di farlo.
All'interno della vita di coppia, se i due partners non si tirano indietro di fronte alle situazioni conflittuali, la sessualità offre una magnifica opportunità per entrare in contatto con i traumi rimossi. Può risultare molto utile l'accompagnamento competente di una terza persona, specialmente se assieme al senso d'impotenza emerge anche l'impulso a far uso di violenza. Esso è un indizio inequivocabile del riemergere dell'odio provato verso la madre nella prima infanzia. Una situazione proprio come questa viene di solito risolta con la fuga in una nuova relazione, in cui si ripeterà la medesima dinamica e, di fronte alla paura di perdere l'appartenenza, le reazioni saranno come nel passato: aperta ribellione, chiusura in se stessi, ritiro strategico e/o la facciata di 'bravo'. Un processo di crescita interiore di coppia potrebbe, invece, essere la soluzione per risolvere il problema alla radice.

Il circolo vizioso della sindrome di GioLa

Circolo vizioso e via d'uscita

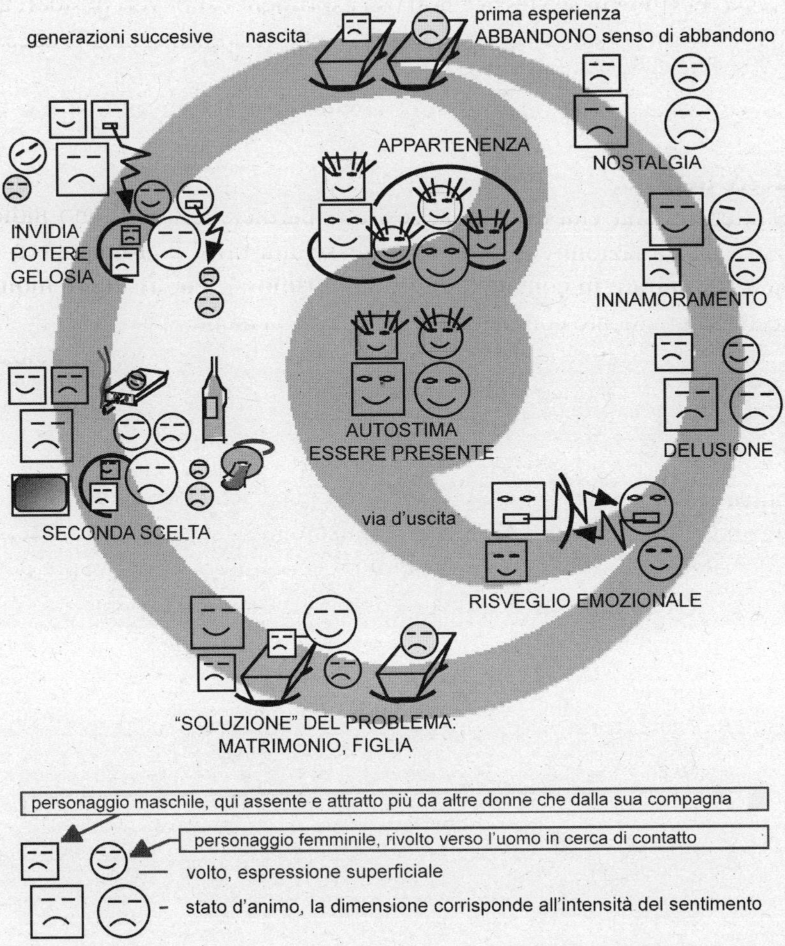

Amore non appagato

"Sindrome di Giocasta-Laio" è il nome che ho dato al meccanismo che si sta riproducendo da generazioni e da secoli perché i neonati vengono separati dalla madre. È fuori luogo rovesciare la colpa sulle madri, in quanto tutti, uomini e donne, siamo responsabili di questa sindrome malsana e ci ritroviamo alternativamente nel ruolo di Laio, Giocasta, Edipo o Barbie (così chiamo la sorella immaginaria)*.

In questo paragrafo presento in modo semplificato la catena di "indizi" che ho individuato in anni di esperienza con il *Lavoro Emotivo e Corporeo*. In realtà le tendenze che descrivo non sono così nette, ma l'esagerazione, quasi caricaturale, rende più riconoscibile il principio di funzionamento. Nel frattempo la mentalità è cambiata, molte persone sono diventate sensibili ai bisogni del neonato ed è sempre più frequente lasciare il bambino appena nato con la madre, anche se non si è compreso ancora fino in fondo quanto sia importante che non vi sia proprio alcuna interferenza.

Le esperienze del periodo primale non possono essere ricordate solo con le capacità intellettuali e, secondo me, non sono totalmente accessibili alla psicoanalisi freudiana.

Non c'è pertanto da meravigliarsi che Freud abbia considerato il figlio maschio rivale del padre, in competizione per avere i favori della madre, e abbia chiamato questo fenomeno complesso di Edipo. Ma chi intraprende un percorso di autocoscienza, che contempli sia sensazioni fisiche che sentimenti ed emozioni, riconosce i nessi di cui parlo e comincia a dubitare della visione di Freud. La scienza considera queste correlazioni soggettive e ne riconosce, purtroppo, solo in parte l'attendibilità.

Nella coppia, l'attrazione e l'innamoramento agiscono come un rimedio omeopatico, in grado di far affiorare una vecchia malattia, e costituiscono una grande opportunità per risolvere la sindrome di GioLa, permettendo di raggiungere la consapevolezza grazie al risveglio emozionale reciproco.

* La tentazione di darle il nome di Elettra sarebbe stata grande. Ma essendo la tesi dell'autore che indipendentemente dal sesso ciò che desideriamo è la madre, e che il complesso di Elettra a maggior ragione del complesso di Edipo sia un'interpretazione fuorviante, preferiamo Barbie, come la famosa bambola, che illustra egregiamente i disturbi comportamentali indotti nella donna. Perfino in Internet si trova accenno al fatto che studi antropologici hanno messo in evidenza che i complessi di Edipo e Elettra, lungi dall'essere universali, sono condizionati dalla cultura. N.d.t.

Laio ed Edipo – l'uomo
L'uomo è scisso dai suoi sentimenti. A seguito delle esperienze infantili, vive nell'errata assunzione di essere stato desiderato e "amato" dalla madre, ma in realtà da neonato è stato anche lui messo da parte e i suoi bisogni fondamentali sono stati ignorati. Le prime esperienze lo hanno impregnato sia di un senso di impotenza e abbandono che di un senso di oppressione per il comportamento iper-protettivo della madre o per essere stato utilizzato per un secondo fine. Una volta autonomo, prende provvedimenti affinché entrambe le situazioni, di essere abbandonato e di dover essere disponibile, non si ripresentino più. Ma in tutte le relazioni d'amore, inevitabilmente, la situazione dell'infanzia si ripete e lui si sente vittima piuttosto che co-responsabile.

Giocasta e Barbie – la donna
La donna è più vicina ai veri sentimenti dell'uomo. L'esperienza infantile di essere stata messa da parte, con il risultante senso di impotenza e di non aver valore, è stata totale e non lascia spazio a dubbi. In ogni relazione d'amore inevitabilmente si risvegliano anche quelle emozioni infantili e la donna tende a sentirsi vittima ma anche colpevole.
Nel profondo, dentro di sé, la donna riconosce che qualcosa non quadra, ma si sente tuttavia sempre obbligata a fornire delle prove. Sarà soltanto cominciando a fidarsi dei suoi sentimenti e delle sue intuizioni e mettendo in dubbio l'autorità maschile che troverà la chiave per liberarsi dalla prigione della sindrome di GioLa. C'è chi ha affermato, in modo molto azzeccato, che "il silenzio della donna è il potere dell'uomo".

Senso di abbandono

Laio e *Giocasta* nel frattempo sono diventati adulti. Provano un senso di vuoto e di inutilità inspiegabile quando sono soli e cercano di scampare a questa sensazione con diverse attività: consumano tutto, cercano evasione nei divertimenti con la televisione, esigono dimostrazioni d'amore. Laio e Giocasta sono abituati a placare il nervosismo con sigarette e gomme da masticare, a colmare il senso di vuoto con l'alcol o perfino l'eroina, a dissimulare il senso di inferiorità con le macchine di grossa cilindrata e un abbigliamento stravagante, per nascondere la tristezza o la collera dietro una maschera sorridente.

Laio si sente in modo viscerale non amato, incompreso e prigioniero – cerca riconoscimento nel lavoro, nello sport o nell'attività di associazioni.

Giocasta si sente inferiore e tenta di aumentare la stima in se stessa grazie ai complimenti che riceve quando è gentile, utile o attraente.

Nostalgia:
Laio e Giocasta si innamorano

Laio si innamora di donne che ammirano la sua forza, si comportano in modo eccitante e seducente e sono disponibili a prendersi cura di lui. Le seduce con l'automobile, i regali, i complimenti oppure con la posizione sociale.

Giocasta si innamora di uomini che la guardano pieni di desiderio e di approvazione e si mostrano forti, indipendenti e generosi. Li seduce con il trucco, gli abiti sexy e l'ammirazione incondizionata.

Delusione:
La relazione di coppia risveglia la antiche paure

Laio sente la sua libertà minacciata dal bisogno di tenerezze di Giocasta e si sottrae al senso di oppressione restando assente, fisicamente o psicologicamente. Non parla del suo disagio e si nasconde dietro gli obblighi sociali: "gli amici, il principale, l'associazione si aspettano da me...".

Giocasta cerca la "relazione d'amore", vuole essere coccolata e ricevere sguardi affettuosi. Non ha coraggio di esprimere il suo disagio per la chiusura e l'assenza del partner, perché teme di farlo arrabbiare o che la lasci. Fa pressione per una garanzia: il contratto di matrimonio.

"Soluzione" del problema: matrimonio, figli

Laio, orgoglioso di aver concepito un erede e felice di vedere Giocasta appagata, può dedicarsi senza intralci alla carriera e alla sue attività di seconda scelta. In segreto è tuttavia geloso del figlio, pertanto consiglia a Giocasta, per esempio, di non viziarlo con l'allattamento e considera il pianto del bambino un capriccio da punire.

Edipo, il figlio maschio, viene accolto con gioia ed entusiasmo e presentato con orgoglio, ma nonostante abbia senza dubbio valore di per se stesso, viene messo da parte. Tra le prime esperienze pregnanti, il senso di impotenza e di abbandono che prova da solo nel suo lettino.

Viene consolato con il ciuccio, il surrogato del seno materno – il suo primo incontro con la seconda scelta.

Giocasta nel ruolo di sposa sente di aver un certo valore, ma si consola con i figli per la mancanza di contatto all'interno della relazione di coppia. Nonostante l'istinto si opponga, accetta di venir separata subito dopo la nascita dai suoi figli, Edipo e Barbie, e che vengano lasciati da soli in un lettino d'ospedale. Sopporta la medicalizzazione del parto e crede al detto popolare che piangere faccia bene ai polmoni.

Barbie, la figlia femmina, si sente un oggetto senza valore – viene messa da parte senza gioia, allattata e cambiata ad orario. Questa sensazione, assieme al panico provato, al senso di vuoto e d'abbandono e all'inutilità della sua protesta, costituisce la sua prima esperienza. Il suo pianto, legittimo, viene punito con sguardi arrabbiati o addirittura con percosse. Inconsolabile, le rimane di conforto solo il ciuccio, la seconda scelta.

La seconda scelta: I bisogni inespressi restano insoddisfatti

Laio diventa di cattivo umore non appena Giocasta chiede aiuto o i bambini piangono. Desidera la meritata pace davanti alla televisione. Di fronte alle lamentele della donna, si sente messo sotto pressione e minacciato nella sua libertà. Tuttavia le offre un minimo di concessioni, per non perdere il suo "amore". Dopodiché continua a dedicarsi alle attività del tempo libero. Se la compagna si dedica al figlio Edipo, in segreto ne è geloso.

Giocasta si sente oberata di lavoro e frustrata, ma tace per non mettere in pericolo "l'amore" del suo compagno. La rabbia repressa a volte si trasforma in frigidità. Compensa la mancanza di contatto con il partner dedicandosi a Edipo: lo ricopre di tutto quello che in principio lei vorrebbe (avrebbe voluto) volentieri per sé. Romanzi d'amore e telenovelas le permettono di partecipare alla vita di altri. Occupandosi in modo ineccepibile della casa e del suo aspetto, spera di ricevere un complimento o uno sguardo d'amore.

I figli di Giocasta e Laio

Edipo riceve l'attenzione esagerata della madre, che si aspetta da lui quello che non riceve da Laio: comprensione, coccole e gratitudine per tutto quello che lei gli offre per "amore". Se Edipo, con astio, glielo nega, prova tutto l'odio che ha accumulato contro Laio e punisce il bambino negandogli l'amore, lo strumento più potente di vendetta. La "soluzione" di Edipo è di far buon viso a cattivo gioco, accettando l'attenzione che gli viene imposta ma restando contrariato interiormente e assente con il pensiero. Vi ricorrerà anche da adulto, nelle relazioni d'amore.

Barbie, lasciata piangere da sola nel suo lettino troppo a lungo, sente di non valere abbastanza per essere amata. Quando piange, si scarica su di lei anche l'odio che la madre ha accumulato contro se stessa a causa della storica sottomissione femminile. Barbie si sente responsabile non soltanto della propria, ma anche dell'infelicità della madre e si darà da fare per non essere di peso, sperando in uno sguardo di approvazione per essere stata "brava".

Invidia – Gelosia – Potere

Laio è geloso dell'intimità tra Giocasta e Edipo. Non esprime la sua gelosia apertamente, ma con la critica per il chiasso dei bambini o il fastidio di non trovare i suoi calzini. Pretende puntualità nel servire i pasti a tavola e la "meritata" pace. Comincia a cercare soddisfazione fuori dalla famiglia, per esempio scalando una montagna in solitario o flirtando con donne del tipo "Giocasta al tempo dell'innamoramento".

Edipo, già cresciuto, diventa il sostituto del partner che manca alla madre. Lei gli confida le sue preoccupazioni e, orgogliosa, compare assieme a lui nelle ricorrenze sociali. Egli reprime l'odio crescente verso la madre, che comincia a diventare una forma di repulsione, che lui nasconde dietro una maschera di convenienza, iniziando a sottrarsi alla madre con spiegazioni apparentemente logiche.

I suoi veri sentimenti si manifestano sotto forma di comportamento macho e oltraggiante verso la donna, o nell'interesse per la pornografia.

Giocasta è depressa e si sacrifica per il bene dei figli e della famiglia. La sua sofferenza si manifesta anche sotto forma di sintomi fisici e dal medico riceve le cure premurose che Laio e la madre le hanno negato. A casa la rabbia accumulata col tempo si trasforma in senso di inadeguatezza, che va a sabotare praticamente tutto quello che potrebbe essere motivo di gioia per gli altri membri della famiglia.

Barbie cerca presto di aiutare nelle faccende domestiche, ma agli occhi della madre non lo fa abbastanza bene. Pertanto diventa "stupida" e si atteggia a "incapace", finendo per comportarsi sempre in questo modo. Come passatempo di seconda scelta riceve una bambola Barbie.

Se cerca rifugio dal padre, la sua insistenza diventa rapidamente insopportabile oppure sarà fin troppo benvenuta, specialmente in una costellazione familiare dove domina la frustrazione sessuale. La bambina può tragicamente confondere l'abuso sessuale con quell'accoglienza amorevole che invano avrebbe voluto ricevere dalla madre.

Senso di abbandono:
Edipo e Barbie, ormai adulti, provano un inspiegabile senso di vuoto

Edipo ha lasciato la famiglia di origine con il proposito di fare meglio dei suoi genitori e di evitare l'escalation di continue baruffe. Si atteggia a indipendente – la miglior protezione contro la vicinanza.

È abituato fin dall'infanzia a nascondere il senso di vuoto e di isolamento con attività di seconda scelta: tiene la sigaretta in bocca con aria strafottente, guida un grosso fuoristrada o una macchina sportiva, cerca riconoscimento nel lavoro, nello sport o nell'associazione.

La donna dei suoi sogni è la più attraente fra quelle che lo ammirano.

Barbie ha difficoltà ad andarsene dalla famiglia d'origine, che per lei significa abbandonare la madre ed è un atto legato a sensi di colpa. Sa che la madre soffre per l'assenza del padre ma è anche spaventata dalla solitudine, dal senso di vuoto e di inutilità – vivere da sola andrebbe a toccare il senso di isolamento provato nell'infanzia. Assieme ad amiche con gli stessi ideali, che si sforzano di essere gentili, attraenti e divertenti, aspetta l'arrivo del principe azzurro.

L'uomo dei suoi sogni è colui che promette successo e sicurezza.

Nostalgia: Edipo e Barbie si innamorano

L'innamoramento è legato al desiderio di ricevere da qualcun altro quello che la madre non è stata in grado di dare durante la prima infanzia. Il partner, uomo o donna che sia, diventa pertanto, per quel che riguarda le emozioni, l'equivalente della madre durante l'infanzia, che ha il potere di dare o negare l'attenzione (il seno).

Edipo si innamora di una Barbie, ovvero di una donna che come la madre cerca tenerezza, fa riferimento a lui per stimare il proprio valore e si appoggia alla sua forza. Egli si lascia corrompere da questo meccanismo, fa il "forte" e gode degli aspetti positivi di essere accudito da una "madre". La sua sessualità si basa sulla prestazione ed è orgoglioso di essere capace di soddisfare sessualmente una donna. I suoi sforzi tuttavia sono spesso ostacolati dall'eiaculazione precoce, cosa che mina la sua autostima.

Barbie si innamora di un Edipo, cioè di un uomo che, come la madre, decida per lei, la avvalori, la critichi. Si dà da fare per essere bella, tranquilla, educata o utile – nasconde la mancanza di stima in sé dietro il trucco e gli abiti sexy. Si prende cura di uomini disordinati, oppure si lascia servire da quelli che danno di propria iniziativa: in sostanza le possibilità di sentire di valere qualcosa sono due. Rapidamente avrà dei bambini e pertanto rinuncia all'istruzione. Si offre sessualmente con la speranza di ricevere un contatto materno.

Delusione:
La relazione di coppia risveglia le antiche paure

Edipo prova presto fastidio per il grande bisogno di amore di Barbie. Ancora non sa di sentirsi come quando, da piccolo, doveva essere a disposizione della madre e accusa Barbie di essere soffocante. Nasconde il suo malessere e si serve delle raffinate armi maschili al di sopra di ogni sospetto: trova giustificazioni fondate e razionali per tenersi lontano. I veri motivi restano all'oscuro, non vengono affrontati e quindi Barbie non ha alcuna ragione tangibile di sentirsi ferita, si lascia convincere e rinuncia ad esprimere il bisogno di affetto.

Edipo anche quando è presente fisicamente resta assente spiritualmente. Si sforza di adempiere agli "obblighi coniugali", poi si gira di schiena e si addormenta. Corteggia e coltiva avventure con donne del tipo "Barbie al tempo dell'innamoramento", che accettano il suo bisogno di libertà. Esse hanno bisogno di essere loro stesse una seconda scelta (l'amante tenuta nascosta) e ne fanno una virtù, illudendosi di essere le favorite.

Edipo e Barbie sono entrambi convinti che tutto si aggiusterebbe se il/la partner cambiasse: se Barbie fosse rilassata e divertente come le sue ammiratrici, allora Edipo sarebbe attento come i suoi cavalieri.

Barbie, in difficoltà per le assenze sempre più frequenti di Edipo, prova il medesimo senso di vuoto dell'infanzia, quando la madre la lasciava da sola. Si lamenta con una faccia delusa quando il suo desiderio di tenerezze – che lei chiama "avere una relazione" – non viene soddisfatto. Per paura di perdere il partner, comincia ad aggrapparsi a lui e a domandargli se la ama ancora. "Naturalmente, altrimenti non sarei qui con te!" sarà la laconica risposta, seguita da un abbraccio, uno sguardo di sufficienza o magari una pelliccia in regalo. Tuttavia tutto ciò è solo una consolazione di seconda scelta mentre il bisogno di contatto rimane insoddisfatto. Barbie comincia a vendicarsi sottilmente, servendosi delle raffinate armi femminili al di sopra di ogni sospetto: non si sente bene quando lui desidera un rapporto sessuale oppure fa finta di avere desiderio o simula l'orgasmo, sperando di ricevere coccole in cambio. Tutti e due non si rendono conto che il mal di testa o il mal di stomaco non potrebbero essere altro che il linguaggio del corpo per la rabbia inespressa.

Le piccole soddisfazioni di Barbie: ricevere complimenti per la sua forma smagliante da ammiratori del tipo "Edipo al tempo dell'innamoramento" oppure lasciarsi corteggiare.

Circolo vizioso nostalgia-soddisfazione

Edipo e *Barbie* sono gelosi degli "amanti" del partner e pieni di odio e invidia per il suo potere di negarsi ma di concedersi ad altri. Soltanto dopo svariati cambi di coppia, Edipo e Barbie si accorgono che, non appena instaurano una relazione stabile, gli stessi sentimenti e conflitti si ripetono anche con gli ammiratori idealizzati. Come la carota davanti alla bocca dell'asino, la relazione soddisfacente resta irraggiungibile.
Chi non vuole guardare le cose in faccia, si adatta tutta la vita alla seconda scelta, che può assumere diversi aspetti:

Circolo vizioso di dipendenza-soddisfazione

La mancanza di senso di appartenenza alla madre nella prima infanzia si fa sempre sentire nel corso della vita sotto forma di inspiegabile nostalgia o cupidigia. Rifiutandosi di andare alla ricerca dell'origine del dolore dentro di sé, preferendo rimuoverlo, si diventa in un certo senso come Laio, che cerca di soddisfare la sua brama al di fuori della relazione con Giocasta servendosi della sua attività per distrarsi da quello con cui non si vuole confrontare. *Edipo* e *Barbie*, diventati una sorta di Laio, trovano una soddisfazione illusoria nel loro ruolo seguendo la vocazione di terapeuta, insegnante, sacerdote, guru o altro senza aver prima rielaborato la sindrome di GioLa, ovvero aver integrato il proprio bambino interiore e i propri traumi originari.
In tale modo finiranno per abusare dei loro clienti/pazienti/allievi o adepti e vivranno con loro quel contatto che si negano all'interno del rapporto di coppia.
Questo fenomeno "indigna gli dei" (*l'inconscio*) che condannano Laio (*l'essere umano)* alla maledizione di essere ucciso (*per esempio disprezzato o tenuto lontano*) dal figlio che poi sposa la "madre".

A seguito della mancanza di senso di appartenenza nell'infanzia:

desiderio di	*soddisfatto o compensato in età adulta con*
venerazione, adorazione	avventure amorose, carriera di leader
ammirazione	moda, automobili
riconoscimento	prestazione, sesso, lavoro
lode	mania di pulizia, lavare bianco più bianco
appartenenza	associazioni, gruppi e sette
essere nutriti	pasticceria, dipendenza da cibo
seno materno	tabacco, rapporti con prostitute
essere al sicuro, vicinanza	madre terra, natura
essere avvantaggiato	approfittare di sconti e svendite
essere prescelto	politica, religione, gioco d'azzardo
sicurezza e potere	esercito, esoterismo, magia
integrità	collezionismo
calore materno	relazioni, alcol, eroina
successo	mentalità da speculatore
possesso di beni materiali	sfruttamento, sistemi di interessi bancari
cura, attenzione	malattie, incidenti
morte	anoressia, suicidio

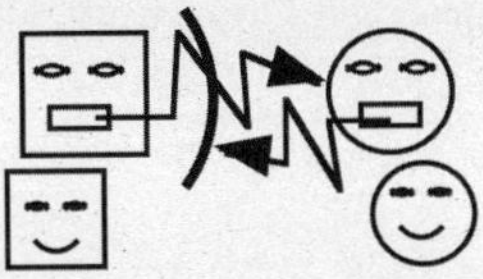

Offrirsi reciprocamente.
Il risveglio emozionale richiede un "tu"

Edipo, all'inizio, deride l'autostima crescente di Barbie e in un primo tempo si difende dalle sue richieste con argomentazioni raffinate, apparentemente logiche, da cui Barbie si lascia imbrogliare. Tuttavia, più lei comincia a fidarsi dell'intuizione e sviluppa la stima in se stessa, più Edipo si accorge della gravità della situazione e comincia a difendersi rabbiosamente. Il conflitto libera in tutti e due l'odio accumulato nell'infanzia e prendono in considerazione soltanto due sole possibilità, l'aggressione o la fuga. A questo punto sarebbe opportuno esplorare altre soluzioni per affrontare gli scoppi emotivi, per esempio accompagnati da una persona competente con il *Lavoro Emotivo e Corporeo*. Soltanto ora, con il sostegno della partner, che invece di andarsene accetta di mettersi in gioco, l'uomo può accorgersi del bambino interiore ferito e bisognoso, nascosto dietro la sua corazza raffinata.

Barbie non è più paziente e indulgente. Supera la paura di venir abbandonata che fin dall'infanzia l'aveva fatta tacere e comincia a esprimere apertamente la sua collera. Scopre, grazie a un lavoro di consapevolezza, i suoi veri bisogni e se ne assume la responsabilità, cioè dice a Edipo esattamente di che cosa ha bisogno, in modo che stare assieme a lui abbia significato anche in futuro. Solo ora che lei riconosce il proprio valore, Edipo si rende conto di cosa perderebbe se lei lo lasciasse. Comincia a considerarla sua pari e si accorge della sua vera bellezza. Tutti e due iniziano a mostrarsi l'un l'altro le loro ferite interiori, non nascondono più il loro dolore ma smettono di renderne l'altro responsabile. Si riconoscono l'uno nell'altro.

Autostima – essere presenti

Edipo e *Barbie* tornano ad avere stima reciproca. Ritrovando il coraggio di restare fedeli, diventano capaci di dire sì o no, e anche di accettare sia un sì che un no. La sessualità sboccia come un fiore e diventa percezione reciproca. La capacità di offrirsi vicendevolmente poggia sul riconoscimento del proprio valore personale.

Qui si dissolve la sindrome di Giocasta-Laio.

Essere adulti – relazione di coppia

Appartenenza

Edipo e *Barbie* portano la loro responsabilità non più come un fardello, bensì come una corona. Ora c'è spazio per i figli, che sono i benvenuti al seno della madre. Edipo e Barbie si lasciano profondamente toccare da loro.

Edipo prende un congedo di paternità e, dopo la nascita, offre a madre e bambino un sostegno attento. Più tardi fa il casalingo part-time, in modo che anche la donna possa riprendere la sua attività professionale.

ALLA RICERCA DELLE MIE RADICI

Sulle tracce della sindrome di GioLa

Edipo si mette alla ricerca

Ora vi descriverò alcune tappe della mia vita per mostrare come, in passato, sia riuscito a superare 'con successo' il disagio interiore. Mi consideravo una di quelle persone che se la sa cavare in ogni situazione[51]: dopo aver raggiunto un buon livello professionale come tecnico altamente specializzato, avevo mollato tutto per essere libero di realizzare ciò che mi stava davvero a cuore. L'attività artigianale e, in seguito, l'impegno sociale mi sembravano lodevoli e non mi accorgevo di come stessi ingannando me stesso. Eppure furono proprio gli avvenimenti, talvolta bizzarri, avvenuti nella 'piazza' di una piccola cittadina del Canton Ticino ad iniziarmi all'arte dell'introspezione del comportamento umano. Gli avvenimenti di cui fui protagonista, assieme alla rielaborazione dei miei traumi primali, mi aiutarono ad estrapolare relazioni che hanno gettato nuova luce su diverse discipline delle scienze umane come la psicologia, la pedagogia, la fisiologia, la sociologia. Vi racconto in breve alcune tappe del periodo in cui cominciò il mio movimento interiore, la mia 'partenza' per così dire, con alcuni esempi che credo possano illustrare efficacemente quale apertura verso la psiche umana si possa raggiungere soltanto grazie a intense esperienze di vita vera.

La cieca fiducia nella tecnologia

Terminati gli studi, trovai impiego come meccanico in un laboratorio di tecnologia nucleare per la costruzione di prototipi. Fui incaricato del montaggio dei tubi a pressione, contenenti gli elementi combustibili di uranio, di un reattore sperimentale. Per far ciò, trascorsi alcune settimane direttamente sul cantiere e alloggiai in un villaggio vicino.

51. Un *Lebenskünstler*, letteralmente un artista della vita. Una persona che ottiene quello che vuole, senza doversi piegare al sistema. N.d.t.

Trascorrevo le serate in compagnia degli operai che si occupavano della saldatura dei recipienti a pressione e degli scambiatori di calore del reattore nucleare. Eravamo soliti passare in rassegna diversi ristoranti fino a notte fonda e alcuni bevevano fino ad ubriacarsi. La mattina, certi operai si presentavano al lavoro ancora sotto effetto dell'alcol e si vantavano delle imprese della sera precedente. In quel caso, erano alcuni operai generici spagnoli ad effettuare l'impegnativo lavoro di saldatura al posto loro. A quel tempo, non mi aveva scioccato il modo poco accurato di occuparsi del montaggio di un reattore nucleare, che doveva rispondere invece a requisiti di assoluta sicurezza, né avevo riconosciuto il malessere profondo degli operai che, lontani dalla famiglia, trascorrevano il tempo libero con l'aiuto dell'alcol.
Avevo ancora una cieca fiducia nella tecnologia, sulla quale adesso posso soltanto scuotere la testa.
Vacanza
Alla fine di questo lavoro di montaggio, presi le ferie e per tre mesi, con una vecchia auto, assieme alla mia ragazza, viaggiai in Anatolia lungo gli antichi sentieri delle carovane. Mi impressionarono il calore umano e l'ospitalità delle persone che, laggiù, vivevano in condizioni molto semplici. Come accadeva di frequente, una notte dormimmo nella nostra macchina, tra cespugli e campi di girasole. A poche centinaia di metri vi era una vecchia fornace polverosa e attorno non si vedeva anima viva.
La mattina, mentre eravamo affaccendati a risistemare i bagagli e i sedili, che avevamo messo fuori per la notte, venne da noi un operaio della fornace passando per i campi. Portava un vassoio di ottone con due minuscole tazzine e ci offriva il tè. La mia ragazza ed io eravamo profondamente commossi di fronte ad un'accoglienza così calorosa e piena di rispetto per il prossimo, in mezzo a quelle lande desolate. In me si risvegliò una profonda nostalgia di calore, sia umano che climatico.
In quel momento, sentii il desiderio di emigrare in un paese del sud, dove un clima caldo e valori umani differenti mi avrebbero permesso di cambiare stile di vita. Accarezzavo l'idea di una vita semplice, che sarebbe stata più in sintonia con i bisogni umani fondamentali rispetto a quella a cui ero fino ad allora abituato. Fu così che iniziò dentro di me una sorta di 'erosione' dei modelli e degli obiettivi, sociali e umani, che conoscevo fino a quel momento.

Elettro-erosione
Spostandomi verso sud, trovai una nuova patria nel Canton Ticino e un nuovo campo d'azione nel reparto sperimentale di una fabbrica di macchinari, di proprietà di una ditta che era leader internazionale nella produzione di attrezzature per l'elettro-erosione. Queste macchine hanno un ruolo importante nell'industria bellica: esse permettono la lavorazione precisa di nuovi materiali, molto duri e resistenti alle alte temperature, necessari alla progettazione e alla realizzazione di razzi e reattori di aerei. Devo ammettere che, a quel tempo, ero orgoglioso di collaborare ad una tecnologia così innovativa ed ero convinto che la produzione di armi servisse anche al mantenimento della pace. Pertanto, svolgevo la mia attività senza alcuno scrupolo e senza pormi ulteriori domande. Inoltre, con una certa faciloneria, ero rassicurato dal fatto che la ditta era 'al di sopra delle parti': aveva relazioni commerciali con i blocchi delle superpotenze al di qua e al di là della cortina di ferro. Ne concludevo che contribuisse a mantenere un equilibrio all'interno del potenziale di dissuasione.
Nonostante questa mia ingenua superficialità, qualcosa cambiò dentro di me e sentii improvvisamente il bisogno di dare un nuovo senso alla mia vita. La mia domanda di riduzione dell'orario lavorativo del 60% fu accolta e, quindi, avevo modo e tempo di dare sfogo alla mia voglia di fare esperienze nuove e inusuali.
Spazi aperti
Per ridurre le spese al minimo, avevo deciso di vivere in un vecchio furgone Volkswagen. Iniziai a intagliare maschere in legno di castagno o di platano e a scolpire figurine e amuleti di pietra che vendevo sul lungolago e al mercato. In quegli anni, sotto le spoglie dell'artista che dipingeva sassi, feci incontri molto variegati, che mi aiutarono a maturare considerazioni importanti. Con quello che guadagnavo durante l'estate, potevo permettermi per il resto dell'anno di dedicarmi ad attività non remunerate, come la ristrutturazione della casa, l'insegnamento del judo o l'accudimento di bambini.
D'estate, seduto sulla mia cassetta di legno, dipingevo i piedi e i volti delle figurine di sassi. A scuola, in educazione artistica, ero stato proprio un disastro e dovetti trovare un bel coraggio per superare le mie inibizioni ed espormi in pubblico, munito di pennello e colori, senza una particolare preparazione. Le statuine avevano tutte dei volti spaventosi – penso che avessero a che vedere con la mia dimensione interiore, che ancora non conoscevo

– e facevano bella figura sui ciottoli di granito, che prendevo dal letto del fiume Maggia. Si vendevano bene, ma non c'era da fare grandi affari, perché richiedevano parecchio lavoro.
La mia era un'attività artigianale e di certo non avevo il livello di un artista, eppure mi sembrava di attrarre le donne in un modo che non avevo osservato prima, quando ero un semplice giovane di città. Notavo che le donne erano particolarmente interessate ad attirare lo sguardo sfuggente di un 'artista' e a cominciare un corteggiamento. Grazie alla mia nuova immagine, esotica per così dire, ebbi molte avventure d'amore, nonostante altre persone mi considerassero un povero emarginato e avessero per me sguardi compassionevoli.

Un giorno, verso sera, venne da me un uomo anziano. Afflitto, con le lacrime agli occhi, si lamentava del fatto che all'inizio aveva messo in vendita i suoi acquerelli sul lungolago a trenta franchi, poi era sceso a dieci franchi, come i quadri a pastello del pittore vicino a lui, che riscuotevano tanto successo. Un acquerello richiede almeno un'ora di lavoro; quel giorno non ne aveva venduto nemmeno uno. Mi chiese se conoscessi qualcuno che lo potesse ospitare quella notte e così lo invitai a condividere con me il furgone e un piatto di spaghetti. Mi raccontò che era stato violinista d'orchestra, ma che aveva dovuto smettere di suonare a causa di un incidente. Per arrotondare la piccola pensione e mantenere la famiglia, aveva cominciato a dipingere. L'anno prima aveva venduto i suoi quadri senza difficoltà, mentre quest'anno non riusciva a trovare acquirenti.
Una folla invece si raccoglieva, regolarmente, attorno all'altro artista, che dipingeva romantici quadri a pastello e li vendeva a dieci franchi l'uno, inclusa la cornice. Instancabile, lavorava da mattina presto a sera inoltrata e si intratteneva volentieri con amici e passanti, tanto conosceva i tratti del disegno a memoria. Spesso chi si fermava a guardarlo dipingere la prima volta faceva addirittura commenti denigranti, eppure, magari all'ultimo giorno di vacanza, comprava almeno uno dei suoi quadri.
Una sera, finito il lavoro, quel pittore mi invitò a cena. Era scalzo; i vestiti, le mani e i piedi tutti pieni di macchie di colore. Con la sua macchina d'epoca di una marca prestigiosa ci recammo in un ristorante di lusso. Il cameriere, cortesemente, sorvolò sul nostro aspetto – anch'io non ero certo elegante, con la mia giacca di pelle di capra lisa! - e ci accompagnò a un tavolo in

bella posizione. Il mio compare ordinò una bottiglia di vino pregiato e un eccellente menù, quindi cominciò a svuotare le tasche. Con mia grande sorpresa, sul tavolo c'erano ben più di cento biglietti da dieci franchi, eppure lui affermava di non aver fatto grandi affari per quell'inizio di settimana.

Nel cuore della notte sentii bussare alla porta del furgone. Era Susanne, con cui scambiavo spesso due chiacchiere alla bancarella. Non si sentiva attratta da me per via della mia attività, ma perché le sembravo degno di fiducia. Io trovavo di cattivo gusto le cortissime minigonne che indossava senza ritegno, le ritenevo volgari e provocanti, però apprezzavo il suo calore umano.
Ora era lì, di fronte a me, bagnata fradicia dalla pioggia e indubbiamente in estrema difficoltà. Sembrava sotto l'effetto di qualche droga o dell'alcol, indossava una casacca di pelle che non copriva le mutande e puzzava di pesce marcio. La invitai ad entrare e ad accomodarsi nell'unico posto dov'era possibile sedersi, il mio letto. Era sconvolta e mi disse, tra le lacrime, che non poteva presentarsi a casa in quelle condizioni. Mi domandò se poteva fermarsi da me per la notte. Ero d'accordo. Mi raccontò che, nel suo bar preferito, notoriamente frequentato anche da spacciatori di eroina, l'avevano invitata per una birra. Senza dubbio vi avevano messo dentro dell'eroina e di birre ne aveva accettate ancora altre. Completamente fuori di sé, incapace d'intendere e di volere, era salita in macchina con alcuni di questi ragazzi che l'avevano portata in un posto che non conosceva e l'avevano violentata.
Parlammo molto quella notte e Susanne mi confidò che il padre aveva frequentemente abusato di lei. Ultimamente era successo che era rientrata tardi e il padre l'avesse picchiata e poi molestata sessualmente. Non opponeva resistenza perché temeva che, se lei si fosse tirata indietro, sarebbe toccato alla sorella minore, proprio come era successo a lei, quando la sorella più grande se ne era andata di casa. Non intendeva sporgere alcuna denuncia per stupro, neanche verso i giovani di quella notte: sua madre non ce l'avrebbe fatta a sopportarlo.
Allora ero ancora inesperto e non sapevo come agire in una simile situazione, accettai di mantenere il segreto. L'indomani accompagnai Susanne a casa. Lasciammo credere ai genitori, che io fossi il motivo per cui era rimasta fuori la notte, così il padre poté scaricare la collera su di me e non su di lei. Ma la mia fermezza e il fatto che sua figlia sembrava avere un alleato lo indussero a moderazione e prudenza. L'intera famiglia, a dire il vero, mi

fece una strana impressione, ma non potevo individuare cosa mi disturbasse. Mi accorsi, tuttavia, di un particolare che mi ricordava due ragazze che conoscevo, entrambe violentate dal padre: la loro bocca! Susanne, la sorella minore e il fratello avevano tutti la stessa espressione sulle labbra.
Ne ebbi la conferma in seguito, quando mi venne a cercare anche la sorella minore. Quello che Susanne temeva era già successo e nel frattempo il tribunale minorile aveva avviato un'inchiesta. Se il padre dovesse o meno andare in prigione, dipendeva ora dalla dichiarazione della sorella più giovane, di quindici anni. La madre la accusava duramente di essere sul punto di distruggere la famiglia e lei provava gravi sensi di colpa. Le diedi l'indirizzo di un ricovero per minorenni dove poteva trovare rifugio e anche utili consigli che io non ero in grado di darle.
Mi sentivo impotente e non sapevo che cosa fare. Rivolgermi alla polizia mi sembrava davvero inopportuno. Oggi, cercherei risolutamente il dialogo con il padre e con la madre.
Dopo questo episodio mi venne la voglia di andare alla ricerca dei motivi di una simile, tragica, costellazione familiare. Susanne mi regalò una vecchia giacca di pelle di capra con le frange, che mi accompagnò durante questo processo di ricerca e che rimase per lungo tempo la mia unica giacca, tenuta assieme con continui lavori di rammendo.

Una sera, grazie a una coincidenza, conobbi Ulla. Aveva quindici anni e voleva andare in una discoteca, ma il buttafuori, per via dell'età, non la lasciava entrare. Allora attaccò bottone con me, per convincermi ad accompagnarla. Mi meravigliò il suo atteggiamento indipendente e sfacciato, che non avevo mai osservato nelle ragazze svizzere. Ballando assieme a lei, mi accorsi che non aveva per nulla paura del contatto fisico e che, tuttavia, non si comportava affatto in modo seducente. A conclusione della serata, mi disse che avrebbe passato volentieri la notte da me. Mi stupii non poco e le chiesi che cosa avrebbe pensato sua madre. Lei rispose, senza batter ciglio, che senz'altro sarebbe stata d'accordo e che le avrebbe telefonato per avvertirla che non sarebbe rientrata. E così fu: per telefono la madre le aveva detto che andava bene.
A quel punto ero davvero curioso e volevo saperne di più su di lei. Aveva una madre fantastica, con cui poteva parlare di tutto. A scuola aveva incontrato enormi difficoltà ed era stata bocciata ben due volte. Così era fi-

nita in una classe di tredicenni. I ragazzi più grandi, però, con cui poteva parlare di cose interessanti, volevano subito andare a letto con lei e questo la metteva in situazioni in cui non si sentiva a suo agio. Era determinata a ottenere il diploma di licenza media per poi diventare assistente sociale. Già da tempo, regolarmente, dava una mano in un ospizio per anziani quando aveva il pomeriggio libero. L'infermiera caporeparto le affidava incarichi di responsabilità, tuttavia non era d'accordo sul fatto che perdesse tempo a chiacchierare con gli anziani. Ma lei non si era lasciata convincere e preferiva piuttosto arrivare a casa un'ora più tardi. Mentre raccontava, dalle sue parole trapelavano una grande maturità e umanità. Nel cuore della notte, ci addormentammo abbracciati e da quel momento iniziò tra noi due un'amicizia duratura. Il giorno dopo la accompagnai a casa, dove la madre ci accolse molto calorosamente: fu un giorno di contatto intenso con tutta la famiglia. La madre di Ulla raccontò che sua madre, un'ottantenne 'prussiana', estremamente disciplinata e severa, che viveva assieme a loro, non tollerava di essere contraddetta, né di sentir pronunciare la parola sessualità nella sua casa. Me ne ripartii carico di calore umano e, da quella volta, ci incontrammo ogni estate in Canton Ticino.
Anni dopo andai in Germania a trovare Ulla, con l'intenzione di dichiararle il mio amore. Speravo di poter condividere la stanza con lei, ma era proprio impossibile farlo davanti agli occhi diffidenti della nonna. Passai, quindi, la prima notte in un'altra camera.
Il giorno dopo io restai in casa, mentre Ulla si recò a scuola. Incontrai la vecchia sulle scale e mi squadrò in modo severo. Mi feci coraggio e le dissi che volevo parlare con lei. Mi invitò a prendere posto in salotto, dove le confidai il motivo della mia visita e le raccontai quanto mi avesse impressionato la maturità della nipote. Conclusi confessando il desiderio di dormire assieme a Ulla, a cui dovevo rinunciare perché la ragazza ci teneva a rispettare le rigide regole di casa.
L'anziana signora non mi guardava più così accigliata e osai chiederle cosa fosse successo a lei, da giovane. D'improvviso, le vennero le lacrime agli occhi e mi raccontò che le era stato proibito di incontrarsi con l'innamorato. Si vedevano solo raramente e di nascosto. La loro relazione, molto appassionata, si era conclusa a causa dell'opposizione di tutta la famiglia. Piangendo, mi disse che trovava bello che le avessi parlato con tanta sincerità; sentiva che tra me e sua nipote c'era un sentimento simile a quello che anche

lei aveva desiderato. Aggiunse che sarebbe stata contenta se avessi trascorso la notte – l'ultima prima della partenza – assieme a Ulla. Ero profondamente commosso e felice.
Ma Ulla fu visibilmente infastidita da quella notizia e mi confessò di provare soltanto affetto per me e non attrazione sessuale. Nel frattempo, aveva trovato un fidanzato e voleva restargli fedele. La situazione era tragica e comica allo stesso tempo. Mi accorsi che anche lei, come me, era profondamente commossa e passammo la notte semplicemente abbracciati, come era già successo.
La strana novità era che, per tutto il viaggio di ritorno, continuai a rallegrarmi del fatto che noi tutti, compresa la nonna, uscivamo vincitori da quella situazione. Tutti avevamo potuto esprimere sentimenti, emozioni e desideri e nessuno era stato calpestato nella sua dignità.

L'anno seguente ero di nuovo là sul lungolago, seduto sulla mia cassetta. Nel frattempo la mia abilità a dipingere era parecchio migliorata e avevo raccolto al mare ciottoli piatti che, appesi ad una striscia di cuoio, sembravano proprio dei gioielli. Li decoravo con tutto ciò che i clienti domandavano: segni zodiacali, marche di motocicletta, falce e martello, croci, cuori rossi, fiamme fasciste.
Un giorno, un vecchio dalla lunga barba, vestito con una camicia bianca e con al collo una croce tempestata di diamanti e le dita piene di anelli, mi ordinò dodici ciondoli con la croce cristiana; proprio in quel momento un bambino chiamò i suoi genitori, tutto entusiasta, indicando il cuore rosso che desiderava come souvenir della vacanza. La scena che seguì mi impressionò fortemente. La madre, sconvolta, strillò che doveva lasciar perdere simili sciocchezze, un cuore non è adatto ad un maschio. Il bambino ribatté che, anche se era un maschio, gli piaceva molto. Allora si intromise il padre che propose in alternativa un ciondolo con il simbolo della Harley Davidson, quello sì adatto a un maschio. Ma il bambino insistette con veemenza. La madre, tutta arrabbiata, ripeté che un cuore proprio non andava bene e che doveva scegliere un ciondolo che gli piacesse sul 'serio'. Il bambino, irremovibile, ribadì più volte che, tra tutti quelli esposti, era proprio il cuore a piacergli di più. Andò avanti così finché il padre prese un ciondolo con un cuore più grande e, con impazienza, sentenziò che – se proprio doveva essere un cuore – allora avrebbe preso il più grosso. Infilò la collana al figlio

che piangeva, mi gettò i soldi e se ne andarono in gelateria.
Mi sentii come se mi fossi appena prostituito. Ero sconvolto, tutto mi era parso molto familiare, ma non capivo da dove provenisse quella sensazione. Soltanto molto più tardi, durante sedute terapeutiche, ritrovai l'accesso ad episodi analoghi che avevo vissuto nella mia infanzia.
Tutte queste esperienze mi hanno reso curioso su quello che si nasconde dietro questi comportamenti di seconda scelta e dietro il valore dato agli status symbol. Io stesso avevo scelto quello stile di vita alternativo per darmi una certa immagine e ora volevo proprio capire perché. Inoltre in quel periodo avevo cominciato a partecipare alla creazione di una comunità[52] e le esperienze raccolte con la convivenza e con i bambini mi hanno indirizzato ancora di più verso una professione in campo sociale e terapeutico.

52. Si veda *Vivere e lavorare in comunità.*

LA TERAPIA PRIMALE[53]

Di uno che partì per diventare terapeuta

Nonostante l'apparenza di un giovane uomo che faceva quello che voleva e i cui amici credevano che sapesse tutto, non ero ancora riuscito a trovare un senso della vita che mi soddisfacesse davvero. Furono i bambini, con la loro freschezza e la loro curiosità, a fornirmi indicazioni decisive sulla direzione da prendere. Essi, infatti, non lasciano nulla d'intentato per portare la verità alla luce del sole. Innanzitutto, grazie ai loro impulsi, nacque in me il desiderio di vederci chiaro in me stesso, prima di intraprendere un percorso formativo come terapeuta. Con questo obiettivo, partecipai a un gruppo di autocoscienza orientato alla Terapia primale.
Contrariamente agli altri partecipanti, all'inizio non rivissi alcun episodio della prima infanzia. In modo molto raffinato, mi difendevo ancora dalle mie emozioni. Mi nascondevo soprattutto dietro l'ideale della liberazione sessuale, promosso delle teorie marxiste, umaniste e neoreichiane. Mi impressionarono però le forti reazioni emotive e corporee degli altri, così inusuali per me: la mia capacità di esprimere sentimenti ed emozioni era, all'epoca, alquanto limitata. Mi parve fosse la prova dell'efficacia della Terapia primale, che mi avrebbe permesso di superare i blocchi mentali e liberarmi di tutte le costruzioni teoriche che criticavano la società. La Terapia primale è un metodo brevettato dallo psichiatra americano Arthur Janov[54], che permette di rivivere esperienze traumatiche della prima infanzia spingendosi fino alla nascita e alla vita prenatale. Per arrivare a questo risultato è necessario un lungo processo, durante il quale sono stato accompagnato da terapeuti diversi, tutti orientati a metodi di psicologia umanista[55].

53. Nonostante il termine correntemente usato per Primaltherapy sia in Italia "Terapia primaria", reputo che "Terapia primale" sia preferibile e più vicino all'originale. Ovviamente, primale è un neologismo, in italiano come in inglese. N.d.t.
54. Janov Arthur, *The primal scream*, Putnam, 1970.
55. Esponenti di questo movimento sono stati Fritz Perls (Gestalt), Alexander Lowen (Bioenergetica), Arthur Janov (Terapia primale), Eric Berne (Analisi transazionale), Jacob Levi Moreno (Psicodramma).

Fin dalle prime sessioni, mi fu chiaro che per procedere non erano richieste le capacità che fino ad allora avevo coltivato. Mentre altri partecipanti urlavano in preda a intense sensazioni di dolore, io cercavo di spiegare – appoggiandomi a nozioni teoriche orientate a Reich – chi ero e quale era la mia immagine di una vita ideale. Lentamente si insinuò in me la domanda: ma ho davvero bisogno di una terapia?
Dopo due settimane di 'insuccesso', tutto infastidito il terapeuta mi chiese per quanto tempo ancora volessi continuare a filosofeggiare. Temetti che mi mandasse via. Gli risposi che mi sentivo incapace e lui mi suggerì di assumere una posizione corporea che esprimesse il mio stato d'animo in quel momento. Mi misi subito accovacciato, con le mani sulla testa per proteggermi, e questa posizione mi riportò d'un tratto alle situazioni vissute da bambino in cui, seduto sul vasino, non capivo che cosa si volesse da me. Una dopo l'altra, mi emersero alla coscienza alcune immagini interiori. Per esempio: mia madre vuole insegnarmi a usare il vasino, ma io non ho nessuno stimolo. Quando se ne va in cucina a preparare il pranzo, finalmente ci riesco. Tengo – letteralmente – in pugno quella sostanza marrone, e, al colmo della felicità, la agito nell'aria. Oh, come si lascia modellare bene! Tutto d'un colpo, vengo brutalmente strappato alla gioia delle mie scoperte. Vengo sculacciato, maneggiato con rabbia, infilato nel pannolino e, infine, mi ritrovo disteso nel lettino. Mi sento come narcotizzato e infinitamente solo.
Un'altra scena: di nuovo seduto sul vasino, i miei sforzi erano accompagnati dai commenti, a volte incoraggianti e a volte minacciosi, di mia madre. Ero tutto intimorito e passavo dal tentativo di rilassarmi per urinare, al blocco totale che mi impediva di farlo.
Quando soddisfacevo le richieste di mia madre, ero 'amato' e lodato. A livello inconscio, questo meccanismo si trasformò in un modello che 'funzionava' nelle relazioni umane. Le mie 'creazioni' (i risultati) mi permettevano di essere apprezzato, avere un gran numero di amici e successo professionale. Su tutto questo potevo fare affidamento, fino all'inizio della terapia.
Ma a partire da quel momento, ero finito in trappola: solo l'idea che ci si aspettasse da me qualcosa (che dovessi avere delle sensazioni), fu in grado di bloccarmi per due settimane. Io, che in realtà ambivo a diventare un terapeuta, mi ritrovavo sotto le spoglie di un bambino piccolo e indifeso, seduto sul vasino, incapace di lasciar uscire quello che gli veniva chiesto. Sentii di

non avere via di scampo di fronte al senso di vuoto, alla disperazione e alla solitudine che provavo.
Dopo numerose sessioni, divenne chiaro il denominatore comune di tutto il mio vissuto: il senso d'impotenza e la lotta per restare fedele a me stesso. Si tratta di episodi sovrapponibili tra loro dal punto di vista emozionale[56], dietro ai quali si cela il trauma della separazione dalla madre, vissuto nella prima infanzia. Simili episodi, stratificati uno sull'altro in modo olografico, sono molto significativi per le persone che, come me, vivono nella certezza di essere cresciuti in condizioni assolutamente normali.
Di regola, nel corso di un processo di autocoscienza, i primi a riemergere sono gli avvenimenti della tarda infanzia. L'accesso a livelli di consapevolezza più profondi si apre soltanto dopo aver espresso i sentimenti correlati agli episodi più recenti. Così, piano piano, diventa possibile riconnettersi agli eventi primali risalenti alla prima infanzia, e, infine, al momento del (mancato) imprinting. È facile lasciarsi trarre in inganno e quindi interrompere prematuramente il processo di regressioni, nella convinzione di aver trovato il trauma primario. Il fatto che esso, a volte, sembra situarsi nella vita prenatale, rende l'inganno ancora più insidioso. **In base alla mia esperienza, posso affermare che il dolore legato al mancato imprinting è incommensurabile. Esso è così insopportabile, che si fa di tutto per evitare di farlo riemergere**. È necessario riconoscere l'importanza del primo contatto multisensoriale con la madre, che costituisce un continuum tra l'accoglienza riservata al bambino dal concepimento in poi, per tutta la vita. Se esso non può aver luogo, del tutto o parzialmente, si crea una lacerazione interiore che intacca la voglia e la gioia di vivere, il senso di appartenenza, il senso di fiducia originario. Le conseguenze sulla salute e sul comportamento sono enormi.

Sentimenti non espressi

Dall'età di sei anni ho sofferto per una forma di prurito anale. Esso mi tormentava la sera, dal momento in cui mi mettevo a letto, ed era così insopportabile da farmi perfino piangere. Non eravamo riusciti a trovare alcun rimedio.

56. Descritti anche in *La prima ferita, L'abbandono*, pag.116.

Nel corso della mia terapia, un giorno potei (ri)vivere l'odio terribile che avevo provato per mio padre, e che non avevo mai espresso: emerse una scena di famiglia, nella quale ero seduto a tavola a fianco di mio padre, poco dopo essere stato picchiato da lui. Non osavo dirgli quanto trovassi ingiuste quelle percosse e, proprio come un cane bastonato, abbassavo la coda. Dopo aver rivissuto quella scena, fece la sua ricomparsa anche il prurito anale, che non mi lasciò in pace neanche le notti successive. In seguito, durante la terapia, arrivò il momento in cui non potei più sopportare e sfogai contro mio padre (rappresentato da uno dei cuscini di fronte a me) tutto l'odio accumulato negli anni, facendolo a pezzi in modo bestiale. A partire da quest'esperienza, il disturbo è scomparso per sempre. Mi sembrò evidente che, per reprimere l'odio, contraevo i glutei e l'accumulo di sangue mi causava prurito. Dopo aver espresso la rabbia e l'odio, venne alla luce molta disperazione e, finalmente, grazie a ulteriori incontri terapeutici, giunsi di nuovo a riconoscere l'amore – sepolto – che provavo per mio padre e a rappacificarmi con lui.
Durante l'infanzia avevo il naso perennemente chiuso ed ero costretto a respirare sempre con la bocca, anche quando non ero sotto sforzo. In seguito a una polmonite, mi si formò una macchia sui polmoni. Ero, inoltre, soggetto ad angine e mi tolsero le tonsille, senza peraltro ottenere un miglioramento. A tredici anni fui operato di adenoidi; fu un enorme sollievo per me, poter infine respirare con il naso. Purtroppo solo passeggero, dato che tre mesi dopo tutto era di nuovo come prima.
Erano anni che non riuscivo più a piangere, finché scoppiai finalmente in lacrime, disperato, durante una seduta terapeutica. Immediatamente mi si liberò il naso, ma tornò a chiudersi nei giorni seguenti. Fu soltanto dopo aver rivissuto fino in fondo i momenti immediatamente seguenti la mia nascita, che il naso si liberò definitivamente, anche durante sforzi fisici. Come tante persone nella cultura occidentale attuale, ero stato lasciato da solo e avevo pianto fino ad esaurimento totale delle forze. Alla fine, mi ero rassegnato all'idea che mia madre non sarebbe più tornata. **I sentimenti provati per la separazione temporanea dalla madre, sono identici a quelli che si provano in caso di morte della madre. Il gesto di allontanare il neonato dalla madre, un gesto banale, di routine, effettuato con buone intenzioni per accertarsi dello stato di buona salute del neonato, viene percepito dal neonato in modo totalmente diverso. Per lui, questa condizione equivale alla più grande tragedia: l'assenza della madre è associata al**

rischio di non essere accuditi e quindi di non poter sopravvivere. La risposta biologica è quella prevista in caso di massimo stress.

Alla nascita: mancanza di via d'uscita e stress

Fino a un certo punto della mia vita, sono stato in grado di fornire le prestazioni migliori sempre e solo se agivo sotto pressione. Sotto stress, potevo dare tutto me stesso e mobilizzare forze che, altrimenti, non sarebbero state a mia disposizione. Non ero ancora conscio del fatto che la fretta che accompagnava tutte le mie azioni e l'impulso a raggiungere rapidamente l'obiettivo potevano essere correlati alle esperienze traumatiche vissute alla nascita. Un giorno, come al solito, stavo guidando di fretta, quando cozzai contro una macchina in retromarcia che si trovava sulla mia carreggiata dopo un dosso. Frenare di colpo non servì a niente. In un solo secondo fui pronto a lasciarmi morire. Percepii ogni minimo dettaglio, fino alla collisione e poi precipitai in un buco nero: come uno spettatore, da fuori, mi vidi uscire illeso dal veicolo completamento distrutto e muovermi libero dalla forza di gravità. Poi, con le gambe tremanti, tornai di nuovo nel mio corpo.
Durante il percorso di autocoscienza, potei rivivere gli ultimi attimi prima dell'incidente: il senso di panico, la mobilitazione di tutte le mie forze accompagnata da un aggressivo ruggito animale, l'assenza di una via d'uscita, il sacrificio di me stesso. Dopo queste sensazioni, mi sentii catapultato in un luogo pieno di leggerezza, dove venivo portato ed ero al sicuro. Era un luogo al di fuori del tempo e non vi era alcuno stress. Ma, ben presto, lo spazio diventò sempre più angusto ed ebbi la sensazione che stesse per succedere qualcosa che non ero ancora in grado di comprendere. Sentii un'oppressione al petto e mi fu chiaro che era arrivato il momento di lasciare quel luogo, in cui mi sentivo tanto al sicuro. Mi facevo strada in direzione dell'uscita, aiutandomi con i movimenti del mio corpo, ma percepivo una sorta di resistenza. Tutto si stringeva attorno a me. Non era possibile tornare indietro: anche lì, dove prima stavo comodo, ora non c'era più spazio. Non mi restava altro che proseguire. Più mi impegnavo con tutte le mie forze, più aumentava il senso di oppressione per quella resistenza. Era impossibile fare dietro-front. Mi balenò un'intuizione: "Mia madre si oppone disperatamente al dolore del travaglio, proprio come io cerco di sfuggire al senso di oppressione". Mi

mancava l'ossigeno e, in preda alla disperazione, ricorsi a tutte le mie forze per farcela, ma anche mia madre lottava con tutta se stessa contro il dolore, vale a dire contro di me. "Io e mia madre lottiamo l'uno contro l'altra. È una questione di vita o di morte: o io o lei". A questo pensiero, fui trapassato da un dolore spaventoso[57]. D'istinto, mi restò un solo obiettivo, quello di raggiungere la luce e l'aria. Ma tutti i miei sforzi erano vani. Mia madre non si lasciava andare e io restai bloccato con la testa di fuori. Morire soffocato mi sembrò inevitabile. Caddi – come nell'incidente di macchina – in un buco nero, persi conoscenza ma alla fine sono sopravvissuto.
In seguito, parlando con mia madre, mi ha detto che aspettava il momento del parto con grande paura per il forte dolore e che proprio quella paura l'aveva fatta irrigidire, impedendole di lasciarsi andare. Era una donna che aveva, tra l'altro, poca fiducia in se stessa e si affidava completamente a ciò che le veniva raccontato, in questo caso correlato alla nascita.

Esperienze traumatiche nel grembo materno

Da adulto, con il passare del tempo, la sensazione che la vita non avesse senso, perché la felicità era irraggiungibile, si fece sempre più forte in me. Ogni volta che c'era una festa, l'impressione che tutto prima o poi sarebbe finito, specialmente sul più bello, mi impediva di partecipare con gioia. Durante un ritiro intensivo di alcune settimane, nell'ambito del lavoro di autocoscienza, l'emergere di questo senso di profonda rassegnazione fu accompagnato da strane sensazioni fisiche: la gamba sinistra si gonfiò e divenne insensibile, come un pezzo di legno; nell'orecchio sentivo un rumore continuo, tipo quello di una sega circolare. Questi disturbi durarono parecchi giorni, fino alla sessione di regressione, in cui mi ritrovai sotto una cupola trasparente, da cui sentivo un grido di panico: "Una bomba!". Come in un film, vidi un uomo con pantaloni neri e camicia bianca correre lungo il recinto verso il bosco. Ad un certo punto, vi fu un colpo incredibile e persi i sensi – forse ero morto? Mi accorsi che lì attorno tutto era in fiamme e regnava la confusione

57. Interessante notare come questa testimonianza solo in apparenza ripropone l'inevitabilità del trauma della nascita, per la perdita del 'paradiso uterino'. Essa porta l'attenzione al reale problema: la relazione tra madre e bambino. Se è caratterizzata da mancanza di unione e conflitto, vi possono essere tragiche conseguenze al momento della nascita. C'è ancora un trauma, quando madre e bambino agiscono in sintonia e in comunione d'intenti? Quando il bambino avanza e la madre lo lascia emergere? N.d.t.

assoluta. Ululavano le sirene (non era, quindi, il rumore di una sega circolare). D'un tratto mi apparve il numero 'tre'. Che significasse tre mesi prima della mia nascita? Mi ricordai all'improvviso, ma in modo vago, che mia madre mi aveva raccontato, una volta, del bombardamento sulla fabbrica dove lei lavorava, nei pressi di Schaffhausen. Fui sommerso da un senso di grande serenità. Si trattava di un episodio realmente accaduto, in cui avevo provato tanta paura. Mi era chiaro che, d'ora in poi, la mia gioia non sarebbe stata più offuscata dal timore, che tutto sia destinato a finire di colpo, a causa di un evento tragico inevitabile.

In seguito raccontai a mia madre quello che avevo (ri)vissuto. Ne fu meravigliata. Mi raccontò che alcune bombe erano realmente cadute sulla fabbrica, quando lei era al primo mese di gravidanza (tre settimane, per l'esattezza!). A causa dello spostamento d'aria causato da una bomba, lei fu catapultata contro lo spigolo di un tavolo, restando illesa. Era sorpresa di quanto i miei ricordi corrispondessero esattamente alle sensazioni che aveva provato allora. Anche lei, proprio come me, aveva visto il suo superiore correre verso il bosco.

Questo episodio può dare un'idea concreta di quanto la vita sia già presente nel periodo embrionale.

RICERCHE NEL PROFONDO DELL'ANIMA

L'accettazione di tutti i sentimenti

Gli anni di convivenza con la mia compagna Ines sono stati molto significativi e mi hanno aiutato a prendere coscienza dei meccanismi che regolano la relazione di coppia. Vivemmo assieme molti momenti di grande bellezza e intensità. Proprio per questo motivo, quando ci scontravamo, il dolore che provavamo era immenso e sentivamo in pericolo il nostro amore, eravamo consapevoli che si stavano riaprendo le ferite risalenti alla prima infanzia. Nel corso della nostra relazione, avevamo stabilito di fungere da specchio l'uno per l'altro e ci siamo scandagliati in profondità, fino a dove siamo riusciti a spingerci. Ci siamo impegnati, in un modo radicale e sincero, per riappropriarci di quello che era profondamente sepolto dentro di noi e che emergeva, subdolamente, dal nostro modo di interagire l'uno con l'altra.
Andarsene quando una situazione diventa insopportabile è un atteggiamento comunemente accettato nella società occidentale contemporanea. Ines e io volevamo scoprire con esattezza che cosa accade, piuttosto, tra due esseri umani quando non se la 'svignano' e decidono di affrontare la difficoltà. Per esempio, passavamo la notte assieme, nello stesso letto, anche quando la situazione tra noi era molto tesa. Volevamo verificare se, partendo da un'interazione carica d'odio, fosse possibile ritornare a una relazione di amore reciproco.
Inoltre, volevamo investigare che conseguenze avesse impostare il comportamento quotidiano sulla base degli impulsi, delle proiezioni e dei bisogni personali. Ci siamo molto interessati alla tendenza diffusa, nella cultura europea, a nascondere i sentimenti spontanei dietro spiegazioni logiche e razionali. Volevamo andare alla radice di questo fenomeno, fidandoci del nostro primo istinto. Ci sembrò che il patto di non rivolgerci la parola per un mese intero, offrisse uno scenario adeguatamente provocatorio. In quel periodo fissammo un'unica regola: incontrarci a mezzogiorno in punto, sulla collina

sopra la nostra casa, e cantare assieme una semplice vocale per un quarto d'ora. Questo con qualsiasi condizione meteorologica, sotto la pioggia, il sole cocente e in caso di tempesta. L'assenza di comunicazione verbale fece sì che ognuno di noi prendesse le sue decisioni autonomamente, badando principalmente al suo interesse. Il nostro tempo e le nostre forze erano limitate ed eravamo obbligati a ridefinire continuamente le priorità. Spesso non sapevamo dove l'altro passava la giornata, quando sarebbe tornato a casa, se sarebbe andato a fare la spesa, se voleva concedersi una giornata di ozio invece di occuparsi di diserbare l'orto. Ogni giorno si ricominciava dall'inizio: ognuno di noi doveva assumersi la piena responsabilità di ciò che gli premeva e, spesso, questo non corrispondeva affatto ai desideri dell'altro. Nonostante ciò, avevamo di continuo sorprendenti gesti di solidarietà e attenzioni amorevoli, che ci restituivano la nostra dignità. Incessantemente dovevamo fare il 'primo passo', al servizio del rispetto e dell'amore.
In quel periodo, a mia insaputa, Ines gettò nelle immondizie una buona dozzina di vecchie audiocassette che avevo composto per usarle nel lavoro. Era un vero attacco alla mia sfera privata, cosa per me terribile. Non era la prima volta che accadeva qualcosa del genere; in passato la spiegazione era stata: "Se tu mi abbracciassi più spesso, non avrei motivo di comportarmi in modo così scorretto!". Era ovvio che in Ines parlava una piccola bambina delusa che si rivolgeva alla madre.
Potevo a malapena trattenere la rabbia, quando mi incontrai con lei come al solito per cantare. Dentro di me, covavo cupi pensieri di vendetta. Ero deciso a ferire Ines così come lei aveva ferito me, subito dopo il canto. Ne avrei dato un chiaro segno materiale. Volevo danneggiare qualcosa a cui lei teneva, affinché si rendesse conto delle conseguenze delle sue azioni. Se non avessi riversato la mia collera su un oggetto, sapevo che essa si sarebbe manifestata nel rifiuto di contatto fisico e di tenerezza, cosa che volevo proprio evitare.
Appena finimmo di cantare, Ines ruppe il silenzio, esclamando: "Hai sentito? La tua voce era come quella di un angelo!". Non avevo notato niente di speciale; sapevo dell'esistenza di toni armonici, ma non avevo idea di come si originassero. Inoltre, come potevano uscire dalla mia bocca voci angeliche se complottavo progetti diabolici?
La sera mi lasciai cadere a fianco di Ines, stanco morto dal lavoro quotidiano che richiedeva Donè, la nostra casa – un luogo di incontro con giardino, in

mezzo a una radura in pendenza immersa nel bosco. Ines si accoccolò vicino a me. Era piacevole, però non avevo la forza né la voglia di ricambiare il suo abbraccio. Avevo bisogno di mezz'oretta libera per me, senza fare niente. Questa situazione, ovviamente, risvegliò le vecchie ferite di Ines, che d'un tratto mi morse al petto, sia perché era regredita all'infanzia, sia perché, come pattuito, aveva seguito il primo impulso. All'inizio restai tranquillo; già da un po' di tempo, in situazioni simili, non la allontanavo più da me. Intanto il senso d'impotenza e la disperazione si propagavano nella ferita profonda che entrambi portavamo dentro di noi. Al terzo morso, la mia indulgenza era finita e la avvertii che, da quel momento, le avrei fatto male anch'io. Quando, nonostante l'ammonimento, mi morse ancora, sentii montare dentro di me un odio feroce. Io, un insegnante di Aikido che predicava la non violenza, la presi, la distesi sulle ginocchia e le percossi il sedere rabbiosamente. Era una caduta rovinosa, tuttavia mi ci abbandonai completamente. Al colmo della disperazione, ritrovai la mia dignità e tutto il mio amore per Ines. Proprio lo stesso era successo anche a lei! Riconoscemmo il piccolo bambino ferito che si manifestava in ognuno di noi e ci abbracciammo con trasporto. Maggiore era la tragedia tra di noi e più riuscivamo a sentirci vicini.

Mi resi conto di non riuscire affatto a essere superiore a tutto, come avevo creduto fino ad allora. La richiesta di Ines, che desiderava un contatto affettuoso con me, e la sua reazione di fronte al mio atteggiamento passivo avevano risvegliato il mio trauma neonatale. Da piccolo, essere semplicemente me stesso non era stato sufficiente e avevo dovuto fare qualcosa di preciso per convincere mia madre del suo valore: soltanto così mi meritavo il suo 'amore'. L'odio che avevo provato nella prima infanzia era esploso violentemente di fronte alle richieste di Ines. Anche in lei era emerso il suo trauma neonatale: voleva essere tenuta in braccio amorevolmente e sentirsi desiderata! In un certo senso, era come se l'uno custodisse la verità interiore dell'altro.

Solo molto più tardi giunsi alla conclusione che, picchiandola, avevo evitato il confronto con un sentimento sepolto ancora più profondamente, che non volevo riesumare per nessuna ragione al mondo: il senso di totale impotenza che avevo vissuto da neonato.

La reazione di fronte al mio racconto potrebbe essere di indignazione: non è giudicato civile lasciarsi andare a manifestazioni così rozze di violenza.

Eppure, in base alla mia lunga esperienza con il Lavoro Emotivo e Corporeo, posso affermare che, dietro i comportamenti tipici della maggior parte della coppie, si nasconde proprio quel tipo di impulso a picchiare, riconducibile alla prima infanzia. Ecco alcuni esempi di comportamento anomalo che non hanno nulla a che fare con una relazione d'amore equilibrata: restare assenti interiormente, non avere tempo da dedicare al partner, l'indifferenza, un atteggiamento eccessivamente critico, il ferimento continuo e subdolo della dignità personale, la mancanza di desiderio sessuale, il boicottaggio economico, l'incapacità a essere solidali. Questi atteggiamenti possono essere un modo, mascherato, per sfogare la rabbia repressa e vendicarsi delle ingiustizie subìte durante la prima infanzia.
Il giorno seguente, di nuovo Ines esclamò entusiasta appena finito di cantare: "Hai sentito? Un intero coro di voci angeliche!". E io, di nuovo, non mi ero accorto di niente!
Infine, l'indomani, anche le mie orecchie si aprirono di fronte ai nostri toni armonici. Ero sorpreso, come avevo fatto a non riconoscerli prima?
Eravamo in difficoltà e in conflitto anche in un altro campo: Ines mi accusava spesso di non essere sufficientemente sensibile alle sue esigenze nel nostro contatto fisico. Durante un massaggio, il mio modo di toccarla le risultò sgradevole e decidemmo di andare ad esplorare cos'era successo. Lei guidò la mia mano per mostrarmi come avrebbe voluto essere toccata e con sorpresa si dovette rendere conto che era esattamente come avevo fatto io. Eppure, nonostante i movimenti fossero identici, in un caso provava fastidio, nell'altro piacere. Capimmo che io rappresentavo per lei la madre durante l'infanzia e risvegliavo le sensazioni vissute quando era stata toccata senza sensibilità. Eravamo profondamente colpiti dagli effetti devastanti, a lungo termine, di una mancanza sofferta nella prima infanzia. Ci risultò anche del tutto chiaro come nella sessualità siano in azione meccanismi simili, dovuti ad una proiezione. L'effetto è paragonabile a quello, banale, del solletico: non avviene nulla se ci si tocca da soli, si sobbalza soltanto se è qualcun altro a farlo.
Per anni restai convinto del fatto che il problema fosse soltanto il conflitto irrisolto di Ines e che la mia tendenza a non desiderare il contatto fisico se ero stanco, quando era lei a chiederlo con insistenza, fosse del tutto legittima e normale. Le situazioni che vivevamo non andavano per nulla a intaccare la mia autostima e la fiducia nella mia prestanza e virilità. Apparentemente

avevo tutto il diritto di prendermi del tempo per me se ne avevo voglia e anche di non avere sempre desiderio di un contatto fisico. In seguito, compresi che questo comportamento dipendeva dal fatto che non ero più in contatto con me stesso e mi sentivo sotto pressione come quando, da bambino, mi veniva chiesto di fare la pipì[58]. Il risultato era che mi bloccavo e non ci riuscivo. Di fronte alla richiesta di Ines, mi sentivo allo stesso modo 'obbligato' a dover provare attrazione fisica e la reazione era la stessa! Soltanto anni dopo compresi che anch'io, inevitabilmente, mi trasformavo in aggressore nel momento in cui ricorrevo al potere di negarmi. Me ne rendo conto ancora meglio ora che scrivo queste righe. I nostri desideri erano inconciliabili. Dover ammettere che non ha scopo aspettarsi dal/la partner quello che la madre, durante l'infanzia, non è stata in grado di dare, fu doloroso per entrambi. Quando, in seguito, le nostre strade si divisero, custodivamo dentro di noi un grande regalo. Avevamo compreso, e ne eravamo consapevoli, che c'è un'unica possibilità per trovare la pace interiore: riconoscersi nel dolore del partner e smettere di considerarlo responsabile per il proprio dolore.
Fu solo anni dopo la fine della nostra relazione che ascoltai i racconti di alcuni miei familiari e fui in grado di riconoscere le correlazioni all'interno della mia genealogia. Scoprii allora fino a che punto Ines e io fossimo legati in modo trans-filiale[59]! Infatti, continuamente, assumevamo in modo inconscio uno di fronte all'altro ruoli espiatori, accettando la colpa che ci assegnavamo l'un l'altro, nonostante non avesse per nulla a che vedere con noi. Si trattava proprio di un processo di espiazione, inconscio, per ingiustizie avvenute generazioni prima nelle nostre famiglie, che continuavano a esercitare un'influenza catastrofica in noi e su di noi. In questo modo, però, l'ingiustizia non fa che perpetuarsi senza risolversi.
Alcuni aspetti della mia costellazione familiare possono fare luce sull'origine dei nostri conflitti: mia madre si era fidanzata con un uomo che amava molto. La sua decisione di lasciare la casa paterna e prepararsi al matrimonio sfociò in un conflitto. Mio nonno, il quale reputava che quell'uomo non fosse all'altezza della figlia ed era contrario al matrimonio, riversò tutto il suo odio sulla nonna, che invece era favorevole: la picchiò con una sedia e la minacciò con un coltello da cucina. Appena mia madre lo venne a sapere, temendo per l'incolumità della nonna, ritornò a casa e il fidanzamento fu

58. Si veda *Amore e sessualità.*
59. Si veda lo schema *Trasmissione trans-filiale* in *Appendice.*

sciolto. In seguito, mia madre conobbe mio padre. Il nonno lo accettò e si festeggiò il fidanzamento. Ma, sfumato l'innamoramento iniziale, mia madre si rese conto di non amarlo affatto. Iniziò a tirarsi indietro di fronte a lui e la loro relazione divenne tesa. Quando il nonno venne a sapere che mia madre stava pensando di sciogliere il fidanzamento, minacciò di ucciderla. A mia madre, inoltre, il matrimonio con mio padre sembrava l'unica possibilità di lasciare la casa paterna senza che la nonna rischiasse di venir nuovamente maltrattata. Mia madre, quindi, si offrì in sposa mossa dalla paura delle conseguenze di un suo rifiuto. In un certo senso, io sono stato il sigillo di questo matrimonio e la garanzia che i miei genitori, dovendosi occupare di me, non si sarebbero mai separati. Fin da piccolo percepii quest'inganno, mentre mio padre per molti anni ancora ne restò all'oscuro. Si era accorto, certo, di non essere amato, ma teneva in piedi il matrimonio in nome del valore morale della fedeltà e anche per la paura di restare solo. Restarono insieme anche quando non ebbi più bisogno di essere mantenuto.
Da adulto mantenni 'antenne' particolarmente sensibili alle trame nascoste. Ero convinto di riconoscerne anche nel comportamento di Ines: a mio avviso, la sua ricerca di contatto fisico si riferiva alla madre, al tempo dell'infanzia, e non a me. Mentre ai miei occhi, la sua proiezione era palese, restavo cieco di fronte alla mia ed ero sinceramente convinto di essere dalla parte del giusto quando discutevamo se era comparsa prima la gallina (il mio senso di oppressione) o l'uovo (il suo bisogno di essere abbracciata). Mi sembrava legittima la mia reazione carica di odio e non vedevo come, in realtà, lei ricevesse tutto il risentimento che, solidale con mio padre, avevo accumulato contro mia madre. Riconoscere di essere non solo complice ma addirittura implicato in prima persona mi risultò infinitamente difficile. Mi ci vollero anni. Non c'erano prove di qualche mia colpa, nascoste com'erano dietro i lapidari e ragionevoli 'sono stanco' o 'non ho voglia di coccole'. Per fortuna Ines si fidava delle sue antenne, anch'esse considerevoli. Si era accorta che qualcosa non quadrava. Proprio grazie alla sua intransigenza, posso adesso metterlo per iscritto: mia madre, in modo del tutto inconscio, mi aveva legato a un ruolo espiatorio sia per le azioni del nonno che per quelle di mio padre. Io sarei dovuto diventare un uomo migliore, meno violento di suo padre e più degno di amore di suo marito. Negarmi a Ines era un modo camuffato per vendicarmi di quel sopruso.
Raccontavo spesso ai miei genitori cosa avevo scoperto grazie al processo

di autocoscienza. Essi all'inizio ci restarono molto male e si sentirono feriti; con il passare del tempo, però, cominciarono ad aprirsi e a parlarmi delle situazioni dolorose secondo il loro punto di vista, così come loro le avevano vissute. Grazie a questo scambio di confidenze, ci avvicinammo molto e il nostro rapporto divenne affettuoso e caloroso. Iniziammo a riconoscerci l'uno nell'altro e a rispettare maggiormente gli eventi della nostra vita.

Trasmissione di memorie di vite precedenti

Gli esempi descritti nell'ambito di questa relazione con la mia partner Ines hanno una storia ben più antica. Pare che a volte si ritrovino anime che si erano conosciute intimamente secoli prima. In questo tipo di incontri si riattivano le situazioni passate, che si manifestano in modo metaforico. Ciò, nella maggior parte dei casi, coincide anche perfettamente con l'esperienza esistenziale vissuta al momento della nascita, che è influenzata e a sua volta influenzerà sia la relazione con la madre, e successivamente anche con il padre, sia tutte le relazioni seguenti. **Il mancato imprinting fa parte di questa catena di trasmissione, mentre l'imprinting intatto favorisce lo scioglimento dei legami e permette la trasmissione di altre memorie ancestrali, connesse alla forza divina originaria.**
Questo rinnovato incontro tra anime 'vecchie' fa venire a galla memorie e sentimenti risalenti ad un lontano passato. Diversamente da C.G. Jung, che le espone analiticamente come archetipi, per me queste immagini interiori (reminiscenze) sono legate ad avvenimenti immediati di estrema intensità drammatica. 'Qui e ora', nel momento presente, mi sono re-immerso in scene risalenti a un passato lontano, in cui avevo già incontrato la mia partner attuale. Queste scene mi hanno permesso di percepire la relazione su un altro piano e di comprenderla meglio. Cerco di spiegarmi con l'esposizione di episodi che ho rivissuto.
Mi ritrovo ad essere un colono bianco che, in buona fede, acquista da un trafficante senza scrupoli un terreno coltivabile. Bisogna lavorare sodo per potersi mantenere con un pezzo di terra. Un giorno, mi trovo faccia a faccia con un capo indiano, che mi fulmina con lo sguardo. Nel suo volto riconosco proprio l'espressione che appare sul viso della mia compagna nelle situazioni conflittuali. La terra che ho comprato, onestamente ma ignaro

dell'imbroglio, è terra indiana. Nonostante la 'legge' dei bianchi sia dalla mia parte, quella morale, più profonda, è dalla parte degli indiani. Me ne accorgo tutto d'un tratto, ma allo stesso tempo, per difendere la mia dignità, mi metto a combattere. Siamo ad armi pari nella lotta per la vita o la morte. Mentre muoio, sento un legame profondo con il mio 'avversario', come se fossimo un unico essere vivente – e di conseguenza l'impotenza, che rivivo negli scontri di coppia, si trasforma in un senso di pace.

Rendendomi conto che la mia compagna difende i suoi diritti con la medesima dignità del capo indiano, provo per lei nuovamente rispetto e amore. Nonostante la lotta e il senso d'impotenza, scaturisce da me una forza ancora più profonda, che nutre in tutte le situazioni di emergenza la voglia di vivere e che mi suggerisce di essere un elemento prezioso dell'universo divino.

Nel corso di un rituale, a questo proposito, emerse in me un'altra memoria arcaica: una magnifica valle di montagna, verdissima, pullulante di esseri umani che 'cantano'.

Siamo Inca e cantiamo mentre svolgiamo i semplici lavori manuali quotidiani, in tutta bellezza e dignità, a beneficio di tutti gli esseri viventi. Con l'arrivo dei conquistatori europei questa armonia viene distrutta, eppure essa continua a vivere nel mio cuore.

Una simile sensazione vitale di integrità e pienezza l'avevo provata assieme a Ines mentre ci dedicavamo con amore alle faccende quotidiane nella casa e nel giardino. Ma maggiore diventava la consapevolezza della bellezza dell'essere qui e ora, più drammatica era la perdita di questo senso della vita. Continuamente assieme a Ines rivivevo, nelle situazioni conflittuali, quell'impotenza già provata nella lotta tra me, il colono bianco e il capo indiano. Poco a poco scoprimmo che l'odio serviva a difenderci dal senso di impotenza provato di fronte al/alla partner che – almeno così ci sembrava – aveva il potere di distruggere l'armonia. Entrambi, battendoci fino allo stremo, tentavamo di restare fedeli a noi stessi. Al viso di Ines si sovrappose, in modo olografico, la faccia del capo indiano. Combattevamo con la stessa energia e ognuno onorava la correttezza dell'altro – nella vita precedente, fino alla morte; in questa vita 'solo' fino alla morte dell'ego.

Ci sembrò di custodire una comune conoscenza arcaica risalente ad un tempo precedente, quando un intero popolo in tutta la sua bellezza lavorava cantando. Il lavoro stesso è un 'canto', ma questa cultura venne brutalmente annientata e ora, con la nostra lotta per essere 'qui e adesso', stavamo tentando di riavvicinarci a quella bellezza e a quella dignità di cui siamo depositari. Ma tutti i nostri tentativi di riconciliazione, quando cercavamo pieni di speranza di affrontare i conflitti, erano falliti.

Assumersi la responsabilità dei propri bisogni

L'accudimento materno ricevuto nella prima infanzia influenza fortemente la capacità di esprimere ciò di cui si ha bisogno e ha pesanti ripercussioni sulla vita futura. Può risultare difficile vivere la propria vita seguendo i propri desideri, sia perché non si riesce più a riconoscerli sia perché non si riesce più ad esprimerli.

Per esempio, mio padre apparteneva a una generazione che aveva imparato presto ad evitare di esprimere i propri bisogni. Questo ha sicuramente contribuito al fatto che il matrimonio con mia madre fu infelice ed egli trovò una soddisfazione compensatoria nelle camminate di montagna. Dopo la morte di mia madre, con la quale lui trascorse alcuni anni in una casa di cura poichè aveva bisogno di assistenza, si sentì solo ed espresse presto il desiderio di convivere, amichevolmente, con una donna in una situazione simile alla sua. Quando gli chiesi se conoscesse una donna con la quale avrebbe potuto immaginare di vivere, mi disse che ce n'erano diverse, tutte appartenenti da anni allo stesso giro di amicizie frequentato da lui e da mia madre. Egli aveva già parlato del suo desiderio durante gli incontri regolari di questo gruppo di amici, ma nessuno aveva reagito. Volevo sapere esattamente quali parole aveva usato. Aveva detto chiaramente che "poteva immaginarsi di vivere assieme a qualcuno". Gli dissi che non c'era proprio da meravigliarsi, che nessuno avesse raccolto il suo invito. Se voleva davvero che il suo desiderio venisse esaudito, era necessario guardare negli occhi la prescelta futura partner, dirle che voleva convivere con lei e chiederle come si sentiva di fronte a questa dichiarazione. La sua risposta immediata fu: "Ma non si può fare così, non mi permetterei in alcun caso di comportarmi in questo modo!". Gli dissi che anch'io, in passato, non osavo esprimermi così apertamente, eppure la piacevole convivenza con la mia partner, che lo rallegrava tanto, era proprio il risultato di una comunicazione simile a quella che gli suggerivo. Se lo voleva veramente, quella era l'unica possibilità.

Una settimana dopo suonò il telefono: mio padre, con la voce tremante, mi raccontò che la prima candidata a cui aveva parlato, dopo essersi presa una giornata per riflettere, aveva acconsentito e che lui, quindi, si sarebbe trasferito da lei, in una piccola fattoria. Nel corso dei pochi anni che gli restarono ancora da vivere, rifiorì e mi raccontò spesso, con lacrime di gioia negli occhi, che assieme alla sua compagna stava vivendo proprio tutto quello che gli era mancato nella vita. Più tardi, altre due donne, ignare di essere state a suo tempo incluse nella rosa delle candidate, gli confidarono di essere rimaste male in un primo momento perché lui non aveva chiesto a loro di vivere assieme.

I rischi della teoria della reincarnazione

Il Lavoro Emotivo e Corporeo può permettere ad alcune persone di riconnettersi ad avvenimenti accaduti in una vita precedente. Se una persona sente il desiderio di esplorare in quella direzione, io sono disponibile ad accompagnarla, in quanto considero questo tipo di processo una valida opportunità per osservare più da vicino un frammento, prezioso, dell'intero mosaico della vita. In certi casi può aiutare a comprendere alcuni nessi della vita attuale. Ma è anche vero che rivivere il trauma originario avvenuto al momento dell'imprinting, risulta spesso a tal punto terrificante da creare forti resistenze interiori per evitare, in prima istanza, un confronto diretto. Talvolta le memorie riguardanti una vita precedente, con significato simile ma spesso più facili da sopportare rispetto a quelle della vita attuale, possono fungere da proiezione o essere considerate una metafora ed impedire l'accesso all'avvenimento reale di questa vita e al sentimento ad esso correlato. La stessa cosa può succedere per quel che riguarda le esperienze di vita intrauterina. Poiché nella maggior parte dei casi la nascita è un evento traumatico, così come lo è stata la morte in una vita precedente, queste reminescenze possono, nel migliore dei casi, costituire una semplice deviazione sul cammino verso l'integrità. Purtroppo però, l'esperienza mi porta a concludere che ben poche sono le persone davvero disponibili ad aprirsi agli avvenimenti dolorosi avvenuti all'inizio della loro vita e che facilmente occuparsi di una vita precedente resta solo un espediente per sfuggire alla realtà.
Detto in altri termini, confrontarsi esclusivamente con una vita precedente o abbracciare una teoria di reincarnazione, impedisce una presa di coscienza

degli aspetti, piacevoli o tragici che siano, della vita attuale. Sussiste anche il pericolo di essere tentati ad occultare la causa reale della propria sofferenza, legata agli avvenimenti della prima infanzia, attribuendola piuttosto ad una vita precedente. In tal caso la riappacificazione con le persone e le circostanze di questa vita è resa impossibile.

Gruppo di ricerca

Dopo anni di lavoro profondo su me stesso per mezzo di differenti terapie olistiche, mi si presentò l'occasione di dare vita per un anno ad un gruppo di ricerca, assieme a una dozzina di terapeuti, alcuni dei quali ancora in formazione[60].

Nel corso di questo periodo facemmo esperienze sorprendenti. Si evidenziò che, dietro quella che nella nostra cultura viene chiamata sessualità (spesso abbinata a violenza e gelosia), si cela qualcosa di completamente diverso: ovvero il desiderio del bambino interiore rimosso di raggiungere la madre.

Nella donna, a grandi linee, domina la nostalgia di essere tenuta in braccio dall'uomo, come avrebbe dovuto fare la madre a suo tempo.

Nell'uomo, per lo più, è il tentativo (spesso violento) di superare i limiti desiderati dalla donna riguardo l'intimità fisica. Con il suo atteggiamento virile cerca di nascondere l'impotenza che si cela dietro. Un'impotenza con cui entra in contatto, spesso, soltanto quando la donna, messa alle strette, si chiude in se stessa e si nega completamente. A quel punto viene risvegliato in lui l'antico odio provato per essere stato messo da parte. Segretamente, l'uomo si augura che non gli venga mai negato l'amore, neppure con il comportamento peggiore (ovvero ciò che avrebbe dovuto fare la madre durante l'infanzia).

All'uomo e alla donna si offre, a questo punto, l'opportunità di entrare in contatto con il bambino interiore scisso, affrontando quello che si cela dietro il conflitto. Purtroppo, spesso la scelta – inconscia, per non confrontarsi con il proprio dolore e non rischiare di diventare violenti – è di interrompere la relazione e/o innamorarsi di qualcun altro.

Coscienti di questa trappola, avevamo limitato nel nostro progetto le possibilità di tirarsi indietro e avevamo creato un ambiente che permettesse di

60. Si veda *Intervista*.

rilasciare sentimenti ed emozioni e di rivivere le ferite della prima infanzia in tutta la loro intensità emozionale. Queste esperienze, vissute nell'ambito del progetto di convivenza e condivisione, misero in luce gli aspetti stratificati e correlati tra loro della vita interiore. Grazie a questi momenti, acquisii nel corso degli anni un vero e proprio tesoro di conoscenze psicologiche che andava molto più in là di ciò che avevo compreso nel corso di sedute terapeutiche. Basandomi su queste conoscenze, sviluppai in seguito il Lavoro Emotivo e Corporeo.

Trasmissione trans-personale e trans-filiale

A volte, mentre animo sessioni di Lavoro Emotivo e Corporeo, emergono in me dei sentimenti o delle sensazioni che, di primo acchito, potrebbero sembrare eticamente o moralmente inaccettabili. Questo accade in particolare se hanno a che vedere con la sessualità o la violenza.
Le prime volte che è successo, nonostante avessi esplorato profondamente la sessualità nel mio processo di crescita personale, mi sono sentito ancora saltuariamente messo in scacco da emozioni, immagini interiori o sensazioni nel corso dell'accompagnamento dei miei clienti. Pertanto mi sono chiesto se, trovandomi in un tale stato emozionale, fosse eticamente corretto accompagnare un altro essere umano nel proprio processo di autocoscienza.
Con il passare del tempo, tuttavia, mi sono accorto che, spesso, mi ritrovavo a vivere i sentimenti o gli eventi a cui il cliente si stava avvicinando anche se non ne era ancora cosciente. A volte, questo fenomeno poteva assumere proporzioni tali da diventare per me spiacevole, se non addirittura vergognoso. Mi successe infatti che, mano a mano che la persona che stavo accompagnando, nel corso del processo di regressione, si avvicinava a situazioni traumatiche dell'infanzia, in me si risvegliassero sentimenti, sensazioni e impulsi corrispondenti a quelli di chi aveva commesso l'abuso.
Innanzitutto, è ovvio, mi domandai se questi sentimenti e sensazioni potessero avere qualcosa a che vedere con il mio vissuto personale. Investigando, scoprii a volte delle correlazioni, ma, indipendentemente da esse, mano a mano che proseguivo con la rielaborazione e l'integrazione della mia storia, mi resi conto che le sensazioni che provavo erano l'espressione di una sensibilità intuitiva. Essa è molto preziosa per il mio lavoro in quanto mi permette

di sintonizzarmi con il vissuto di chi mi sta di fronte.

Succedeva con frequenza che qualcuno, magari dopo anni di lavoro interiore, si imbattesse in episodi che avevano messo a repentaglio la sua vita, che non riusciva ad esprimere a parole in un primo momento, in quanto erano rimossi troppo profondamente, e che confermavano sensazioni che io avevo percepito molto prima. In questi casi, ho potuto verificare che la mia partecipazione emozionale svaniva non appena la persona rientrava in contatto con la sua verità interiore. Pertanto cominciai a fare affidamento sulle mie sensazioni, quali ausilii preziosi in grado di fornirmi spesso indicazioni attendibili su avvenimenti risalenti all'infanzia, ma ancora profondamente rimossi, vissuti dalla persona che stavo accompagnando. Seguendo un'istintiva cautela, non ho mai considerato queste sensazioni la 'verità', né un dato di fatto inconfutabile e assolutamente ho sempre evitato di servirmene per influenzare il cliente. Tuttavia, le considerazioni che ho maturato al riguardo, mi hanno portato ad essere vigile di fronte alle mie reazioni a livello corporeo o emotivo, che potrebbero preannunciare il riemergere di un ricordo. Questa sensibilità mi permette, soprattutto, di incoraggiare le persone a fidarsi delle proprie sensazioni.

Chi è stato vittima di violenza sessuale nell'infanzia, sente una paura esistenziale, del tutto legittima, ma apparentemente inspiegabile se non si è a conoscenza dell'accaduto, di fronte alla possibilità che la verità possa trapelare. Infatti, divulgare la verità potrebbe, per esempio, distruggere l'intera famiglia come un castello di carte. Al bambino, che non può correre questo rischio, resta pertanto solo la rimozione psichica. Apparentemente, non si ricorderà più degli avvenimenti rimossi. Anche la dipendenza del bambino dai genitori o l'amore che prova per loro possono indurlo a tacere per proteggerli e perfino a sentirsi colpevole per l'accaduto. Quando, nel corso di un processo di autocoscienza, appaiono indizi che suggeriscono un abuso nell'infanzia, per quanto essi possano essere piccoli, è indispensabile fidarsi e seguire questi indicatori. Spesso, la forte resistenza interiore tende a occultarli. Di solito è il corpo che inizia a ricordare: il corpo custodisce la verità meglio della mente. Sintomi fisici acuti come conati di vomito, crampi, attacchi di asfissia o senso di soffocamento, la sensazione di essere inchiodato segnalano tutti un dolore psichico sofferto in passato.

Spesso gli avvenimenti che riemergono alla coscienza sono talmente spaventosi per chi li ha vissuti, che la persona tende a sprofondare subito di nuovo nel 'sonno della bella addormentata'. A questo punto, la presenza di un accompagnatore diventa molto importante: può trasmettere il coraggio per affrontare la verità fino in fondo. Come animatore di Lavoro Emotivo e Corporeo, continuamente si ripete una situazione tra me e donne che sono state violentate da bambine. Esse, di fronte a me, manifestano un atteggiamento timoroso ma allo stesso tempo curioso e, in modo 'tipicamente' femminile, seducente. Io, invece, sento sorgere in me, in modo latente, un'eccitazione sessuale connessa all'impulso di voler stuprare la donna. Chiamo questo fenomeno la sindrome di cappuccetto rosso e mi sento, di solito, nei panni del lupo. Curiosamente, però, le mie sensazioni fisiche e psichiche sembrano essere collegate, spesso contemporaneamente, sia a quelle della vittima che del carnefice. Con il tempo mi sono reso conto che esiste anche una sindrome del lupo cattivo, che si può riscontrare in uomini in apparenza 'forti', che cercano di preferenza e non senza malizia un contatto con donne deboli, bisognose di aiuto o ingenue.

RIPERCUSSIONI DELLA SINDROME DI GIOLA SULL'AGIRE DEGLI OPERATORI

Il rischio di abuso in terapia

Wilhelm Reich ha postulato che la capacità di provare l'orgasmo è un indicatore importante per la salute psichica. Era dell'opinione che, non appena i blocchi corporei vengono sciolti, la capacità di provare l'orgasmo viene da sé[61].

Alcuni terapeuti 'neo-reichiani' ritengono quindi che il problema di fondo dei loro pazienti possa essere risolto dopo avere sciolto il blocco a livello degli occhi, della gola e del diaframma e ripristinato la capacità di provare l'orgasmo. **Io, invece, ho sempre sospettato che sia necessario ricollegarsi ai traumi risalenti alla prima infanzia. In base alla mia esperienza, questa è una condizione imprescindibile per un recupero dell'autentica capacità di amare.**

È molto diffusa l'opinione che la capacità di un uomo di giungere più volte consecutive all'orgasmo sia un segno di potenza sessuale. Un vero orgasmo, però, induce un rilassamento totale. La sua ripetizione, piuttosto, indica un mancato rilassamento e quindi un disturbo a livello dell'orgasmo.

La capacità di provare un orgasmo autentico, come Wilhelm Reich tra l'altro ha correttamente descritto, è direttamente connessa alla capacità di amare. In base alla mia esperienza, quest'ultima si riattiva solo a seguito della rielaborazione emotiva del vissuto personale, spingendosi fino alle radici, e di una rappacificazione con la sofferenza provata nella prima infanzia. Nel corso di simili processi di autocoscienza, il terapeuta/operatore dovrebbe essere estremamente prudente nell'adottare metodi che prevedano la manipolazione tattile (pushing) del paziente/cliente. Suo compito è quello di offrire un

61. Reich Wilhelm, *La scoperta dell'orgone vol.I/La funzione dell'orgasmo, 1942 (disponibile in italiano* La funzione dell'orgasmo, SugarCo Edizioni).

luogo protetto, dove sia possibile lasciarsi andare e lasciar uscire ciò che era stato, a suo tempo, rimosso. Una volta innescato il processo di liberazione interiore, esso può essere facilitato con il contatto o il contenimento fisico, che amplifica le sensazioni corporee.

La manipolazione tattile, prevista da alcuni metodi terapeutici, può diventare abuso nel caso in cui il terapeuta/operatore sia anche lui, come il paziente/cliente, alla ricerca di intimità fisica o si spazientisca quando niente sembra 'funzionare'. Dal mio punto di vista, questo è un segno che non si è spinto abbastanza a fondo nel lavoro su se stesso.

In nome della legittima e necessaria lotta all'abuso in psicoterapia, spesso vengono accusate, frettolosamente, tutte le forme di terapia corporea che prevedono un lavoro sulla sessualità[62]. In questo modo, per così dire, si butta via il bambino assieme all'acqua sporca: **il lavoro sulle sensazioni e sulle emozioni legate alla sessualità è qualcosa di completamente diverso dall'avere un rapporto sessuale e costituisce una valida porta d'ingresso per risalire alle ferite della prima infanzia, riconducibili alla relazione con la madre.** Questa è la prima relazione d'amore di ogni essere umano, anche per quanto riguarda l'aspetto sessuale: soddisfazione, piacere, estasi.

Diplomi, titoli o l'appartenenza ad associazioni non sono una garanzia affidabile della correttezza e della competenza di un terapeuta/operatore olistico e non si sostituiscono alle proprie sensazioni in merito. Io consiglio la massima vigilanza nei seguenti casi:

- quando viene suggerito l'uso di un metodo con marchio depositato o certificato da una organizzazione come unica garanzia di protezione dall'abuso;
- quando i terapeuti e i maestri spirituali hanno una massa di seguaci e of-

62. NZZ Folio Nr.11/98, Miller Alice, *Wege des Lebens*, (Percorsi di vita, N.d.t.). Articolo contro la Terapia Primale. L'autrice prende le parti della vittima di una violenza e descrive minuziosamente le conseguenze disastrose dell'abuso e degli atti di violenza. Come psicoanalista, scoprì soltanto più tardi la Terapia Primale e ne divenne accesa sostenitrice. Con sorpresa, mi resi conto che lei, anni più tardi, voltò le spalle alla Terapia primale non autorizzata direttamente da Janov e l'accusò di usare metodi di sfruttamento tipici di una setta. Ciò a causa di casi di abuso da parte di terapeuti primali, che avevano approfittato della loro posizione di potere sulle pazienti. Questo rifiuto arbitrario non tiene conto del fatto che si nascondono molte pecore nere anche tra i terapeuti 'autorizzati'. Alice Miller stessa non rende un gran servizio ai suoi clienti, quando consiglia loro di tagliare i contatti con familiari che si sono macchiati di abuso. Infatti, ciò può far sì che la vittima resti legata al suo ruolo. Attraverso un confronto emozionale tra vittima e carnefice, può invece prendere avvio un processo di guarigione per entrambi. La predominante identificazione della Miller con le vittime può ostacolare il loro lavoro di rielaborazione.

frono 'la sensazione di essere al sicuro (o superiori)' oppure 'la possibilità di una scalata nella gerarchia', in modo simile a ciò che è successo in certe psico-sette;
- quando si propongono manipolazioni tattili per aiutare a ritrovare la capacità di provare l'orgasmo.

L'idoneità del terapeuta/operatore olistico[63]

Dappertutto, oggigiorno, vengono offerti e richiesti certificati e diplomi. Anch'io, in alcuni periodi, sono stato tentato dall'idea che qualcuno mi rilasciasse un'autorizzazione o un attestato, come se si trattasse di una sorta di benedizione e rendesse possibile, per incanto, una pratica professionale di accompagnamento terapeutico competente. Per fortuna, ho optato coscientemente per una strada diversa, che mi ha poi condotto alla scoperta di me stesso.

Nel corso di un processo durato parecchi anni e in cui sono stato accompagnato da diversi terapeuti, mi sono riavvicinato alla coscienza di chi sono realmente. **Le ferite primali all'origine dei miei schemi di comportamento, una volta diventate coscienti, si sono trasformate in un prezioso tesoro di conoscenza e coscienza psichica, che costituisce la base delle mie possibilità sensitive e che mi permette di accompagnare gli altri nella ricerca di se stessi, liberi dai giudizi.**

A causa della peculiarità del mio approccio, un team di terapeuti americani mi chiese di co-partecipare come assistente a un corso di formazione da loro condotto. Fu un'esperienza sorprendente: d'improvviso, ero diventato un professionista 'competente' e stimato, reputato idoneo ad occuparmi della formazione di medici, psicoterapeuti e psicoanalisti. Mi colpì il fatto che questo corso fosse molto richiesto, in quanto forniva un certificato che autorizzava ad aggiungere la qualifica di psicoterapeuta al titolo Phil. I[64]. I partecipanti avevano tutti un diploma universitario, ma, non avendo intrapreso un proprio processo personale di autocoscienza, erano ancora scissi dalle loro

63. Con la formula terapeuta/operatore olistico si intende includere tutti coloro che lavorano nel campo della salute offrendo dei trattamenti, indipendentemente dal tipo di cura proposta e dal tipo di iter di formazione. Dai medici, quindi, a coloro che si sono formati in una disciplina complementare. N.d.t.
64. Secondo il sistema universitario statunitense. N.d.t.

emozioni, proprio come lo ero stato io in passato. Con questo corso potevano acquisire conoscenze teoriche sul Lavoro corporeo reichiano e la Terapia primale senza averne fatta reale esperienza personale. Ben presto mi accorsi che l'obiettivo rassicurante di ottenere il certificato impediva quasi del tutto l'emergere del senso di vuoto, risalente al periodo primale, e che proprio questo fattore impediva l'accesso ai traumi che lo avevano causato.
Nessuno studio universitario, anche se lungo o approfondito, può sostituirsi a un profondo processo di autocoscienza. Esso costituisce, a mio avviso, la premessa fondamentale per la pratica di questi, o paragonabili, metodi terapeutici. L'impegno necessario per completare lo studio e assimilare teorie a volte superate, come quelle freudiane, è talmente elevato che solo pochissimi, più tardi, possono trovare il coraggio di accantonare la posizione e il prestigio raggiunto, per ricominciare tutto da capo affrontando quello scomodo 'vuoto interiore', o meglio quel senso di 'non valere niente'.
Scosso da questa esperienza, decisi che, in futuro, avrei seguito il mio percorso con la maggiore coscienza possibile: approfondendo le conoscenze ottenute dalla pratica e, quindi, rinunciando volutamente a certificati e diplomi.
In tutta coerenza, infatti, non propongo alcun certificato di formazione 'riconosciuta' in Lavoro Emotivo e Corporeo. Offro la possibilità, invece, di partecipare a ritiri intensivi di Lavoro Emotivo e Corporeo con accompagnamento individuale e in piccoli gruppi; nel corso di circa tre-quattro anni, è così possibile portare avanti un processo di crescita interiore molto profondo. Grazie a questo processo, alcune persone predisposte possono iniziare ad accompagnare altri, all'inizio dietro supervisione e in seguito per conto proprio.
Quando affermo che un percorso personale di ricerca del sé, difficilmente quantificabile e dimostrabile con un pezzo di carta ma facilmente percepito dal diretto interessato, è imprescindibile per poter esercitare come (psico)terapeuta/operatore, non intendo affatto criticare tout court l'emissione di certificati, sia che si tratti di metodi corporei che di insegnamento teorico. Esistono, tra l'altro, associazioni no profit di terapeuti che, con buone intenzioni, si adoperano per esigere e garantire un livello minimo di qualità nella preparazione dei loro soci. Ma i diplomi e i certificati richiesti per dimostrare questa preparazione, purtroppo, per i motivi appena illustrati, non

offrono alcuna tutela per quel che riguarda la competenza del terapeuta nell'accompagnare i suoi pazienti fino ai traumi risalenti al periodo primale. Molti metodi terapeutici sono protetti da brevetto, nonostante presentino soltanto minime modifiche nella terminologia professionale rispetto ad un altro metodo e, di fatto, siano dei plagi. Parecchi di questi metodi prevedono una serie di livelli di iniziazione e una relativa scala gerarchica, in cui si avanza al prezzo di tariffe esorbitanti, in genere proporzionali alla posizione raggiunta. A volte i vari certificati sono accumulati come dei mattoni da costruzione che permettono di salire più in alto. In tali sistemi, chi sta sopra si occupa di trasmettere le sue conoscenze a chi sta sotto, ma spesso entrambi pagano somme enormi all'organizzazione in cima. Può accadere che l'ascesa sia presentata come un successo personale, mentre l'abbandono del percorso sia sinonimo di fallimento. Tutti questi elementi possono favorire un rapporto di dipendenza. Mi sono accorto che i terapeuti che non hanno ancora rielaborato il deficit risalente al periodo primale possono lasciarsi facilmente abbindolare da simili offerte. Alcuni liberi professionisti giungono a firmare contratti che prevedono il pagamento di una percentuale fissa dei loro introiti all'ideatore del metodo o alla relativa organizzazione. Tutto ciò può essere l'indizio di una struttura settaria, basata sulla dipendenza degli adepti.

Intrappolati nella sindrome di GioLa

Non avendo esplorato abbastanza a fondo il proprio vissuto personale, numerosi personaggi di spicco della psicoterapia e fondatori di movimenti spirituali sono stati vittime di quella che io chiamo la sindrome di GioLa[65], una conseguenza di una mancata rielaborazione e integrazione di esperienze della prima infanzia. Questo, a volte, a scapito di pazienti o discepoli. Tra di loro, a titolo di esempio, vi propongo personaggi del calibro di Carl Jung, Wilhelm Reich, Krishnamurti, Sri Rajneesh (anche noto come Baghwan e Osho).
Mi soffermo su questi personaggi proprio perché ho grande rispetto della loro opera, delle loro ricerche e delle loro scoperte. Sono esempi eloquenti,

65. Si veda *Il circolo vizioso della sindrome di GioLa* e per approfondire *La prima ferita*.

adatti a mettere in luce la schiacciante evidenza che neanche la conoscenza più erudita serve a molto finché si è in balia della sindrome di GioLa. Devo, inoltre, ammettere che scrivo queste righe con una certa amarezza. Mi indigna quanto si possa essere ingenui e 'creduloni' di fronte 'all'autorità' di un presunto maestro e quanto diffusa sia la tendenza, seguendo la moda del momento, a rivolgersi ad un determinato maestro spirituale che promette la salvezza o l'illuminazione. Questo fenomeno garantisce molti proseliti, i quali però possono mancare di una sana dose di autocritica, accecati come sono dal culto della personalità. Essi, inoltre, non possono ricevere dal loro maestro indicazioni e strumenti per spingersi più in profondità con la loro ricerca, finché il maestro stesso non ha affrontato e risolto la sindrome di GioLa.

Soprattutto gli (psico)terapeuti potranno estrapolare da questi esempi dei punti di riferimento importanti sulle modalità di azione della sindrome di GioLa e saranno in grado di evitare meglio la trappola della seduzione[66]:

- lo psicoanalista Carl Gustav Jung ebbe con la paziente Sabina Spielrein una relazione sessuale extraconiugale che mantenne segreta e cercò di tenere sotto controllo con l'aiuto del suo maestro Sigmund Freud. Sembra, a detta di Bruno Bettelheim, che abbia incontrato grandi difficoltà nel rielaborare questo abuso sessuale, avvenuto anche a un livello spirituale[67]. Gran parte delle considerazioni che Jung ha pubblicato, e che lo hanno reso famoso in tutto il mondo, con grande probabilità sono da ricondurre a Sabina Spielrein. Esse rispecchiano le esperienze fatte da questa amante-paziente, rielaborate nel corso del lavoro di analisi. Rientrata in Russia, Sabina Spielrein divenne una psicoanalista affermata, anche se non divenne famosa per i suoi risultati come successe invece a Jung.
  Jung, innamorandosi di lei, non poté comportarsi come sarebbe stato necessario secondo l'etica professionale. Ciò permette di cogliere tre aspetti fondamentali:
  - l'innamoramento è un fenomeno che ha le sue radici nel mancato imprinting (nel mancato contatto con la madre) e indica, di per sé, la presenza

66. Sorta di tendenza a lasciarsi corrompere, sedurre dall'adulazione e dall'ammirazione altrui. A volte dalla dipendenza. N.d.t. Si veda schema *Seduzione e abuso* in Appendice
67. Bettelheim Bruno, *Skandal in der Psychofamilie* (Scandalo nella psico-famiglia, N.d.t.), Tagesanzeiger-Magazin 29.10.83

della sindrome di GioLa;
- l'incapacità a riconoscere l'innamoramento per quello che è[68], ovvero un comportamento relazionale anomalo, indica una insufficiente disponibilità del terapeuta ad impegnarsi nella propria crescita interiore[69];
- la psicoanalisi non è sufficiente per una rielaborazione e integrazione completa dei traumi risalenti al periodo primale.

Per poter rielaborare la sindrome di GioLa, la paziente donna (o il paziente maschio di una terapeuta donna) deve avere la possibilità di innamorarsi del terapeuta senza correre alcun pericolo. In entrambe le situazioni, si tratta di una proiezione dell'immagine della 'mamma buona'. Quando però anche il terapeuta si innamora, un buon lavoro di rielaborazione viene reso impossibile. A quel punto, spesso non resta altra scelta che interrompere l'analisi a metà strada, proprio quando potrebbe cominciare davvero a dare dei frutti. Se, come C. G. Jung, il terapeuta non lo fa, non solo abusa della sua posizione, ma anche si arricchisce ingiustamente se si fa pagare per le sedute. Per offrire un accompagnamento psicoanalitico adeguato, vale a dire non dover interrompere l'analisi proprio quando comincerebbe a spingersi davvero in profondità, innanzitutto è necessario disporre degli strumenti giusti. Ma questi non sono a disposizione finché non si è vissuto in prima persona un processo di autocoscienza profondo. L'apprendimento di nozioni in nessun caso può sostituirsi all'esperienza personale.

- Wilhelm Reich ha intessuto relazioni sessuali con alcune pazienti o ex-pazienti e una relazione, tenuta segreta, con la moglie di un uomo in trattamento da lui[70]. Quest'ultima, apparentemente, non scatenò in lui nessun dubbio di etica professionale, se non quando divenne pubblica. Sembra che non si interrogasse sull'origine del proprio comportamento: per me, questo è un segno di inconsapevolezza e di insufficiente disponibilità alla ricerca interiore.

  Ciononostante, ritengo che i suoi scritti sul fascismo[71] e sull'analisi caratteriale[72], i suoi concetti di corazza muscolare e di orgone[73], la sua ricerca sul

68. Si veda *Rischio di abuso in terapia* e in *La prima ferita, La seduzione*, schema in Appendice.
69. Si veda *La trappola degli archetipi*.
70. Myron Sharaf, *Biographie von Wilhelm Reich*, Simon+Leutner.
71. Reich Wilhelm, *Psicologia di massa del fascismo*, SugarCo Edizioni.
72. Reich Wilhelm, *Analisi del carattere*, SugarCo Edizioni.
73. Così egli chiamò la radiazione bioenergetica che riuscì a misurare.

cancro siano di grande importanza e molto indicativi. Invece ritengo che gli sia sfuggito come la capacità di lasciarsi andare del tutto all'orgasmo, in realtà, sia paragonabile all'apertura sensoriale del neonato, che gli permette di abbandonarsi senza limiti e senza paura. Secondo la mia esperienza con il Lavoro Emotivo e Corporeo, la piena capacità orgasmica si recupera dopo aver rivissuto, espresso a livello emotivo e riportato alla coscienza i traumi risalenti alla prima infanzia che sono stati all'origine della perdita dell'apertura naturale. Reich è andato molto vicino a questa scoperta.
Può essere ricondotto soltanto all'incompleta rielaborazione del suo vissuto, il fatto che il suo comportamento fosse influenzato dalla sindrome di GioLa e fosse, di fatto, alla mercé delle sue reazioni emozionali. Nonostante lui stesso fosse infedele, era così geloso della moglie che fu capace di atti violenti per dei semplici sospetti. La rivoluzione sessuale, che ha avuto inizio grazie al lavoro di Reich, secondo me ha contribuito ad alleviare i sintomi di una grave repressione, ma non costituisce ancora una vera e propria liberazione da essa. Molti terapeuti neo-reichiani non se ne resero conto, con effetti prevedibili – in particolare per l'aspetto della componente seduttiva – sui gruppi di incontro, autocoscienza e terapia da loro avviati.

- Jiddhu Krishnamurti, fin da ragazzo, fu prescelto dai fondatori della Società Teosofica, Annie Besant e C.W. Leadbeater, quale incarnazione dell'atteso Maitreya. Da giovane rifiutò di assumersi questo ruolo e uscì dalla Società Teosofica. Numerosi adepti apprezzarono la rettitudine del suo gesto, cioè rifiutare il compito tanto accattivante di cui era stato investito. A ciò si aggiunge che lui invitava a diffidare della venerazione incondizionata di qualsiasi guru, però poi ha accettato di diventare lui stesso un guru venerato dai suoi discepoli. Malgrado ciò, nella sfera privata si comportò in un modo che va ben al di là di un limite 'etico'. Era coinvolto in diversi intrighi, che teneva ben nascosti, se necessario anche mentendo. Anni dopo l'accaduto, fu reso pubblico che aveva imbrogliato il suo amico fidato, che si occupava di organizzare e seguire per lui tutte le attività che lo hanno poi reso ricco, permettendogli uno stile di vita senza preoccupazioni, compresi gli enormi raduni preparati in grande stile[74]. Krishnamurti,

74. Spuren Nr.26/93, *Das Lächeln der Wahrheit, Radha Rajagopal Sloss*, (*Lives in the Shadow with J.Krishnamurti*, Bloomsbury, London 1991).

durante tutto quel periodo, aveva avuto rapporti sessuali con la moglie dell'amico e, addirittura, concepirono dei bambini che l'amico e marito, totalmente all'oscuro della situazione, considerava propri figli biologici. C'è da chiedersi che cosa spingeva tante persone a venerare Krishnamurti. Dal mio punto di vista, con tutta evidenza egli le sedusse su un piano spirituale, prendendosi in cambio da loro quello che aveva tanto desiderato ricevere dalla madre durante l'infanzia: la venerazione. Va detto che anche i suoi discepoli si prendevano da lui quello che era loro mancato nell'infanzia: il contatto con una figura materna/paterna pura (come la vergine Maria, per intenderci).

- Sri Rajneesh fu chiamato dalla sua ampia schiera di seguaci sparsa in tutto il mondo anche Bagwan e, più tardi, Osho. Con quest'ultimo nome è ora ampiamente conosciuto. Egli affermava di essere un maestro spirituale illuminato. Nel suo ashram avevano luogo cerimonie di Darshan e venivano proposte dai suoi discepoli, tra cui vi erano anche famosi psicoterapeuti, diverse forme di terapia, basate su teorie di psicologia umanista, e organizzati gruppi di lavoro ispirati al taoismo. Fino a un certo punto, Sri Rajneesh ha guidato in modo magnifico i suoi Sannyasin[75] nella loro crescita spirituale. Ma, secondo me, tutti, compreso il grande maestro, restarono ciechi di fronte alla trappola della sindrome di GioLa. Si diffuse una sorta di frenesia per l'ultima novità nel campo dei metodi terapeutici, un fenomeno che assomiglia molto a ciò che accade nell'ambiente New Age[76]. In questo modo, sia certi terapeuti e leader spirituali, facendo uso del loro potere seduttivo, sia i loro seguaci compensavano le carenze che portavano dentro di sé, cioè il benessere mancato nella prima infanzia, con l'ammirazione di cui erano oggetto o la sensazione di essere stati prescelti.
  Un caso esemplare è quello di Michael Barnett, un discepolo di Sri Rajneesh, che a un certo punto fu considerato dal maestro un illuminato ma, più tardi, fu escluso dalla cerchia delle persone 'che hanno una buona energia'. Egli fondò *The wildgoose company* e *The Michael Barnett Ener-*

75. Nome dato ai suoi discepoli.
76. Il fenomeno New Age può essere descritto come la sensazione condivisa da un ampio numero di persone di essere entrati – o stare per entrare – in un'epoca nuova, contrassegnata da cambiamenti radicali in tutti i settori della vita dell'uomo. Dal punto di vista astrologico, l'idea della New Age si fonda sulla teoria della precessione degli equinozi, secondo cui il sole cambia di segno zodiacale ogni 2160 anni circa e ora quindi sta per entrare nell'Acquario. N.d.t.

gy University[77]. Gli adepti di Barnett superano perfino il maestro del loro maestro, Osho; con lo stile pubblicitario accattivante che hanno sviluppato si adoperano affinché Barnett sia circondato da donne giovani e attraenti. I nuovi partecipanti sono ripartiti in circoli chiusi di eletti, a seconda del loro progresso nel lavoro energetico guidato dal maestro. Si vengono a creare sempre nuovi circoli chiusi, in cui si può essere inclusi soltanto previa partecipazione a costosi corsi. La decisione di chi includere e in quale gruppo spetta al maestro. L'essere scelti rappresenta un grande riconoscimento e assicura un avvicinamento al maestro. I meccanismi inconsci che stanno dietro a tutto ciò dimostrano come anche in cerchie 'illuminate' possa dominare una totale oscurità: manca una consapevolezza della sindrome di GioLa. Di conseguenza, non ci si rende conto di ciò che si nasconde dietro tutti i fenomeni di adorazione: la compensazione della mancanza di senso di appartenenza e delle privazioni sofferte nella relazione con la madre, vissute durante la prima infanzia.

Esperienze di autocoscienza nelle professioni di assistenza

Alcuni anni fa, in una scuola per infermieri, tenni delle lezioni volte a sensibilizzare i futuri operatori paramedici sui bisogni fondamentali delle persone anziane bisognose di assistenza. Proposi loro alcuni esercizi pratici, per esempio assumere il ruolo di paziente e lasciarsi portare al parco con gli occhi bendati. Chiesi ai partecipanti di dedicare circa dieci minuti a questo esercizio. Mi sembrava il minimo di tempo per poter davvero immedesimarsi, ma nessuno fu disposto a provarci per più di un minuto! Ero stupito dalla scarsa disponibilità – ovvero da quanto grande fosse la resistenza – ad assumere il ruolo di paziente. Dalle osservazioni che feci, dedussi che vi era sfiducia verso chi conduceva la carrozzella, che effettivamente aveva movimenti bruschi e si comportava con disattenzione. Per questo tutti interruppero l'esercizio dopo pochi minuti. Quello che maggiormente mi colpì, fu che nessuno tra i futuri infermieri era interessato a riflettere su che cosa stava all'origine della mancanza di fiducia verso l'altro e a modificare il proprio comportamento.

77. Si veda *Wild Goose News*, Nr.7/91.

Mi interrogai sull'origine di un tale comportamento e ancora una volta trovai un collegamento con il trattamento riservato al neonato. Secondo me è molto probabile che il neonato, separato dalla madre e affidato al personale curante, perda presto la fiducia originaria negli altri esseri umani. Il senso di mancanza, venutosi a creare nella prima infanzia a causa di esperienze inappropriate, spinge più tardi l'adulto, a livello inconscio, a far subire agli altri proprio quello di cui ha sofferto lui da bambino. **Quando una persona, che porta dentro di sé a sua insaputa questa tendenza, intraprende una carriera nel campo dell'assistenza (infermiere, educatore, operatore sociale e sanitario ecc.), prova un senso di potere di fronte a persone dipendenti dalla sua autorità e facilmente può essere tentata di abusarne, non ascoltando il paziente e ignorando i suoi reali bisogni.**
Un simile comportamento di incuria e abuso da parte del personale curante spesso viene giustificato con la mancanza di tempo. Le misure di risparmio che determinano gli orari di lavoro e le mansioni da svolgere, introdotte a seguito di decisioni politiche, hanno di sicuro un ruolo nella qualità dell'assistenza e sottopongono il personale a situazioni di stress, in cui non resta spazio per la sensibilità umana. I neonati e i disabili, le maglie più deboli e impotenti della catena, sono coloro che si ritrovano a dover sopportare la sofferenza.

Conclusione

In generale, secondo la mia esperienza posso affermare che chi ha subìto trattamenti dolorosi nella prima infanzia e non li ha rielaborati e integrati, è attratto da situazioni che gli permettono di riproporre sugli altri quello che ha subìto e tende, tra l'altro, a scegliere una professione che gli permetta questa posizione di potere. Pertanto, è estremamente importante che tutti coloro che si trovano ad operare nel campo dell'assistenza e della salute, a qualunque livello, integrino elementi di autocoscienza nella loro formazione.

LA MILITANZA CULTURALE

DAL MITO AL RICONOSCIMENTO

La trappola degli archetipi

Da millenni, nelle civiltà cosiddette avanzate si ritrovano culti di adorazione[78] e l'archetipo della Grande Madre, probabilmente risalente a culture antecedenti che la onoravano, è rimasto spesso un motivo centrale. Onorare equivale a riconoscere il valore e a rispettare, apprezzare e stimare di propria volontà. Adorare, invece, è un atto di venerazione che va di pari passo con la proiezione di una nostalgia non soddisfatta su una persona, su un simbolo oppure su un'ideologia. Per essere in grado di onorare un simbolo (o un principio), piuttosto che adorarlo ciecamente, è necessario un background di esperienza collegato ad esso. Nel caso della Grande Madre, si tratta di un esempio concreto di maternità vissuta integralmente, cosa che permette di riconoscere come l'intera natura ci nutra e ci sostenga con i suoi doni. Ma come si giunge a venerare, invece che a onorare? Che ruolo gioca, a questo proposito, la scissione interiore dell'essere umano[79]?

È un fatto noto che l'essere umano ha la capacità di rimuovere un avvenimento o una sensazione e di dissociarsi da esso quando è troppo doloroso per la psiche. È una misura straordinaria di protezione che garantisce la sopravvivenza. Nelle civiltà cosiddette avanzate, e in particolare nella civiltà occidentale attuale, la stragrande maggioranza della popolazione è costretta a rimuovere il senso di abbandono e d'impotenza vissuto dal neonato immediatamente alla nascita e/o nei primi mesi di vita. Le persone si dissociano da quelle sensazioni e non sono più consapevoli del significato di quelle esperienze incompatibili con la vita, che hanno dovuto sopportare. Chi, infatti, nel periodo sensibile e pregnante dell'imprinting, non si ritrova fra le

78. Per comprendere meglio il testo che segue, va tenuto a mente che in tedesco *ehren* significa onorare e *verehren* adorare. N.d.t.
79. Si veda *La prima ferita.*

braccia della madre e vicino al suo cuore, conserva dentro di sé una sorta di nostalgia di integrità, armonia e amore e ha la tendenza a venerare questi ideali sotto forma di simboli. **La nostalgia per un senso di appartenenza intatto, induce molte persone a rifugiarsi in diversi sistemi di credo, siano essi religiosi, patriottici, scientifici, ideologici. I miti, le similitudini, le metafore e i simboli integrati in questi sistemi di credo che fanno riferimento al trauma originario, vengono riportati e interpretati in modo erroneo da persone scisse interiormente, che non riescono a decifrarne il reale significato.** Essi, pertanto, sono un retaggio culturale che spesso indica in modo chiaro l'origine del disagio umano, come per esempio il mito di Edipo. L'interpretazione impropria impedisce il salto di consapevolezza e rallenta quel cambio di paradigma culturale che, a mio avviso, sarebbe tanto urgente e necessario e che comunque in certi ambienti si sta lentamente profilando.

I sistemi di credo dogmatici esercitano una grande forza di attrazione sull'essere umano scisso da se stesso, che tende ad aggrapparsi a figure che promettano la salvezza, come un salvatore, un messia, un profeta. È molto utile analizzare più da vicino questo bisogno, in quanto può aiutare a rendere visibili correlazioni profondamente radicate. Ma ciò, tuttavia, può accadere soltanto dopo essersi distanziati da una fede cieca ed essersi confrontati dapprima con il proprio 'nulla': il senso di vuoto interiore, che sembra minaccioso in quanto rimanda alle esperienze deficitarie vissute nel periodo primale.

Una moltitudine di precise esperienze di vita, particolari e significative, mi ha condotto ad intraprendere un cammino di ricerca nel profondo di me stesso. Nel corso di questo cammino, sono emersi alla coscienza episodi pregnanti della mia vita, che sono avvenuti a partire dal concepimento, compreso il periodo immediatamente seguente la nascita. In tutte le culture si trovano miti contenenti narrazioni metaforiche che coincidono in modo eclatante con le esperienze traumatiche che ho rivissuto io. Tutto ciò che vi si trova descritto e che, solitamente, viene riferito al passato o al futuro, era presente dentro di me e si manifestava nella mia vita presente. Ma soltanto abbandonandomi al senso di vuoto riuscivo a risvegliare il ricordo del vissuto passato, profondamente sepolto dentro di me sotto vecchi, pesanti strati di coscienza rimossa; questo mi rendeva di nuovo accessibili le emozioni correlate.

La tragedia dell'essere umano scisso da se stesso è aggravata dal fatto che questi tende ad essere tanto più distante, o dissociato, dal suo sentire quanto più ha incorporato nozioni teoriche in-com-prese[80]. Per esempio, gli archetipi descritti da Jung[81] nella maggior parte dei casi non sono percepiti veramente in modo esperienziale e di conseguenza non vengono integrati interiormente, altrimenti sarebbero descritti come un vissuto o un comportamento personale. Questo fenomeno di teorizzazione degli archetipi rappresenta una vera e propria trappola, nella quale restano impigliati perfino grandi maestri.

In modo molto simile, i credenti cristiani venerano l'immagine di Maria e del Bambin Gesù senza accorgersi per nulla che, in essa, trova espressione un aspetto essenziale della natura umana, il cui riconoscimento potrebbe condurre più vicini al nocciolo della questione. Si tratta dell'importanza della qualità del contatto tra madre e bambino. Lo psicoterapeuta svizzero Franz Renggli si è accorto che, nella maggior parte delle opere di grandi artisti medievali, Maria e Gesù bambino sono dipinti distanti l'una dall'altro in modo agghiacciante, oppure si riconosce un atteggiamento seduttore nella madre[82]. Frequentemente, queste immagini di Gesù bambino, non importa se sia seduto in braccio, stia in piedi sulle ginocchia di Maria o disteso sulla paglia nella culla, presentano una postura corporea che riflette un enorme stato di malessere e un'espressione del volto colma di paura e disperazione, che a volte si spinge addirittura fino alla demenza.

Perchè così tanti pittori dipingono questa scena in tale modo? Secondo Renggli, è il tentativo di rappresentare l'origine delle disgrazie di quell'epoca: la miseria sociale e la psicosi di massa. In quel periodo imperversava la peste e si dava la caccia alle streghe. Naturalmente è lecito interrogarsi su quale sia il terreno adatto allo sviluppo di simili tragedie. Renggli arriva alla conclusione che **tale terreno propizio sia il risultato di trattamenti che calpestano la dignità umana, in quanto una delle conseguenze della dignità umana ferita è il collasso del sistema immunitario. Secondo Renggli, l'usanza di separare madre e neonato contribuisce, ora come allora, e qui sono della sua stessa opinione, in modo significativo all'indebolimento del sistema immunitario.** Nel Medioevo i ricchi delegavano

80. L'autore vuole qui segnalare che nozioni teoriche senza una base di esperienza personale non possono venire comprese profondamente e quindi incorporate. N.d.t.

81. Si veda *Trasmissione di memorie di vite precedenti*

82. Spesso la scena esprime la situazione in cui la madre compensa con il bambino l'assenza del partner. Il bambino si merita l'amore rispondendo allo sguardo seducente della madre. Renggli Franz, *Selbstzerstörung aus Verlassenheit*, Rasch&Röhring *(Autodistruzione per incuria*, N.d.t.).

la cura dei figli a balie di campagna, mentre i poveri dovevano lavorare e i loro bambini diventare adulti in fretta per guadagnarsi il diritto di esistere con un lavoro retribuito. I pittori, nei loro quadri raffiguranti la Madonna e Gesù bambino, segnalavano la separazione e la mancanza di connessione tra madre e bambino.
Quando si allontana il bambino dalla madre, invece di lasciarlo tra le braccia della madre, con grande probabilità gli viene preclusa l'assunzione del colostro prodotto dalla madre prima della montata lattea vera e propria, sostanza che è, fino a quel momento, il nutrimento destinato dalla natura al neonato, estremamente importante per gli elementi di protezione immunitaria di cui è ricco. Oltre al dolore psicologico dovuto alla mancanza di contatto con la madre, nel neonato si manifesta una maggiore tendenza ad ammalarsi a causa della mancata o incompleta assunzione di anticorpi materni. Il neonato esprime il bisogno primario fondamentale di essere in contatto multisensoriale con la madre e, quando esso non viene soddisfatto, la sofferenza si esprime con il pianto. Nel Medioevo, se il bambino non smetteva di piangere, si ammalava o addirittura moriva, era molto probabile che si ricercassero dei colpevoli esterni, appartenenti alla cerchia della famiglia o dei conoscenti, invece di individuare una possibile causa di sofferenza nella separazione tra madre e bambino. Era facile lasciar cadere i sospetti sulla bambinaia, sulla balia o su qualunque altra persona vicina, in particolare se non risultava tanto simpatica! Dai sospetti si passava alla denuncia, a sua volta seguita da 'indagini' per risalire alla verità. Con l'ausilio di terribili torture, l'inchiesta era quasi sempre coronata dal 'successo'.
Al giorno d'oggi, ci si trova di nuovo sulla cima di una simile vetta. Nonostante il diffondersi della cosiddetta nascita dolce, il neonato viene, esattamente come in passato, nella maggioranza dei casi separato dalla madre. Inoltre spesso, se il parto è avvenuto con somministrazione di anestesia peridurale o con il taglio cesareo, nasce narcotizzato o, quantomeno, in uno stato di coscienza annebbiata, incapace di abbandonarsi totalmente al primo contatto multisensoriale con la madre così come avverrebbe se fosse tutto intriso degli ormoni naturali che inducono invece uno stato di estrema ricettività. Il neonato, inoltre, nella maggioranza dei casi, viene confinato nella nursery, se non per tutto il tempo, almeno durante la notte.
A queste condizioni, da secoli crescono generazioni di esseri umani che cercano di compensare la dignità ferita e il senso di mancanza con oggetti o

comportamenti di seconda scelta, anche in età adulta. La cupidigia, un atteggiamento indotto da un trattamento improprio e da un senso di privazione, è la caratteristica 'tipicamente umana' grazie alla quale possono prosperare la speculazione e la corsa allo sviluppo per mezzo di un'economia iniqua e un consumismo sfrenato. Tutto ciò esercita un influsso notevole sulla qualità della vita di tutti, portando a disturbi sia nella sfera privata che sociale, nonché disorienta in merito al vero senso della vita. Non è curioso che, come la peste nel Medioevo, anche l'Aids e il cancro siano patologie strettamente connesse a un collasso del sistema immunitario? É quantomeno strano, inoltre, che l'essere umano tenda a riporre fiducia in tecnologie come quella genetica o atomica e addirittura valuti di poter individuare, grazie ad esse, una soluzione ai problemi attuali, quando è evidente che esse costituiscono un rischio enorme per la salute di tutti.
Salta anche all'occhio la vulnerabilità del singolo individuo, soprattutto se si confonde nella massa. Nelle notizie di cronaca diffuse dai mass-media non mancano gli esempi di informazioni fuorvianti o almeno faziose, studiate ad hoc. Per mobilitare la massa, basta infatti mirare alle emozioni rimosse, presenti in ogni singolo individuo. Questa vera e propria manipolazione ha molto 'successo' come si può evincere, tra l'altro, dal fatto che tante persone si reputino democratiche (benintenzionate verso il prossimo) ma considerino 'legittimo' dichiarare guerra o attivare misure di embargo in nome della difesa dei diritti umani o della libertà. Per esempio, contro Stati che si rifiutano di svendere le loro materie prime, che chiedono un commercio equo e che puntano piuttosto all'eguaglianza sociale. Essi, proprio come una volta le streghe, rischiano di essere condannati al 'rogo', che oggi si chiama guerra economica.
È la scissione interiore a rendere possibile la partecipazione o l'appoggio ad azioni in cui si ricorre a violenza fisica o psichica. Si tratta di una sorta di vendetta o compensazione – inconscia – per le esperienze, molto paragonabili, vissute nella prima infanzia, quando la materia prima era il latte materno[83].
I miti e le sacre scritture, in modo cifrato, fanno continuamente riferimento all'origine della perdita del paradiso, ovvero della scissione dall'integrità, ma il loro significato autentico viene malinteso[84].

83. Si veda *La prima ferita, Corruzione e manipolazione*, pag. 61.
84. Si veda *La prima ferita, Il fallimento della religione*, pag. 74.

Per giungere alla pace, interiore ed esteriore, è indispensabile smettere di separare il neonato dalla madre. Questa semplice misura lascia intatta la connessione tra il neonato e la madre così come il senso di appartenenza rende superfluo il bisogno di riconnettersi (re-ligo). Inoltre può permettere ai genitori di ritrovare il collegamento con il loro bambino interiore, le parti scisse di loro stessi, se possono vivere la nascita del figlio in modo indisturbato, presenti con tutti i loro sensi integri[85].
Senso di unione e amore incondizionato sono qualità naturali innate dell'essere umano, che vengono precocemente annientate da un trattamento inadeguato.

Paga il prezzo giusto

Non appena ci si rende conto delle correlazioni tra il modo in cui nascono e vengono trattati i bambini e la situazione mondiale, si comprende quale sia il prezzo che si sta pagando per risanare, a fatica, quello che è stato distrutto. A questo proposito, una volta ho risposto a qualcuno che mi chiedeva cosa poteva fare concretamente per dare un contributo: "Paga consapevole il prezzo per tutto quello che fai e anche per quello che eviti!".
Pochi sono disposti a pagare per i generi di consumo un prezzo equo, che includa l'energia necessaria alla produzione e al trasporto, l'inquinamento ambientale e le malattie che ne risultano e una forma di sostegno economico sociale che permetta ai genitori di dedicarsi ai figli nella prima infanzia.
Attualmente, per questo comportamento irresponsabile, il conto lo si sta pagando in termini di salute e dignità ed è prevedibile che questo conto diventerà ancora più salato per le generazioni future. Il livello dei consumi, il trasporto, l'inquinamento ambientale e l'esaurimento delle risorse non rinnovabili sono in diretto rapporto tra loro e anche con la qualità della vita di ognuno. È incredibilmente elevato il reale costo sociale delle conseguenze di un comportamento senza riguardi per niente e nessuno. Le polizze delle assicurazioni private sulla salute sono soltanto uno degli indicatori.
Ognuno, in qualunque momento, è libero di scegliere di pagare, con consa-

85. Si veda *La prima ferita, La nascita*, pag. 32 e *La depressione post-partum*, pag. 34.

pevolezza, il prezzo giusto per un cibo sano. Se invece si rifiuta di farlo, a un certo punto ci si ritrova – volenti o nolenti – ugualmente a pagare. Lo si fa come vittima di qualche malattia o sofferenza, per esempio. Non appena ci si comincia a rendere conto dell'ineluttabilità di questa legge, allora si comincia anche a voler pagare il prezzo giusto, in modo attivo, invece che dover pagare in seguito, in modo passivo. Con dignità, senza lamentarsi, si possono saldare i conti per tutte le volte in cui ci si è sbagliati e, così facendo, si diventa consapevoli del significato del prezzo e si può modificare il proprio comportamento, in modo tale che non soltanto la qualità della propria vita, ma anche quella altrui possa diventare più soddisfacente.

All'inizio del nuovo millennio, ogni consumatore è corresponsabile assieme a tutta la collettività di innumerevoli errori dalle conseguenze disastrose. Ora, a seguito della globalizzazione, questi errori sono in grado di provocare catastrofi ancora maggiori. Per questo motivo non è possibile permettersi di delegare la propria responsabilità personale a uomini politici, a scienziati e ad 'esperti' che spesso sono al servizio di società multinazionali.

Si sente molto parlare di una 'nuova coscienza' e di nuovi paradigmi che dovrebbero essere sul punto di formarsi e si aspettano degli 'esperti' che dovrebbero rendere questa visione realtà. **Ma nuovi paradigmi posso venirsi a creare soltanto se ognuno, individualmente, diventa cosciente dei propri errori e delle loro reali conseguenze.** Quando si tratta di migliorare le condizioni attuali per renderle più adatte alla sopravvivenza dell'essere umano su questo pianeta, è imprescindibile sentirsi interpellati in prima persona. Soltanto la coscienza che ne risulta può portare a un cambiamento di comportamento. Ma quando è tutta la collettività a commettere un errore, sembra quasi di non riuscire più a riconoscere i singoli contributi individuali. Assieme alla globalizzazione avanza anche il senso di distacco dalla Madreterra. Questo è, tra l'altro, da ricondurre al fatto che si è sempre meno disposti a svolgere per conto proprio lavori manuali semplici o perlomeno a onorarli con il giusto compenso, cosa che diventa difficile se manca l'esperienza personale. Oggi la manodopera la si ricerca nei Paesi dove i costi sono bassi e là si fanno eseguire i lavori manuali che richiedono tempo e fatica; in questo modo la gamma di esperienza nel mondo occidentale si riduce sempre più, mentre aumenta l'incapacità a stimare il valore del lavoro e dell'energia contenuto nei prodotti consumati.

In una rivista ho trovato una nota secondo cui, nei paesi industrializza-

ti, in nome del comfort si consuma pro capite una quantità di energia corrispondente al lavoro di circa 60 schiavi. C'è da sottolineare che molti generi a basso costo sono opera di lavoro minorile e che, quindi, gran parte di questi schiavi è costituita da bambini.
Gli speculatori che puntano alla massimizzazione dei profitti non esitano di fronte a condizioni di lavoro dannose per la salute e per la struttura sociale, né alla distruzione dell'ambiente naturale.
Quello che non sempre sembra essere sufficientemente evidente è che ognuno, nel suo piccolo, si rende complice di questo sistema finché continua a comprare merci prodotte in modo disonesto.
Dato che la produzione avviene altrove perché non si è più disposti a compiere lavori poco nobili, spesso non si sa nulla delle condizioni lavorative, se esse siano o meno rispettose della dignità umana e si continua ad acquistare 'a cuor leggero'.
Ascoltando le informazioni diffuse dai mass-media sulle condizioni di produzione in Paesi lontani, è comune non sentirsi affatto coinvolti personalmente e non riuscire ad immedesimarsi nel ruolo di quei lavoratori. Questo accade sia perché ci si confonde nella massa, sia per insufficiente esperienza pratica. Io reputo molto importante, per una buona educazione, che i giovani abbiano la possibilità di apprendere e praticare lavori manuali grazie a periodi di apprendistato presso artigiani e professionisti.

Com-prendere: la porta della conoscenza

Da molti anni vivo in mezzo alla natura selvaggia in una radura nel bosco che si raggiunge su un sentiero di montagna percorribile solo a piedi. Dal villaggio ci vogliono una ventina di minuti. Sono parzialmente autosufficiente per i miei bisogni. È uno stile di vita che mi stimola continuamente a essere 'qui e adesso'. Se non avessi questo atteggiamento, vivere così mi risulterebbe eccessivamente faticoso, considerato il dispendio di energia personale, il logorio della forza fisica e l'impiego di tempo, e probabilmente non vorrei più farlo.
Il costo di una giornata 'comoda' è estremamente salato: quando mi occupo solo dello stretto necessario, il giorno dopo le conseguenze della mia pigrizia si fanno duramente sentire. Questo tipo di vita quotidiana mi ha reso con-

sapevole del reale prezzo del comfort e dei prodotti che mi servono e anche di quanto costi veramente la mia comodità, non solo quella di oggi o di ieri, ma anche quella degli anni passati, e la mia tendenza a non concludere le cose fino in fondo. Me ne rendo conto brutalmente quando mi occupo della manutenzione del sentiero da Aranno a Donè, che viene sempre danneggiato da forti piogge. Se eseguo i faticosi lavori di riparazione controvoglia, al temporale successivo i danni saranno dieci volte peggiori.

Nel corso degli anni ho imparato molto osservando le conseguenze delle mie azioni – sia di quelle compiute, che di quelle incompiute – e dentro di me si è accumulato un tesoro di saggezza davvero utile. È diventato sempre più importante per me occuparmi con le mie mani di quei lavori quotidiani semplici, faticosi o sporchi che, così alla leggera o addirittura con presunzione, siamo abituati a delegare ad altri. Sono lavori che non consideriamo sufficientemente nobili da volercene occupare in prima persona. Tuttavia, più deleghiamo ad altri questi lavori ingrati, meno riconosciamo il loro vero valore e il vero prezzo per i servizi e le cose che consumiamo. È impossibile assimilare in modo teorico questo concetto di valore: ci vuole l'esperienza diretta, sensoriale nello svolgere il lavoro con le proprie mani e col proprio sudore, per giungere alla com-prensione.

Nella mia pratica quotidiana, in parecchi anni ho commesso molti errori e, piano piano, si è fatta strada dentro di me una chiara filosofia di vita. In base ad essa, mi sono esercitato a pagare il 'prezzo giusto', in modo cosciente e senza lamentarmi o mercanteggiare. Non si tratta soltanto del prezzo equo per beni di consumo sani e prodotti nel rispetto della dignità umana, ma anche del costo effettivo, personale e collettivo, delle mie azioni o le mie comode non-azioni. Per esempio, che differenza fa se faccio sentire la mia voce o resto in silenzio in merito a questioni politiche? Come mi comporto nelle relazioni interpersonali? Qual è il mio contributo all'inquinamento atmosferico e ambientale? Cerco le risposte e, grazie a questa scelta di vita, mi è diventato molto chiaro come, senza una maggiore consapevolezza in merito al reale valore di oggetti e gesti, l'essere umano continuerà a comportarsi in modo asociale, mancando di rispetto, abusando di potere, in un'ottica di distruzione e sfruttamento. E continuerà a separare il neonato dalla madre!

Un giorno come tanti

Descrivo adesso una mia domenica tipica, affinché possiate farvi un'idea di quanto possa essere stimolante uno stile di vita in cui si utilizzano le risorse con parsimonia. Magari potrà infastidire l'accuratezza dei dettagli, tuttavia essi indicano con precisione cosa effettivamente si nasconde dietro la colazione, se l'uovo non se ne sta sullo scaffale del negozio e l'acqua per il caffè non esce per magia dal rubinetto.
Al sorgere del sole, mi alzo con slancio e scendo in cucina per mettere a bollire l'acqua del caffè. Mi interrompo per un bisogno impellente e mi dirigo verso il gabinetto, un compost-toilet distante venti metri dalla casa. Arrivato là, mi accorgo che il secchio per la miscela di cenere e segatura, con cui ogni volta si coprono gli escrementi, è vuoto. Nessuno mi aveva avvertito che doveva essere riempito. Dato che devo andare di nuovo in casa, per prendere la cenere, decido di portare un carico di legna da ardere, di cui avrò bisogno per accendere il fuoco in cucina, invece di fare una corsa a vuoto.
Depongo la legna, prendo la cenere dalla stufa e raccolgo subito con la scopa la polvere caduta per terra. Devo aggiungere ancora un po' di segatura, altrimenti con la sola cenere, nel contenitore in cui le nostre feci si compostano, si forma un blocco duro e difficile da svuotare. Dopo alcuni anni usiamo questo compost come fertilizzante per gli alberi da frutta. Mi accorgo con gioia che c'è ancora abbastanza segatura, l'avevo setacciata alcuni giorni prima. Altrimenti avrei dovuto armarmi di secchio e setaccio, e mi sarei dovuto accollare anche quel lavoro polveroso.
Finalmente, con il secchio pieno, mi dirigo al gabinetto. Passando accanto alla fonte, mi accorgo che non scorre l'acqua; è un segno che la cisterna, che tracima in questa vasca, per qualche motivo non viene alimentata e che tutta la casa potrebbe restare senz'acqua. Forse il tubo è otturato o, com'è già successo, un cinghiale vi è inciampato e lo ha rotto. O forse il temporale della scorsa notte ha fatto straripare il torrente e ha riempito di sabbia il punto in cui l'acqua viene attinta. Dato che con quella fonte si riempie una piccola vasca in cui vivono ranocchie e che, forse, si sono già schiusi i girini, se dovesse seccarsi potrebbero morire tutti. Decido di ripristinare al più presto il flusso dell'acqua. Dopo aver finito al gabinetto, prendo nella baracca cacciavite, fil di ferro e vanga per essere equipaggiato a dovere e mi dirigo verso il punto in cui prendiamo l'acqua, che dista cinque minuti a

piedi dalla casa, più in alto. Stranamente, trovo tutto in ordine; gli attrezzi che ho portato con me non mi servono. Avrei avuto piuttosto bisogno di una tenaglia e di una chiave per aprire il tubo e controllare se dentro non vi sia, per esempio, una lumaca d'acqua.
Vado di nuovo nella capanna per prendere questi altri attrezzi. Quando, con il fiato corto, sono di nuovo lassù, smonto il rubinetto e trovo per davvero una lumaca d'acqua a otturare il passaggio. Mi accorgo subito che questo problema potrebbe ripetersi se non mi dedico a fondo alla pulizia del recipiente di riempimento: è pieno di fango e vi proliferano larve di insetti e lumache.
Per non dover fare ancora un viaggio, decido di farlo subito: rovescio il recipiente e scolo il fango. Quando, finalmente, ritorno in casa, il mio pigiama – mi ero appena alzato! – è tutto macchiato di fango. Ma, prima di metterlo in lavatrice (che lusso, fino a pochi anni prima, lavavo ancora tutto a mano!), voglio accendere il fuoco, non solo per il caffè, ma anche per scaldare l'acqua nel boiler. Mentre metto carta di giornale nella stufa, mi accorgo che i legnetti piccoli, per accendere, sono finiti. Esco di nuovo e spacco con l'ascia un po' di legna a pezzi più piccoli. Finalmente ci siamo, il fuoco scoppietta; metto una pentola d'acqua a bollire e subito dopo una seconda, per riempire la riserva di due thermos che basterenno per tutta la giornata e anche per l'indomani mattina. Ciò mi permetterà di bere domani, come prima cosa, una tazza di caffè.
Per utilizzare tutto il calore della stufa per scaldare l'acqua dello scaldabagno, bisogna chiudere il tubo del riscaldamento centrale e, per far ciò, devo scendere in cantina. Tornando in cucina sento qualcosa di viscido sotto le pantofole. O no! Che schifezza! Ancora una volta, ho calpestato la testa e le interiora di due topolini mangiati dal gatto, che adora lasciare i suoi trofei decorativi proprio sull'uscio della porta della cantina. Innanzitutto, dunque, pulisco il pavimento con uno straccio ed elimino i resti dei topi.
Dopodiché metto il pigiama sporco nella lavatrice e mi concedo una doccia calda. Quando torno in cucina, l'acqua per il caffè bolle: tra poco ci siamo, è pronto il primo sorso di caffè della mattina! Ma un languorino allo stomaco mi suggerisce che ci vorrebbe anche qualcosina da mangiare. In fondo, ho già lavorato un bel po'. Un uovo alla coque è proprio quel che ci vuole! Vado nel pollaio e, fantastico, le galline hanno appena deposto due uova, sono ancora tiepide. Dato che mi trovo nel pollaio, perché non approfittarne

subito per mettere il mangime? Detto, fatto: prendo la falce, taglio un po' d'erba e ci aggiungo un po' di granaglia. Bene, ora me ne torno in cucina per cuocere le uova.

Infine preparo un vassoio con pane, burro e marmellata, pesche, olive, formaggio di capra, olio di oliva e... d'improvviso mi ricordo che Nicole già ieri voleva un po' di verdura dell'orto. Come un fulmine, corro a raccogliere basilico fresco, pomodorini e peperoni.

Torno proprio al momento giusto per togliere le uova dal fuoco, raffreddarle sotto l'acqua fredda e metterle nel portauovo. Mancano solo le tazze, i piattini, le posate, il caffè in polvere e il latte.

Per poter restare in santa pace, dò ai gatti qualcosa da mangiare e, infine, entro felice nella nostra stanza da letto, dove la mia compagna ha passato la mattinata immersa nella lettura. A lato del letto, c'è un tavolino e niente più impedisce una sontuosa colazione della domenica.

Le campane in lontananza battono mezzogiorno.

La militanza sociale

Lo sceicco sufi Salah Eid non si stancava di ripetere che la preghiera da sola non serve a niente. Bisogna impegnarsi con tutte le proprie forze affinché essa sia seguita da azioni concrete.

Dal mio punto di vista, la speranza che siano i politici a cambiare l'attuale situazione mondiale è altrettanto illusoria. Ci vuole la disponibilità di ogni singolo individuo a impegnarsi, con tutte le sue risorse e capacità. Ci troviamo in un momento storico in cui è richiesta e, nel vero senso della parola, necessaria una nuova forma di militanza sociale.

Il famoso psicoterapeuta junghiano James Hillman si rammarica del fatto che la psicoterapia e la psicoanalisi assorbano forze che, poi, non sono più a disposizione per una militanza politica e un impegno in cambiamenti sociali.

Io ho maturato nel tempo una diversa opinione. Ho avuto modo di rendermi conto che, chi riporta alla coscienza le esperienze traumatiche della prima infanzia e le rivive emozionalmente, comincia ad assumersi la responsabilità per se stesso. In un certo senso, diventa un buon genitore per il suo bambino interiore. A prima vista, questo non sembra avere alcuna connotazione poli-

tica. Ma, se si va a osservare meglio, colpisce come il fatto di tornare a trattare se stessi amorevolmente, permetta di cominciare a riconoscere i propri veri bisogni. Per esempio, aumenta la consapevolezza nella scelta del cibo e diventa importante che sia di stagione, prodotto senza sprechi energetici e in condizioni dignitose per gli esseri umani e per gli animali. Diventa accettabile pagare un giusto sovrapprezzo al produttore per i prodotti biologici. L'essere umano a contatto con se stesso, si sente toccato in prima persona da quello che accade a livello ambientale e si informa sulle possibilità di contribuire personalmente ad un miglioramento, anche tramite il voto alle urne.
Il contributo maggiore che si può dare all'intera società, tuttavia, è quello che deriva dal superamento dei blocchi che ostacolano una connessione profonda con i propri figli. Questo permette di rispondere al bisogno di appartenenza del neonato, tenendolo in braccio, vicino al cuore, allattandolo, accettando un contatto fisico pelle contro pelle, riconoscendo i suoi segnali. Chi ha rielaborato i traumi primali, non ha reazioni emozionali di fronte al disagio del bambino ed è in grado di accudirlo e di accoglierlo per quello che è.
Questi aspetti hanno effetti di grande portata sul piano politico. La disponibilità a pagare un prezzo equo contribuisce a creare posti di lavoro nel proprio Paese e condizioni di vita dignitose. Questo contributo è importante e può permettere alle nuove generazioni di crescere in condizioni appropriate per l'essere umano, senza dover essere separato precocemente dalla madre. E proprio le nuove generazioni saranno in grado di convivere pacificamente, non saranno più tentate dallo sfruttamento e non saranno più mosse da un senso di vuoto interiore e da un'indefinita nostalgia. Questa dimensione è tanto più importante, se ci si rende conto delle scorrerie di alcune multinazionali alla caccia delle risorse vitali del pianeta (il brevetto e la manipolazione genetica delle specie viventi e la commercializzazione dei semi) e gli uomini politici si dimostrano sempre più impotenti o sottomessi al potere di questi grandi gruppi.
L'unico mezzo efficace per bloccare questo processo distruttivo, che ci porta come il Titanic sempre più vicino all'iceberg, è il potere del singolo come consumatore. Egli però deve prima superare alcuni ostacoli.
L'esperienza del mancato imprinting lascia nell'essere umano, infatti, una nostalgia indefinibile e un desiderio insaziabile che cerca di compensare con beni di seconda scelta. Ciò lo rende vulnerabile alla raffinata manipolazione della pubblicità e lo porta ad accettare, senza critiche, un'informazione

ben presentata, ma distorta ed ingannevole. Alcune multinazionali investono miliardi in pubblicità e si servono di nostalgie e dipendenze, indotte da un trattamento improprio nella prima infanzia, per i loro profitti. La loro influenza è così grande che perfino negli Stati democratici possono corrompere il sistema politico. Il singolo individuo, in buona fede e credendosi bene informato, si rende complice di coloro che mirano al massimo profitto.
Soltanto una persona che ha risvegliato la sua coscienza ed è consapevole dei suoi veri bisogni, comincia a riconoscere queste correlazioni e a trovare una motivazione per modificare il suo stile di vita, per scegliere il cibo secondo criteri salutistici e badando alle ripercussioni sociali della sua produzione. Una singola persona ben informata, con la sua militanza sociale fatta di scelte consapevoli e di boicottaggio d'acquisto, come Davide contro Golia, è potenzialmente in grado di influenzare le strategie delle multinazionali.
Per rimediare agli 'inconvenienti' dovuti alla contro-informazione dei consumatori, le multinazionali stanno preparando, in seno al WTO, regolamenti validi a livello internazionale, che prevedono il rimborso dei mancati guadagni da parte di chi impedisce loro il massimo profitto[86]. Paesi deboli economicamente non hanno i mezzi necessari per intraprendere una battaglia in tribunale facendo causa a queste leggi o resistendo ai capi d'accusa derivanti dalla loro applicazione. Per non correre il rischio di essere processati, i giornalisti, le organizzazioni o i governi si comportano in modo molto cauto, in quanto un'aperta opposizione potrebbe costare molto cara.
I mass-media hanno rimproverato a un'organizzazione come Greenpeace, senza peraltro consultarla direttamente per verificare i dati, di utilizzare parte delle donazioni ricevute 'soltanto' per spese processuali. Un'informazione presentata così, può indurre i donatori a dirottare il loro contributo su organizzazioni più 'efficienti'. Si tratta, per lo più, di organizzazioni che si limitano ad arginare i danni provocati da multinazionali o da nazioni che hanno dichiarato guerra, sollevandole con il loro intervento dall'obbligo morale di rimediare.
Chi ritrova contatto con se stesso, grazie ad un profondo processo di autoco-

86. Concordato multilaterale sugli investimenti (MAI). Preparato in segreto, stava per essere firmato da nazioni influenti e in pratica avrebbe garantito potere illimitato alle multinazionali, introducendo il diritto di decisione degli investitori a scapito della sovranità del popolo. È stato impedito grazie a iniziative di cittadini e alla mobilitazione dell'opinione pubblica. Nell'ambito tuttavia del TWP (Alleanza Economica Transatlantica) e del WTO (World Trade Organisation) sono stati già stipulati o sono in preparazione accordi che necessitano di vigilanza internazionale.

scienza, s'impegna in uno stile di vita sano ed è pronto a pagare un prezzo equo. Comincia ad analizzare criticamente le notizie e a dare la precedenza alla stampa indipendente.
Purtroppo, anche all'interno di questa stampa apparentemente libera, vi sono testate che svolgono la funzione di 'cavallo di Troia'. Un esempio impressionante, a questo proposito, lo offre un giornale svizzero che si dichiara impegnato nella giustizia sociale e pertanto è diventato in grado di influenzare moltissimo l'opinione pubblica. Ma quando consultazioni referendarie mettono in ballo i profitti dei potenti, la parte redazionale, che mantiene un equilibrio dando voce a tutte le parti, è sempre affiancata da inserti pieni di menzogne che di fatto mirano a far fallire le iniziative popolari.
Per esempio, quando si trattò della discussione in merito alla moratoria sulla tecnologia nucleare, in un inserto apparve il caso di una bambina che, a causa dell'inquinamento atmosferico, soffriva di malattie dell'apparato respiratorio. Il messaggio che il passaggio dai combustibili fossili all'energia nucleare avrebbe permesso di migliorare la qualità dell'aria per il bene di quella bambina, era una menzogna: gli altri pericoli della tecnologia atomica per la salute di tutta l'umanità non venivano menzionati.
Anni dopo, in un inserto dedicato al tema della tecnologia genetica, in occasione di una campagna che promuoveva un referendum per proteggersi dai rischi ad essa connessi, comparve di nuovo l'immagine di una bambina di circa 5 anni, quasi identica a quella precedente. Il commento era che, se gli elettori avessero sostenuto l'iniziativa, lei sarebbe stata condannata a morire di leucemia. In tal modo, veniva suggerito che l'applicazione delle misure promosse dall'iniziativa avrebbe impedito la messa a punto di medicinali più efficaci. Ciò non corrispondeva al vero, anche se effettivamente avrebbe potuto, efficacemente, ostacolare i piani di alcune ditte farmaceutiche riguardo brevetti di piante e di animali manipolati geneticamente o la loro introduzione sul mercato!
Un lettore scrisse una lettera per segnalare come proprio il trasporto per lo smaltimento di scorie nucleari – anche quelle svizzere – potesse essere una spiegazione del tasso molto più elevato, rispetto ad altre zone, di leucemia infantile nei dintorni di Sellafield. La rivista si rifiutò di pubblicare quella lettera, col pretesto che si riferiva ad un inserto e non alla parte redazionale[87].

87. Il quotidiano *Der Beobachter* apparteneva all'epoca a Jean Frey AG, un influente gruppo finanziario.

Una militanza attenta del lettore è in grado di smascherare il 'lupo' nascosto dietro certi media travestiti da 'agnello'.

Re-ligione olistica

In occasione dell'incontro della durata di una settimana indetto da una rete che riunisce persone creative degli ambienti più disparati, unite dall'obiettivo di individuare nuovi paradigmi, eravamo circa un'ottantina a partecipare a una serie di cerimonie di diverse confessioni religiose.
Assistendo a uno di questi rituali arcaici, con tutte le sue preghiere, i gesti e le offerte, sussultai interiormente e pensai: "Così tante parole – quando invece tutto è uno".
Mi consideravo ateo, anche a seguito di alcune esperienze risalenti alla mia infanzia. Avevo quattro anni quando il figlio del nostro padrone di casa, mentre giocava con la sabbia, disse con aria trionfante che io e i miei genitori non saremmo andati in paradiso. Sua madre, con voce tagliente, confermò che suo figlio aveva detto la verità e che solo chi apparteneva alla loro confessione era prescelto per il paradiso. A me tutto questo risultava ancora più incomprensibile, dato che, in quella famiglia, in caso di disobbedienza, il bambino veniva portato in cantina, gli venivano abbassati i pantaloni e veniva frustato senza pietà con un tubo di gomma sulle natiche. Ricordo ancora molto nitidamente le grida del ragazzino. Quindi ripensai a quando avevo dodici anni e il pastore, durante il catechismo per la cresima, aveva dichiarato che le ragazze che indossavano gonne troppo corte (s'intendeva a metà polpaccio) dovevano finire al patibolo. Io non capivo come i miei genitori potessero essere fedeli ad una simile confessione religiosa e avessero potuto addirittura decidere di lasciarmi battezzare proprio da quel pastore. Che tipo di meccanismo psicologico li spingeva a frequentare le 'messe del Signore' celebrate da quell'uomo? Nel frattempo eravamo giunti alla cerimonia del fuoco e sentii di nuovo montare la collera verso la cecità del credente, che mi pareva di riconoscere nella dedizione di chi mi circondava. Mi sommerse un senso di separazione e, d'un tratto, emersero da dentro di me immagini in diretta correlazione con questa sensazione, che era la stessa che avevo vissuto da neonato quando ero stato allontanato da mia madre. Percepii nuovamente tutta la disperazione dovuta al senso di esclusione. Di certi sentimenti

e situazioni si può parlare soltanto in prima persona, in modo soggettivo. Mi accorsi improvvisamente che i 'credenti' parlano sempre al plurale e che proprio questo uso del 'noi' sottolinea l'esclusione, dal paradiso promesso, di chi non vi fa parte, perché aderisce ad un'altra fede o è ateo.
L'uso del 'noi' offre una nicchia che ha la funzione di compensare la mancanza di appartenenza sofferta nella prima infanzia. L'appartenenza a un credo religioso e la convinzione che esso sia l'unica fede vera e giusta è un modo di seconda scelta di compensare il trauma, rimosso, per essere stato escluso e allontanato. Considerarsi al di sopra degli altri, o escluderli, è un modo di ripetere lo stesso trattamento ingiusto vissuto nella prima infanzia. Anche chi si sente escluso e prova una sensazione di non appartenenza è toccato nel suo trauma infantile rimosso.
Quando la religione soddisfa queste mancanze, allora facilmente possono scoppiare guerre religiose fanatiche.
In genere coloro che hanno un atteggiamento critico verso la religione non sono messaggeri benvenuti; eppure essi possono – e questo va detto qui con forza – essere custodi di una verità che merita di essere considerata. In tal senso invitano alla guarigione e questo è un dono per entrambi le parti – credenti e non credenti: infatti da esso può nascere l'amore.
Non conosco nessuna religione che abbia come tema centrale il diritto del neonato umano di sentirsi al sicuro tra le braccia e al seno della madre e veda in questa situazione l'origine della capacità di amare incondizionatamente. E neppure una religione in cui si professino riti che sostengano gli adulti nel diventare madri e padri amorevoli. Una religione che incoraggi a diventare consapevoli di come il neonato va accolto, nel rispetto della dignità umana.
Nell'attuale momento storico, un cambio di paradigma religioso in tal senso è più che mai necessario. Le strutture religiose dovrebbero mettere a disposizione strumenti adatti ad una presa di coscienza degli errori commessi, per imparare da essi e poter modificare un comportamento improprio.
D'altra parte, non conosco neppure un'ideologia, una teoria o una filosofia che si faccia promotrice di una tale presa di coscienza, a parte alcuni movimenti che si interessano della cultura della nascita.
Queste considerazioni dovrebbero invece interessare tutte le società e diventare un tema politico.
Normalmente, nelle discussioni politiche su temi sociali, non si parla af-

fatto delle necessità del neonato. Si preferisce dibattere su aspetti considerati più importanti, come la creazione di posti di lavoro, il traffico, l'energia, la protezione della natura e degli animali. Al limite si discute sulle sovvenzioni per la ricerca nel campo della fecondazione assistita o del numero di posti disponibili negli asili nido. In un modo simile, nell'ambiente New Age si fa riferimento alla luce, agli angeli e ad altri esseri elementari e si tralascia ancora una volta il neonato.
In occasione di un altro incontro della stessa rete culturale, nel corso di un rituale sciamanico per dar voce agli elementi e agli esseri naturali, presi la parola io come rappresentante del neonato umano, dopo aver ascoltato le richieste dell'aria, del bosco e dei suoi animali. Nessuno si aspettava che qualcuno avrebbe potuto pensare di inserire l'essere umano nella lista! Dissi: "Ho bisogno che voi, esseri umani, creiate nuove strutture sociali che permettano a tutte le madri di tenere il loro bambino con sé, vicino al cuore, a partire dalla nascita!". È stato molto suggestivo sentire un intero coro di persone rispondere: "Ti abbiamo sentito, essere umano neonato!". Tra le persone che con creatività sono alla ricerca di nuovi paradigmi culturali, si sta diffondendo la consapevolezza che la scissione interiore sia il risultato di un comportamento umano improprio. Molte di queste persone, infatti, grazie a percorsi di autocoscienza, con cui hanno ritrovato contatto con il loro bambino interiore e rielaborato i traumi della prima infanzia, sono giunte alla conclusione che l'accoglienza appropriata del neonato possa prevenire molto dolore ed evitare la scissione interiore.

ESPERIENZE LIMITE

La meditazione nella vita quotidiana

Molti anni fa stavo tornando a casa in una valle di montagna del Ticino, alla mia solita vita quotidiana, dopo aver partecipato ad un seminario di meditazione. A quel tempo mi occupavo da solo di tutti i lavori quotidiani necessari per vivere isolato in una piccola e impervia radura del bosco.
L'esperienza fatta nel corso di quel seminario mi spronò a mettere in discussione l'efficacia della meditazione di gruppo se l'obiettivo è quello di sperimentare il vuoto. Inoltre, mi spinse a decidere di essere vigile nella vita quotidiana ed evitare di svolgere qualsiasi attività se non avevo davvero voglia di farla. Il risultato fu che mi capitò di trascorrere delle giornate intere standomene semplicemente seduto, senza trovare nulla di cui avessi voglia. Per ore e ore nella mia testa ronzava un rumore di fondo, come se fossi un televisore acceso ma non sintonizzato. Mi sembrava che il tempo fosse interminabile, che non passasse più e non avevo la più pallida idea di cosa mi sarebbe piaciuto fare. Provavo un senso di abbandono lacerante e iniziai a riconoscere la differenza tra la meditazione in gruppo e lo starmene lì da solo. All'interno di un gruppo, il senso di appartenenza non viene mai messo in discussione, anche quando ognuno medita da solo in un angolino. Standosene seduti da soli, invece, si risvegliano proprio quelle emozioni che riportano immediatamente al momento della separazione dalla madre, da neonato. Il senso di appartenenza al gruppo impedisce di rivivere la sensazione di separazione e isolamento. Gli esseri umani che crescono in culture in cui i neonati vengono portati addosso dalla madre e di conseguenza godono dell'imprinting, di un contatto multisensoriale profondo e di un senso di appartenenza ben radicato, non hanno un trauma primale di separazione da rielaborare. La loro autostima, e con essa il loro ego/identità, sono intatti. Per questo motivo, il processo che permette di liberarsi dall'ego e di percepire il vuoto con la meditazione ha tutto un altro significato e un'altra

importanza per le persone che non hanno sofferto del mancato imprinting. Gli esseri umani della cultura occidentale attuale, nella quale la separazione è la norma, non dispongono di tutta la forza vitale e spirituale a causa della scissione interiore e hanno perso il senso di unione con il divino, la creazione e la creatività.
Chi nella prima infanzia ha sofferto il trauma della separazione e, quindi, a livello inconscio, è lacerato profondamente dentro di sé, ha bisogno come prima cosa di lasciar fiorire l'ego. Infatti è impossibile lasciare andare l'ego prima di essersi lasciati possedere completamente da lui. Più l'ego è forte, più tende a difendersi dalla verità interiore. Confrontarsi con essa risulta a tal punto doloroso, che l'ego fa proprio di tutto per evitarlo. Il Lavoro Emotivo e Corporeo offre la possibilità di ri-accedere ai traumi vissuti nella prima infanzia e anche di interagire in modo costruttivo con l'ego che sta riacquistando forza, imparando a lasciarlo da parte quando diventa un fattore di disturbo.

La rinuncia alla comunicazione

Ho avuto occasione di fare esperienze straordinarie mentre ero ospite da amici che erano stati terapeuti nel centro dove, anni prima, grazie alla Terapia primale, avevo ripreso un primo contatto con gli avvenimenti della mia infanzia. Questi amici avevano riunito un gruppo di circa trenta persone, tutte disposte a investigare nel loro intimo.
Abitavano in un podere toscano e offrivano incontri sperimentali di gruppo per ricercare il segreto dell'essere presenti. La mancanza di programma degli incontri diede a tutti noi la possibilità di fare esperienze limite, sia in senso sensoriale, che psichico e spirituale.
L'obiettivo era di allestire, nel giro di una settimana, su un terreno collinoso selvaggio, uno spiazzo adatto per le meditazioni e i rituali di un gruppo numeroso. Non era permesso comunicare l'uno con l'altro, né a parole né a gesti.
Provate a immaginare cosa successe tra i trenta partecipanti! Ognuno, individualmente, doveva mettere a fuoco la sua visione di quel luogo e poi mettersi all'opera. In un primo momento, alcuni si sedettero, per riflettere accuratamente sulla questione, mentre altri sembravano già sapere esatta-

mente dove mettere le mani e cosa fare. Il terreno era molto ripido, pieno di rovi e di pietre, ed era circondato da querce nodose che sembravano secolari. I 'decisi', di cui anch'io facevo parte, cominciarono a pulire il futuro spiazzo dai rami spinosi. Fin dall'inizio una cosa mi era chiara: quel luogo doveva diventare una superficie orizzontale piana, sulla quale potessero aver luogo danze rituali. Ciò significava: livellare tutto il terreno accidentato, smuovendo terra e pietre e creando dei terrapieni. Intanto volevo mettere con cura da parte il muschio magnifico che ricopriva il suolo, per trapiantarlo in seguito alla fine del livellamento. Mi sembrava si creasse una sorta di alleanza con coloro che avevano un progetto simile al mio, ma fu un'illusione che durò poco e fu continuamente annientata dal modo di procedere differente di ognuno. Mi accorsi con soddisfazione che anche altri partecipavano al lavoro di conservare il muschio, però il 'loro' muschio serviva a riempire una conca. Comunque, riuscii a salvarne un bel po' e metterlo da parte. Seguì l'opera di scavo. Ben presto, un blocco di pietra dalle dimensioni gigantesche impedì di proseguire. Mi sembrava che fosse meglio spianare la parti del blocco che emergevano piuttosto che trasportare carriole di terra per rialzare il livello dell'intero terreno. Avevo esperienza con un procedimento usato nel Ticino per i blocchi di granito, che consideravo la pietra più dura. Fui molto stupito della durezza di quella pietra toscana, che pensavo di demolire a colpi di piccone. Era necessario ricorrere a martello e scalpello. Ma l'unico martello disponibile era già nelle mani di un uomo, impegnato appunto a spaccare pietre. Desideravo in prestito il martello e lo fissai a lungo, sperando che si accorgesse di questa mia richiesta, invece fui io ad accorgermi che non era impegnato nel lavoro ma che si interessava alla struttura interna della pietra. Ne dedussi che il mio intento fosse più importante e più prezioso del suo e che il suo 'gioco' sarebbe potuto durare ancora ore e quindi decisi – rispettando la regola di non comunicare – di prendergli di mano il martello. Sapevo che glielo avrei restituito, ma lui ovviamente non lo sapeva e, forse, sarebbe rimasto male per il mio comportamento. All'inizio non voleva lasciare il martello e sentii sorgere dentro di me un senso di colpa, ma ero risoluto e tirai più forte. Non vedevo quale altra possibilità avrei avuto di segnalargli quanto mi fosse necessario il martello, a parte il ricorso a una violenza 'dolce'. Il mio avversario si arrese.

Dopo questo episodio, mi ci volle molto tempo prima di sentirmi di nuovo con la coscienza a posto. Il sudore per il duro lavoro di spaccare pietre mi

aiutò a tornare in me. Ma ben presto mi vinse la stanchezza e smisi di battere. Mi stavo rassegnando di fronte all'inattesa durezza della pietra. Appena misi giù martello e scalpello, un altro partecipante continuò il mio lavoro e, in modo del tutto inaspettato, lo portò a termine. Il tutto era durato molto più a lungo di quello che avevo previsto e potei riportare il martello al suo proprietario soltanto dopo cinque ore. Parve contento della mia correttezza nel riconsegnargli l'utensile. In apparenza la sua pace interiore non ne aveva sofferto. Servivano quantità enormi di terra per livellare il terreno e molti vi si impegnarono. Ad altri, il lavoro di livellamento all'inizio era parso talmente impossibile che avevano scartato l'ipotesi di un lavoro preciso, per accontentarsi di una superficie in pendio e irregolare, una seconda scelta, come emerse poi durante l'incontro di condivisione. Ma non appena l'obiettivo di una superficie piana si dimostrò raggiungibile, grazie all'impegno dei risoluti, anche i 'timidi' si mobilitarono e diedero una mano.
Ora potevo iniziare a trapiantare il 'mio' muschio. Il mucchio che avevo raccolto, nel frattempo, era molto diminuito. Ad alcuni il cammino per arrivare dove si poteva prendere terra era sembrato troppo faticoso e avevano usato il 'mio' muschio per riempire gli avvallamenti del terreno.
Dovetti andare nel bosco per procurarmi un nuovo tappeto di muschio. Feci attenzione a non portarne via superfici troppo estese e potei portare a termine il mio lavoro, ma solo il giorno dopo.
Nel tardo pomeriggio ci riunimmo per condividere assieme quello che avevamo vissuto. Tra i partecipanti, nessuno dichiarò di essersi confrontato con emozioni forti, risvegliate dall'obbligo di assumersi piena responsabilità personale e dalle azioni, a volte sgradite, degli altri.
La sera, sempre in silenzio, facemmo il rito della capanna sudatoria. Dopo, mi sentii rinato: ero aperto, pieno di gioia, ma anche vulnerabile, incerto sui miei passi e totalmente spossato. Il mio corpo aveva sudato fino ad esaurire tutte le energie. Con grande impazienza, proprio come un neonato, aspettavo la cena che sarebbe stata consumata sotto forma di una cerimonia semplice e simbolica. Alcuni partecipanti avevano il ruolo di offrire un pezzo di pane, un pizzico di sale e una tazza di tè agli altri seduti in cerchio. Alla mia destra sedeva una donna, famosa a livello internazionale come psicologa ad indirizzo umanistico. A lei venne offerto il tè per prima; mi impressionò l'attenzione, piena di dignità, con cui le fu offerta la tazza piena. A quel punto la persona con la teiera si rialzò, ricambiando lo sguardo riconoscente

della donna, e passò oltre, ma non si rivolse a me, bensì a chi sedeva alla mia sinistra. Mi aveva saltato, non era possibile! Avevo la bocca asciutta e la sensazione di morire di sete.
Avevamo stabilito di restare in silenzio per tutta la cerimonia, per renderci conto del significato profondo del cibo. In quella situazione, tacere mi era proprio difficile: tutti stavano bevendo, mentre io tenevo in mano una tazza vuota.
Nel frattempo, l'uomo con il pane era arrivato alla donna alla mia destra. Notai anche qui la profonda bellezza del gesto con cui lui porse il pane, poi anche lui mi saltò! Da non crederci! Anche lui era rimasto talmente abbagliato dallo scambio di sguardi con la mia vicina, che si era confuso. Mi salirono le lacrime agli occhi. Mi sentivo proprio prosciugato ed estremamente bisognoso.
Infine passò la donna con il sale – simbolo della terra – e non fui più in grado di accogliere dignitosamente il suo gesto. Mi dava sale, mentre io stavo morendo di sete!
Il servitore del tè cominciò un secondo giro e la donna alla mia destra gli porse avida la tazza vuota affinché la riempisse. Questa volta non volevo perdermela e anch'io gli porsi la mia. Trovai veramente poco dignitoso allungare il braccio in una simile cerimonia, ma volevo davvero del tè.
Riempita la tazza della mia vicina, però, la teiera era finita. Dovevo attendere ancora, ma ero certo che la teiera, una volta riempita, avrebbe ripreso il giro da me.
Il mio tentativo disperato di porgere la tazza più in avanti possibile venne ignorato nella mischia di tazze. Rimasi escluso per la seconda volta.
Non potei più tollerarlo, avevo esaurito le forze e fui sommerso completamente dalle sensazioni che prova il neonato quando viene trascurato. Al colmo della disperazione, mi misi a piangere senza ritegno. Circondato da tutte quelle persone 'sensibili', mi sentivo infinitamente solo. Naturalmente fui subito consapevole del fatto che si trattava di emozioni risalenti alla prima infanzia e che lasciarle uscire era tutto nel mio interesse.
Ma nessuno sembrò accorgersi della mia situazione, esattamente come mi era successo appena nato. Mi assalì una rabbia tremenda e ruppi la regola del silenzio, cosa che da neonato non avevo potuto fare. Senza preoccuparmi del tentativo di alcuni dei partecipanti di tranquillizzarmi e di salvare l'atmosfera della cerimonia, mi alzai per servirmi il tè da solo. Mi sentii un miserabile ed

ero molto triste per aver 'rubato' il tè proprio nel corso di una cerimonia.
La donna alla mia destra, evidentemente, non si era accorta di quello che mi era successo e il suo sguardo arrabbiato mi diceva che mi riteneva responsabile per aver rovinato tutto. Io, invece, sentii profondamente dentro di me come il suo gesto avido nel porgere la tazza vuota dovesse avere origine da una privazione sofferta nella prima infanzia, esattamente come le mie sensazioni. Anche lei non si trovava 'qui e adesso', altrimenti si sarebbe resa conto che mi avevano saltato ben tre volte.
Questo episodio fece nascere in me una profonda compassione per il neonato che viene separato dalla madre. Non è in grado di servirsi da solo, come ho fatto io. È completamente esposto all'accudimento altrui e quando i suoi segnali non vengono riconosciuti non può far nulla a parte piangere. Se neppure il pianto viene ascoltato, deve rassegnarsi al fatto che i suoi bisogni non vengano soddisfatti. Un contatto intenso con il bambino, permette alla madre di riconoscere e rispondere prontamente ai suoi primi segnali: i bambini portati in braccio piangono molto meno degli altri per questo motivo e perché il loro bisogno di contatto fisico con la madre è soddisfatto.
Ritornando al gruppo, volli saperne qualcosa di più sul vissuto dei partecipanti che, durante la cerimonia, avevano servito. Nessuno di loro era cosciente di avermi saltato. Non credevano che fosse potuto accadere qualcosa del genere, dato che ce l'avevano messa tutta e avevano dedicato al servizio la loro totale attenzione. Mi accorsi che erano turbati da quanto era accaduto. Rifiutarono categoricamente la mia ipotesi, che mi avessero dimenticato in quanto avevano servito con particolare attenzione la donna alla mia destra, che era famosa e stimata. A me in quel momento sembrò l'unica spiegazione possibile, ma in seguito mi resi conto che avevano agito assumendosi il ruolo di mia madre al tempo dell'infanzia, nel senso di una trasmissione trans-filiale e trans-personale[88]. Detto in altre parole, a livello inconscio mi avevano dato una mano a riportare alla coscienza il trauma primario nascosto dentro di me.

La rinuncia alla capacità motoria

Il giorno dopo mi svegliai tutto indolenzito e con una gran fame. Mi incamminai verso l'edificio, distante una trentina di metri, in cui era installata la

88. Si veda *La prima ferita*.

cucina comune. Ma era più facile pensarlo che farlo! La sera prima, infatti, avevamo deciso di trascorrere la giornata muovendoci al rallentatore. Con estrema lentezza mi accinsi ad attraversare il giardino. All'inizio mi fu quasi insopportabile. Non appena, però, mi accorsi della bellezza di una pesca matura sull'albero, cominciai a uscire dalla dimensione del tempo. Il sole si alzava piano piano da dietro le colline e mi lasciavo accarezzare dai suoi raggi caldi. Tuttavia, un quarto d'ora dopo, cominciarono a diventare sgradevoli e la cucina era ancora lontana.

Appena, finalmente, la raggiunsi, non potevo proprio più aspettare. Alcuni stavano già masticando un pezzo di pane secco; probabilmente, era parso loro troppo lungo, così alla moviola, arrivare all'armadio per prendere il coltello, il burro e la marmellata. Avevo voglia di muesli e mi accinsi a prendere una ciotola, un cucchiaio, il latte e i cereali. Nel mentre, incappai in una persona che, chiaramente con il mio stesso proposito, teneva in mano i fiocchi d'avena. Unimmo le nostre forze per portare gli ingredienti sul tavolo.

Lasciai a lui le ciotole, ma mancavano ancora lo yogurt, lo zucchero e... mi tornò in mente il pesco e pensai a quanto sarebbe stata deliziosa la pesca nel muesli. Uscii dalla cucina per tornare in giardino. Il sole era cocente e mi pentii di aver lasciato il cappello in camera. Forse era meglio andare a prenderlo? Mi dissi che non era proprio il caso.

In tutta lentezza passai accanto ad alberi meravigliosi, che sembravano salutarmi. Sciami di api si nutrivano del loro nettare e venivano ricoperte di polline. Passando qualche minuto prima non lo avevo osservato per niente! Com'era forte il ronzio di tutti quegli insetti; e dire che prima non lo avevo neanche sentito!

Quasi mi ero dimenticato dove ero diretto, quando il pesco mi fece cenno. Mi gongolavo all'idea di potermi godere il fresco della sua ombra. Colmo di desiderio, accelerai appena i miei passi e, infine, il profumo del frutto raggiunse il mio naso. L'impulso di coglierlo subito fu bloccato da un senso di profondo rispetto e, per un attimo, restai fermo pieno di gratitudine. Poco dopo, mi rimisi in marcia verso la cucina con una pesca in mano.

Un tafano mi stava ronzando attorno e seguivo i suoi movimenti, sospettoso, con la coda dell'occhio. Si appoggiò sulla mia spalla. Maledizione, proprio dove con i movimenti al rallentatore non riuscivo a scacciarlo in tempo. Ripensai alle parole dello sceicco sufi Salah Eid, quella volta che affermò come la capacità di piegare un mignolo sia da onorare ogni volta come se

si trattasse di un nuovo, inaspettato dono divino. Disporne non è in nostro potere. Aveva davvero ragione. In quel momento, ne ero diventato del tutto consapevole grazie alla situazione straziante che stavo vivendo. Cominciai a rendermi conto anche di cosa significasse perdere la capacità motoria per un incidente o una malattia.
Il tafano, dopo avermi punto sulla spalla, andò a planare sulla mano che voleva schiacciarlo. Devo confessare che avevo accelerato i movimenti, per riuscire a spiaccicarlo sulla camicia.
Ero stato in giro per un'ora buona, quando mi imbattei di nuovo, in cucina, nel mio compagno di muesli, che aveva già mescolato nella ciotola i fiocchi con il latte, lo yogurt e lo zucchero e stava proprio per sedersi finalmente a tavola. Non si aspettava per niente che io riapparissi con una pesca, ma era entusiasta dell'aggiunta e ci servì soltanto ancora un quarto d'ora per recuperare un coltello e tagliare la pesca a pezzettini. Però, come ci gustammo poi quella colazione!
Quando ebbi finalmente finito di mangiare, il sole era già alto e cominciai a preoccuparmi per il muschio, che avevo trapiantato il giorno prima. Non sarebbe sopravvissuto di sicuro sotto quel sole infuocato, senz'acqua. Per il solo percorso di andata, per raggiungere lo spiazzo in alto sulla collina distante trecento metri, ci volevano due ore al rallentatore, e mi sembrava che a quel punto per il muschio avrebbe potuto essere troppo tardi. Considerato questo, potevo permettermi di impiegare almeno un'ora per sparecchiare il tavolo, lavare i piatti e riordinare? Se non lo facevo, lasciavo implicitamente quei compiti agli altri. La regola di non comunicare, infatti, era sempre in vigore.
Ero combattuto, ma alla fine mi decisi a favore del muschio. Mi incamminai per procurarmi due annaffiatoi e riempirli al pozzo. A quel punto, iniziai la salita alla moviola.
Sotto il sole cocente facevo proprio fatica a superare quel dislivello di circa cinquanta metri e i due annaffiatoi mi sembravano sempre più pesanti; ma alla fine ce la feci. Arrivai appena in tempo per salvare il muschio. Tutto soddisfatto, ritornai lentamente indietro, certo che la fatica fosse valsa la pena. Giunto in cucina, mi accorsi con gioia che tutto era stato pulito e riordinato. Ero felice che il mio comportamento 'asociale' non avesse impedito agli altri di creare un'atmosfera ordinata e invitante.
Il mattino seguente, con comodo mi recai allo spiazzo destinato alla medi-

tazione. Non c'era alcuna fretta, ma mi sembrò opportuno salire ancora una volta con gli annaffiatoi pieni. Altri erano già al lavoro quando arrivai e mi accorsi con sgomento, avvicinandomi, che qualcuno aveva spostato tutto il 'mio' muschio e sbadatamente l'aveva fatto cadere giù dal pendio. Era proprio una mazzata per me! Innanzitutto, mi sedetti su una pietra per digerire l'amarezza che provavo per quell'atto ai miei occhi 'vandalico'. Sussultai al pensiero che io ero apparso probabilmente altrettanto violento nella faccenda del martello. O forse era stata la convinzione dell'importanza della mia visione ad avermi legittimato a far uso della violenza? Evidentemente, ora, qualcuno impegnato nella realizzazione del suo progetto aveva pulito lo spiazzo. Uno sconosciuto che aveva agito con coscienza, esattamente come il giorno prima avevo fatto io. Provai un forte sentimento di connessione con questa persona sconosciuta, assieme alla soddisfazione per essermi occupato del muschio il meglio possibile. Finalmente potevo, pieno di gioia, lasciar perdere il mio progetto personale per adattarmi all'inevitabile situazione e aprirmi a prospettive nuove. Me ne restai a lungo seduto sulla pietra: semplicemente me ne stavo là a guardare ed era l'unica cosa di cui avevo voglia. Osservavo compiaciuto l'attività degli altri e riconobbi quanta bellezza era nascosta nel modo in cui ognuno si impegnava per realizzare la sua visione. Mi sembrava di capire che un gruppo di donne si fosse prefisso di delimitare lo spiazzo con delle spesse pietre piatte. Tutto attorno ce n'erano di meravigliose, ma erano molto pesanti. Dal mio punto di vista, erano troppo lontane e troppo pesanti per trasportarle. Ma le donne avevano scelto proprio quelle. Tuttavia non riuscivano quasi a spostarle, a meno di... Ma certo! Alcune guardavano già verso di me, un uomo 'forte' che se ne stava seduto senza fare niente, e il loro sguardo era perentorio: "Come puoi guardarci così, con le mani in mano, mentre noi ci affatichiamo tanto?". Colsi il loro messaggio, ma non sentivo né la voglia né la motivazione di mettermi al lavoro. Una delle donne mi fece un chiaro segno, a metà strada tra un invito e un ordine, totalmente proibito dalla regola di non comunicare. Era del tutto convinta che io non mi fossi accorto della situazione, altrimenti, quale maschio 'forte', mi sarei subito reso disponibile ad aiutare. Con una relativa facilità mi riuscì di fare lo 'scortese' e non aiutarle, tuttavia mi fu molto difficile comunicare la mia decisione restandomene seduto là e basta, senza scuotere la testa in segno di diniego. Temevo di venire rimproverato per insensibilità e attitudine asociale. Ciononostante rimasi seduto, muto come un pesce, e

continuai a osservare come procedeva il lavoro.
Non potei quasi credere ai miei occhi quando alcune donne riuscirono a portare laggiù la prima pietra, a forza di trascinarla, spingerla e farla rotolare. E ne portarono ancora altre, che credevo di non poter smuovere io stesso assieme ad altri uomini 'forti'. Le donne riuscirono a spostarne alcune di un centinaio di metri e verso sera lo spiazzo era diventato simile ad un'arena, circondata da meravigliosi blocchi di pietra.
Durante la riunione della sera, la donna che mi aveva invitato con un cenno mi disse che, all'inizio, si era molto arrabbiata per il mio rifiuto. Ora, invece, mi era riconoscente, perché in questo modo aveva avuto l'opportunità di sperimentare di quale grande forza disponesse.
Ora che lo spiazzo era pronto, decidemmo tutti assieme di trascorrere anche il giorno seguente in silenzio e in più con gli occhi bendati. Da muti che si muovevano lentamente ci trasformavamo in muti e ciechi.

La rinuncia alla facoltà visiva

Nonostante la benda sugli occhi, ci muovevamo veloci sul terreno accidentato. Non potendo parlare, era impossibile concordare una ripartizione degli incarichi e quindi non restò altro che occuparsi, ognuno per conto proprio, di rendere i propri desideri realtà. Una trentina di persone 'cieche', tutte intente a prepararsi e consumare la colazione, crearono un caos che era percepibile fisicamente. Comunque, alla fine avevo bevuto un caffellatte, avevo mangiato a sazietà e avevo lavato le mie stoviglie.
La sera prima molti avevano dichiarato che sarebbero andati, bendati, fino allo spiazzo distante trecento metri, passando per il sentiero appena riconoscibile, tutto invaso da piante spontanee spinose e ginepro.
All'inizio c'era un piccolo prato in pendio. Quando sentii sotto i piedi le tubature dell'acqua, seppi che, proprio alla loro destra, si trovava l'inizio del sentiero giusto. Ma questo era talmente stretto e pieno di arbusti spinosi, che a partire da quel momento era praticamente impossibile orientarsi. A giudicare dai rumori, anche altri si erano messi in marcia. Ogni tanto si sentiva qualche esclamazione di dolore, quando qualcuno rimaneva impigliato nei rovi. I diversi rumori mi arrivavano da direzioni diverse, ma mi sembrava che la maggioranza stesse procedendo in una precisa direzione. Fui tentato

di aggregarmi a loro, ma una cosa mi parve strana: andavano in una direzione che non corrispondeva a quella che io ritenevo giusta. Decisi di avere fiducia nella mia intuizione e nelle mie sensazioni.
Mano a mano che avanzavo, mi allontanavo sempre più dagli altri. A poco a poco cominciai a dubitare di me. Eppure ero vigile con tutti i miei sensi: sotto i miei piedi c'era un suolo sabbioso e poteva trattarsi soltanto del sentiero, anzi, esattamente di un punto preciso del sentiero che non era distante più di dieci metri dall'ingresso dello spiazzo!
Purtroppo persi quel punto di riferimento, per trovarmi tutto circondato da una boscaglia spinosa che mi graffiava e mi ostruiva il passaggio. Ero certo di essere in cammino da almeno un'ora ed ero deluso di non trovarmi ancora nei pressi dell'entrata. Mi distesi un attimo, per riposarmi, e mi addormentai da quanto ero affaticato. Quando mi svegliai, valutai che fosse meglio cercare di tornare indietro. Come prima cosa, mi misi ad esplorare quello che mi circondava e, dopo pochi passi, mi accorsi di un'aria più fresca. Come allungai le braccia, toccai una pietra. Tutto eccitato, continuai a procedere a tentoni e ne trovai una seconda. Poteva trattarsi soltanto delle pietre che delimitavano lo spiazzo e infatti ne trovai subito una terza. Non mi sembrava vero, dalla gioia lanciai un grido! In tutta risposta fui sorpreso da un coro di risate, molto vicine a me. Erano in molti ad essere già arrivati.
Il ritorno fu molto più semplice del previsto. Tuttavia avevo una certa fretta, perché dovevo andare al gabinetto. Con gioia riconobbi un muro, che pensavo essere quello con in fondo le scale che portavano al wc. Effettivamente si scendeva in basso, ma mancava lo scalino che mi attendevo. Allungai la gamba il più possibile, ma non trovai nulla. Ne conclusi che non era il posto giusto, continuai a cercare e alla fine lo trovai.
Dopodiché mi presentai alla riunione della sera, che quel giorno doveva svolgersi a occhi bendati. Al mio arrivo, c'erano già tre persone che, infrangendo gli accordi, stavano chiacchierando. A giudicare dalle loro voci, capii che si trovavano circa tre metri più in là e che erano disposte a triangolo. Di solito, tutto il gruppo si disponeva in cerchio quando si riuniva e così mi sedetti anch'io lungo il cerchio di cui virtualmente quel triangolo faceva parte.
Dopo un po' uno di loro cambiò posto. Dal suo rumore mi parve impossibile che potesse muoversi così veloce ad occhi bendati; inoltre, con il suo spostamento, si venne a creare un nuovo cerchio dal quale io, però, ero escluso.
Avrei potuto cambiare posizione per formare di nuovo un cerchio, ma ero

interessato piuttosto a qualcos'altro: volevo osservare le conseguenze del mio comportamento restando dov'ero e continuando a considerare 'giusto' il primo cerchio. Il mio comportamento era dettato dalla mia condizione di non vedente, che fin a quel momento aveva influenzato il comportamento di tutti. Si unirono a noi altri 'ciechi', che si orientarono proprio come avevo fatto io prima, prendendo come riferimento le tre persone che chiacchieravano. Si venne a creare, a poco a poco, un cerchio completo di cui io non facevo più parte. Ero proprio tagliato fuori!

Dopo parecchio tempo, qualcuno suggerì che ci togliessimo le bende dagli occhi per scambiarci le impressioni su questa esperienza. A quel punto, quasi tutti non ce la facevano più a sopportare di non vedere. Io continuai a restare seduto al di fuori del cerchio, ma partecipai alla discussione dicendo, tra l'altro, che la cecità è connessa ad una ricchezza di impressioni sensoriali di cui non mi ero accorto prima e di cui mi ero servito per riuscire ad orientarmi. Dopo di me, prese la parola la persona che prima, mentre chiacchierava, aveva cambiato posto e distrutto il primo cerchio. Era contrariata dal fatto che io potessi parlare, nonostante fossi fuori dal cerchio.

Fui assalito dalla rabbia: proprio lui mi rimproverava di non essermi unito al cerchio, lui che, con il suo comportamento insensibile, mi aveva tagliato fuori! Addirittura riceveva sguardi di approvazione da alcuni dei presenti, arrivati più tardi e ignari di cosa era successo.

Ebbi un pensiero fulmineo: forse che il comportamento impaziente e distratto delle persone 'normali', che emarginano chi esce dalla norma e gli rimproverano di non volersi conformare, sia influenzato da una simile insensibilità?

Questo pensiero si rafforzò ulteriormente quando fu chiaro a tutti che quelle tre persone, non solo chiacchieravano tra di loro, ma non si erano neppure mai bendate gli occhi. Fin dal mattino, per loro era stato troppo impegnativo confrontarsi con lo stato di non vedente. Non erano stati neppure in grado di adottare i movimenti al rallentatore il giorno prima: erano stati troppo impazienti. Però, avendo finito molto prima degli altri, avevano cominciato ad annoiarsi e, quindi, a trovare anche il silenzio insopportabile. Così avevano trascorso il tempo aspettando e chiacchierando. Quando mi dissero che erano operatori sociali, mi domandai quali conseguenze potesse avere, nella relazione con i loro fragili utenti, tutta quella fretta, la mancanza di attenzione e di disponibilità.

Inoltre la sera mi recai curioso a vedere il luogo dove la mia gamba era rimasta sospesa nel vuoto. Quello che avevo pensato essere uno scalino si rivelò invece un muro di contenimento che finiva più di un metro sotto, in un giardino fiorito.

La cultura 'primitiva'

Durante una conferenza lo scrittore Peter Bichsel affermò che la vera cultura deve essere vissuta. Dato che nella vita quotidiana non si canta più, c'è bisogno di teatri d'opera sovvenzionati a suon di milioni. Trovo che abbia proprio ragione: anch'io penso che la cultura si venga a creare grazie ad una partecipazione creativa personale e non sia, quindi, un bene di consumo. Oggigiorno sempre più spesso la cultura viene delegata alle star. Il fatto che i propri talenti personali sembrino così infimi paragonati a quelli di grandi celebrità, demotiva e scoraggia a svilupparli. A Donè questo aspetto è stato affrontato radicalmente e si coltiva una sorta di cultura 'primitiva', in cui c'è spazio per gli errori. Con regolarità si svolgono incontri di 'percussioni meditative', con improvvisazioni finali di ritmo e suoni. Nella cerchia dei partecipanti, i principianti sono benvenuti tanto quanto chi ha un livello avanzato. Tutti vengono con la disponibilità a condividere le loro qualità e a lasciarsi andare ad un viaggio nell'ignoto: aprirsi a nuove esperienze, scambiarsi le proprie impressioni e progredire. L'esperienza accumulata con il passare del tempo, conferma che un'iniziale incapacità a seguire il ritmo assieme agli altri, può risvegliare il dolore primario della separazione. Si tratta dal dolore che prova il neonato quando viene allontanato dalla madre. Non appena fa capolino questo dolore, la tentazione di prendere le distanze da esso, come d'abitudine, è grande. Ci allontaniamo o interrompiamo quello che stiamo facendo. Quando invece si riesce a continuare affrontando le sensazioni che emergono, si viene ricompensati con l'accesso a una nuova dimensione, dove i cuori si aprono e battono allo stesso ritmo in una sinfonia di suoni armonici. Allora si diventa Uno – il/la danzatore/trice con la danza, il/la cantante con il canto, il/la percussionista con il tamburo – e anche tutti i percussionisti, i cantanti e i danzatori si trasformano in un'unica entità vivente.

Aikido e ginnastica meditativa

Nel corso della mia vita, per trent'anni sono stato insegnante di judo per bambini. È stato per me sempre fonte di grande gioia osservare i cambiamenti positivi nel comportamento di questi bambini. Nel 1976 conobbi l'Aikido, una 'via dolce' ancora più completa, che aveva anch'essa le sue origini nelle arti marziali giapponesi.

L'Aikido è stato sviluppato negli anni Quaranta dal maestro giapponese Morihei Ueshiba. Il maestro era partito da esperienze vissute durante la seconda guerra mondiale e aveva sviluppato un'arte di autodifesa basata su principi altamente etici e sull'amore, l'Aikido, appunto. Il nome è composto da tre sillabe: Ai (armonia, amore), Ki (energia vitale, che si trasforma in azione grazie alla determinazione e alla forza spirituale), Do (la via, intesa come una filosofia che porta ad una crescita spirituale dell'essere umano).

Quando, nel 1981, tornai in Canton Ticino per stabilirmi in una valle isolata, decisi di mettere in piedi un gruppo di Aikido nei dintorni. Era l'unica possibilità di poter continuare a praticare Aikido regolarmente. Cominciai quindi, nonostante avessi solo conoscenze di base, ad offrire lezioni di Aikido. **Fu proprio grazie all'insegnamento che potei comprendere come, nella cultura occidentale attuale, la maggioranza delle persone soffra di un senso di mancanza che porta con sé notevoli conseguenze: non è connessa alla terra e non è 'radicata', né su un piano fisico né psichico. Sono giunto alla conclusione che uno dei motivi è che alle persone, da neonate, sono state precluse – del tutto o in parte – due esperienze fondamentali: gattonare ed esplorare il mondo con le mani e con i sensi**[89]. Queste due attività sono essenziali per lo sviluppo del bambino. Non solo perché forniscono un'ampia gamma di informazioni sull'ambiente, ma anche per il crearsi di connessioni nervose e di un buon senso di coordinazione motoria. Grazie a ciò, il bambino a tempo debito è capace di alzarsi in piedi da solo, senza bisogno di essere aiutato. Quando il neonato viene portato addosso dalla madre, inoltre, il suo sistema nervoso viene stimolato e, ben prima di essere pronto a gattonare, quasi senza accorgersene, assimila già tutte le sequenze di movimenti che osserva. Nella mia generazione, purtroppo, era abitudine lasciare il neonato molto tempo disteso nel lettino, di

89. In tedesco, *be-greifen*, letteralmente prendere in mano, ovvero comprendere. N.d.t.

solito con un pannolino ingombrante che limitava la libertà di movimento. Il movimento è invece indispensabile per scoprire, al momento giusto della vita, l'organizzazione ideale del corpo rispetto alla forza di gravità. Il bambino a cui viene a mancare questa esperienza motoria-sensoriale di base, spesso è incitato ad alzarsi in piedi troppo presto, rispetto al suo sviluppo, e le conseguenze sono nefaste. Il bambino cerca di compensare le difficoltà con l'aiuto a camminare che gli viene offerto, poi compensa con la forza muscolare e lo slancio la mancanza di baricentro. L'adulto, che da bambino è stato trattato in questo modo, tende a soffrire di disturbi fisici e a mancare di eleganza naturale.
Fin da piccolo è stato abituato a superare il 'punto morto' di un movimento con uno slancio e con la forza muscolare. Non gli è stato permesso di apprendere a muovere il proprio corpo diversamente, come invece dovrebbe fare quando i muscoli sono ancora poco sviluppati e non dovrebbe abusare della forza muscolare.
Ho sviluppato degli esercizi che permettono di eliminare queste sequenze di movimenti impropri. Essi consentono di ritrovare la necessaria elasticità corporea e di raggiungere una completa centratura, in tutte le fasi del movimento.
Attraverso una rinuncia coerente allo slancio e l'accettazione del punto morto, quel punto in cui la direzione del movimento può essere modificata, è possibile riconoscere i propri limiti e superarli. Con il tempo si può imparare a modificare le direzione del movimento in ogni punto desiderato, ritrovando subito il baricentro.
La ginnastica meditativa, assieme agli esercizi di Aikido, offre la possibilità di riscoprire la forza di gravità e la forza centrifuga e di poter (ri)organizzare il corpo e i suoi movimenti in armonia con essa. Su un piano prettamente corporeo si riconoscono e si com-prendono leggi naturali, che si ripercuotono nella vita quotidiana anche nelle relazioni umane.

CONCLUSIONE

Il salto di coscienza quantico e il significato dell'imprinting

Nella prima edizione di questo libro, nel 2001, per quel che riguarda l'imprinting primale, ero arrivato a conclusioni basate sulle mie esperienze personali. Nel frattempo sono venuto a conoscenza di ricerche scientifiche che mi permettono di dare al mio lavoro la base scientifica che gli spetta. Infatti molti scienziati che, come Bruce Lipton[90], si occupano di fisica quantistica e di epigenetica (vale a dire l'influsso dei fattori ambientali sull'espressione dei geni), hanno localizzato, per quel che riguarda l'essere umano, l'origine della programmazione in esperienze pregnanti identiche a quelle che descrivo io. Essi hanno osservato che fin dall'inizio della gravidanza, i fattori ambientali cui la madre è esposta, le sue abitudini alimentari e il suo stato emotivo influenzano il feto e lo preparano alle caratteristiche dell'ambiente materno. Essi giungono alla conclusione che l'essere umano influenza l'espressione del suo patrimonio genetico e il suo sistema immunitario con lo stato emotivo, con ciò che pensa e anche con le convinzioni venutesi a creare a causa dei traumi vissuti. Inoltre si sono anche resi conto che, grazie alla crescita personale e alla presa di coscienza, diventa possibile affrontare in modo diverso la programmazione molto diffusa nella cultura occidentale che conduce a scarsa autostima e malattia. Sono unanimi nell'affermare che tale programmazione, che influenza l'essere umano per tutta la vita, ha luogo nel periodo compreso tra il concepimento e i sei anni di età circa, e sul fatto che in gran parte dipende dal comportamento dei genitori. Bruce Lipton cita a questo proposito un esperimento condotto sui primati in un istituto di ricerca di Kyoto. Una scimpanzè femmina, a seguito di

90. Si veda Bruce Lipton: *Intelligente Zellen: Wie Erfahrungen unsere Gene steuern*, KOHA, Burgrain 2007; *Biologia delle credenze - Come il pensiero influenza il DNA e ogni cellula*, Macro edizioni 2006 e *La mente è più forte dei geni,* DVD, Macro edizioni, 2007.

un addestramento durato mesi, ha imparato ad accendere un computer, scegliere il tasto colorato giusto, raccogliere la moneta erogata dalla macchina e infilarla nell'apposita fessura di un distributore automatico per ricevere infine un frutto. In quel periodo ebbe un cucciolo che, com'è abitudine per le scimmie, portava sempre addosso a sé. Un giorno lo lasciò un attimo indietro per andare a servirsi al distributore automatico. Il cucciolo salì sul computer, premette l'interruttore per accenderlo, scelse il tasto giusto, prese la moneta erogata e si avviò verso il distributore automatico. I ricercatori erano sconcertati e si chiedevano in che modo il cucciolo di scimmia avesse potuto imparare tutto ciò senza neanche una lezione di addestramento. Ne conclusero, semplicemente, che aveva osservato bene la madre (Science 2001). Altri potrebbero parlare di campo morfogenetico. Non importa di che cosa si tratta; quello a cui voglio arrivare è che – apparentemente – nessuno si domanda come tutto ciò possa accadere in modo ottimale. Nessuno sembra accorgersi del fatto banale che la madre porta il cucciolo sul proprio corpo e di conseguenza egli può osservare cosa fa la madre e quali sono le conseguenze di ciò che fa. Con questo tipo di esperienze si fissa nel cucciolo – senza alcuna misura educativa – un tipo di comportamento sociale grazie al quale nella sua vita saprà comportarsi in modo appropriato ed efficace. Questo accade a patto che la madre abbia un comportamento sano. Allo stesso modo sarà influenzato da comportamenti inappropriati e inefficaci. La maggior parte degli studiosi di epigenetica valuta che la trasmissione di una programmazione positiva durante la vita intrauterina e nei primi anni, grazie ad una adeguata stimolazione che offra impulsi per apprendere, sia la soluzione.

Secondo me, le capacità naturali così come il desiderio di apprendere del bambino, che emergono quando condivide la vita quotidiana con la madre, possono essere ostacolati dall'applicazione di metodi educativi mirati al rendimento.

A questo punto è lecito chiedersi come e dove tutto ciò possa avvenire. Le osservazioni che ho potuto fare indicano che i bambini che sono stati portati fin dall'inizio dai loro genitori potevano partecipare alla vita quotidiana degli adulti imparando naturalmente e in modo ottimale. Tuttavia il fatto che la donna si dedichi al bambino e lo porti in braccio va spesso a toccare nei genitori quel senso di mancanza e di sopraffazione provato nel periodo primale, legato a situazioni passate e non ancora rielaborato.

Facilmente ciò scatena un conflitto e per affrontarlo in modo costruttivo può essere necessario un lavoro di autocoscienza che preveda l'espressione delle emozioni. Un lavoro di questo tipo può portare all'integrazione delle parti rimosse e a un comportamento amorevole che si ripercuoterà sulle generazioni successive. Abbandonare la vecchia programmazione permetterà di uscire dal circolo vizioso di cui l'intera umanità è prigioniera. Tutto ciò assume ancora maggiore significato quando viene messo in relazione con altri dati scientifici riportati da Bruce Lipton. Mi riferisco agli studi che dimostrano come il pensiero cosciente a disposizione dell'essere umano occupi appena il 5% del cervello. Quando ci si trova sotto stress, prende sempre il sopravvento la programmazione interiore, l'inconscio dunque, che occupa circa il 95% del cervello. Fintantoché non è accessibile alla coscienza, questo 95% ha un influsso tale da sabotare i buoni propositi provenienti dalla sfera cosciente e da indebolire il sistema immunitario per mezzo di pensieri ed emozioni influenzati dai traumi non rielaborati. Secondo le ricerche in epigenetica, non soltanto lo stress ma anche l'assenza di senso di soddisfazione diminuiscono il rinnovamento cellulare. Sarebbe opportuno chiedersi come simili danni possano essere evitati. Si sa che la meditazione e la terapia, come anche gli imprevisti del destino, possono rendere nuovamente accessibili parti inconsce rimosse. Maggiore è la forza con cui si possono esprimere le emozioni toccate, maggiore è quella con cui si può attivare la memoria cellulare, dove è custodita la parte rimossa risalente al periodo primale. La consapevolezza che scaturisce da questo lavoro emozionale può rendere possibile un comportamento appropriato. Chi crede che sia cosa negativa esprimere emozioni e che queste abbiano quindi poca importanza, rischia di rifugiarsi in una programmazione erronea, ossia quella della passività e di una convinzione fatalista che nella vita accada proprio quello che deve accadere. Quando, a causa di questa convinzione, ci si muove con una cautela eccessiva e quindi non emerge nulla della tempesta emozionale che c'è dentro di noi, restano preclusi anche l'accesso e la comprensione di come si è venuta a creare la programmazione che rende malati. La tempesta emozionale, infatti, può diventare una sorta di filo rosso da seguire a ritroso per accedere alle parti rimosse risalenti al periodo primale. E, in base alla mia esperienza, proprio questa comprensione è una premessa fondamentale per poter riconoscere la reale portata dell'imprinting e del fatto di tenere in braccio il bambino. Con questo tipo di esperienze viene

posata la prima pietra per il benessere e per un comportamento appropriato sia della madre che del bambino. Queste esperienze pregnanti vissute dal bambino sono le fondamenta per un comportamento adeguato e allo stesso tempo uno stimolo per la crescita cellulare e per un sistema immunitario sano, anche se tutto avviene solo a livello inconscio.
Riassumiamo ancora una volta le scoperte fatte dalla scienza quantistica in merito ai fattori che influenzano un comportamento cellulare anomalo:

- vivere un trauma a livello fisico o psichico
- sostanze artificiali, stupefacenti, veleni
- pensieri e convinzioni che scaturiscono dalle esperienze pregnanti inappropriate vissute nelle prime, sensibili fasi di vita (periodo primale).

In accordo con queste scoperte, io considero l'imprinting un primo, inevitabile processo d'iniziazione, con il quale la parte predominante del cervello umano (il 95% del suo volume) viene programmata per compiere azioni impulsive vincenti. L'imprinting, inoltre, può stimolare nei genitori una presa di coscienza delle proprie esperienze pregnanti rimosse e facilitare nel neonato una guarigione dai traumi che porta con sé. Grazie a tutti questi fattori, può avere luogo il salto di coscienza quantico necessario.

Una nuova politica integrale

Per concludere, mi sembra opportuno aggiungere qualche parola sul concetto di *militanza*, che ricorre nel libro. Per me, essere militanti significa servirsi della capacità originaria di rispondere (respons-abilità) e del talento creativo; significa realizzare le proprie visioni invece di accantonarle a causa di considerazioni 'logiche' o invece di sognare a occhi aperti. Detto in breve, significa diventare attivi. A questo proposito, va riportato al suo significato originario anche la parola 'politica', dal greco *politeia*, ovvero **l'arte della convivenza**.

Questo significa integrare nel pensiero e nell'azione politica il benessere di tutto il pianeta di cui facciamo parte e sviluppare una comunicazione e un modo di procedere privi di violenza, che a lungo termine offrano a tutti gli esseri umani condizioni dignitose dal concepimento fino alla fine della vita.

Dopo un esame approfondito della mia storia personale e dopo aver conosciuto le esperienze delle numerose persone che ho accompagnato a partire dagli anni '80 con il Lavoro Emotivo e Corporeo, sono giunto alla convinzione che un cambiamento politico sarà possibile solo nel momento in cui l'essere umano riuscirà a riconoscere gli errori commessi e, imparando da essi, sarà capace di modificare il proprio comportamento. A questo scopo, diventa indispensabile lasciare i circoli abituali e prendere contatto con ambienti nuovi, ancora sconosciuti. Si è rivelata in proposito molto sensata la creazione di piattaforme neutrali per l'incontro tra persone che la pensano diversamente, in cui vi sia spazio per presentarsi di fronte agli altri e sia facilitato l'ascolto reciproco. Questo è, infatti, l'obiettivo della rete europea Holon, nella quale opero da un decennio come persona di collegamento tra i territori di lingua italiana e quelli di lingua tedesca. Ogni anno viene indetto un convegno di sei giorni e, a livello regionale, hanno luogo incontri con cadenza bimestrale, i cosiddetti *Holon-café,* un nome utilizzabile in tutte le lingue. Partecipo alla redazione dell'*Holon-Journal*, che all'inizio era trilingue ma la cui versione tedesca, ora, è integrata all'interno della rivista *Kurskontakte*, dove trova posto vicino ad articoli prestigiosi di altri movimenti culturali.

L'impegno necessario per creare un collegamento tra le persone mette anche chiaramente in luce quanto importante sia saper riconoscere le parti oscure, individuali e collettive, per poterle trattare in modo da rendere possibile una collaborazione creativa. Invece di investire energie enormi per tentare di riparare ciò che è guasto, con uno sforzo che non riuscirebbe comunque a tenere il passo con la progressiva distruzione della qualità della vita, vanno rielaborate le basi esistenziali dell'essere umano, cosa che molti dei soci Holon fanno con l'avvio di reti e progetti locali.

Uno di questi progetti verte sull'idea di dare vita ad un movimento politico che sia orientato alle reali esigenze dell'essere umano, viste da una prospettiva olistica, e che prenda in considerazione tutto il creato: la Politica Integrale. 'Integrale', riferito alla politica, è un altro di quei termini che ha bisogno di riassumere il suo significato originario, com'è stato formulato dal filosofo Ken Wilber. In Italia, per esempio, la parola integralismo viene impropriamente utilizzata per indicare un fondamentalismo fanatico. Da alcuni anni faccio parte, assieme a una ventina di donne e uomini, dell'associazione IP-integrale Politik che sta elaborando le basi necessarie per fondare un partito.

Il fatto che una politica integrale sia realizzabile o meno non è per me un criterio sufficiente a far vacillare la mia determinazione a parteciparvi con tutte

le mie conoscenze e capacità. Questo tipo di condotta, integra, l'ho osservata ripetutamente in seno all'ambiente dei creativi culturali, il cui numero in Europa ha raggiunto ormai le centinaia di milioni di persone. All'interno del campo morfogenetico di questa evoluzione, la politica integrale costituisce il logico passo successivo, che permette di espandere i progressi raggiunti a livello individuale alla sfera collettiva sociale.
Le prime reazioni di fronte al nostro progetto dimostrano come siamo riusciti a prendere in considerazione i concetti fondamentali di tutti gli aspetti della vita, in modo tale da soddisfare le ambizioni più elevate e, allo stesso tempo, da lasciare spazio a una concretizzazione delle visioni nel rispetto di ritmi e tempi sia individuali che collettivi.
Ci rallegriamo per la tua partecipazione!

Willi Maurer, maggio/dicembre 2008

Epilogo

Curiosamente, proprio come è successo a Willi, ho intravisto subito qualcosa di straordinario nelle esperienze molto ordinarie che la vita mi ha riservato. Anche se solo negli ultimi anni ho acquisito la consapevolezza del mio percorso, dietro di esso si nasconde molta preparazione, attraverso l'osservazione attenta e il continuo interrogarmi, spingendomi oltre le spiegazioni più ovvie. Ripensando ai racconti attinti dalla vita personale di Willi, in particolare mi vengono in mente: i bambini delle scuole speciali, che mia madre seguiva; i 'bocciati' che ho incontrato nella mia carriera scolastica; i bambini per cui sono stata istruttrice di minibasket; gli avventori del bar sulla spiaggia in cui ho lavorato da ragazza e in seguito di altri locali in cui sono stata cameriera o barista; gli utenti della comunità dove alcuni amici hanno svolto il servizio civile; i personaggi dell'ex-ospedale psichiatrico di Trieste che frequentavano, come me, la casa dello studente; gli incontri bizzarri che ho fatto nel corso dei miei viaggi solitari; le persone che mi chiedevano consiglio quando esercitavo come farmacista; due cari amici che si sono suicidati. In generale, però, tutti coloro che ho incrociato sulla mia strada, i parenti, gli amici, gli amanti, i colleghi o i semplici conoscenti, mi hanno aiutata a riconoscere quanto, nella cultura occidentale attuale, sia diffuso capillarmente un disagio profondo e latente.

Ho notato, viaggiando, che persone appartenenti ad altre culture godono di un benessere interiore maggiore e vivono relazioni umane più rilassate, e questo l'ho riscontrato soprattutto a Bali.

Io stessa potrei elencare tutta una serie di disturbi che mi hanno segnata fin dalla prima infanzia e che, a partire dall'adolescenza, si sono manifestati sotto forma di vari disturbi comportamentali autodistruttivi. Inoltre, si rispecchiavano nel tipo di relazioni amorose che intessevo e nel rapporto conflittuale, di distanza, con i miei genitori.

Apparentemente tutto andava bene. Non mi mancavano i titoli di studio, né il lavoro o i soldi, né gli amici o i corteggiatori. Me la cavavo bene, avevo un aspetto gradevole, un intelletto vivace e la mia compagnia era ricercata. Accarezzavo l'idea di diventare madre e, in modo del tutto inspiegabile, ero attratta da una nascita vicina all'acqua, in nessun caso in ospedale. Proprio in concomitanza con l'esperienza della maternità, le cose cominciarono a cambiare. Dapprima in modo lento, quasi impercettibile e pressoché incon-

scio: il mio primo figlio è stato 'terapeuticamente' abortito a 16 settimane. Poi tutto è cambiato in modo drammatico e irrefrenabile a partire dalla gravidanza seguente, che è stata quasi del tutto demedicalizzata e si è conclusa con un parto non assistito e in ambiente naturale.
La ricerca delle mie radici mi ha portato a riesumare un ricordo d'infanzia favoloso, che conservavo dentro di me come un tesoro: avevo 4 anni ed era il compleanno di mio cugino, d'un tratto una madre si apparta in un'altra stanza con il neonato. La seguo e quando, piano piano, apro la porta mi aspetta un'immagine celestiale: stava allattando. In silenzio ho di nuovo socchiuso la porta, portando con me tutta la luce e la gioia di quella visione. Credo di non aver visto altre mamme allattare fino all'età adulta.
Il primo neonato l'ho accudito a 26 anni. Aveva tre mesi ed era figlio di una detenuta del carcere di Regensburg, che non lo aveva mai visto né tenuto in braccio. Era nato prematuro subito dopo l'arresto, a sette mesi di gravidanza. A quel tempo, tutte le settimane con una cara amica mi recavo nel braccio femminile del carcere, nell'ambito di un progetto finanziato dalla chiesa evangelica; portavamo la spesa e cucinavamo assieme. Quella madre disperata mi aveva chiesto di andare a vedere come stava suo figlio, dal momento che non era più in incubatrice, e di occuparmi un po' di lui al posto suo. Nonostante fosse rigorosamente vietato dal regolamento, l'ho fatto. Non ho parole per esprimere cosa ha significato per me offrire briciole di madre a quella creatura abbandonata e trascurata.
Dopo avere cominciato a curare l'edizione italiana del libro di Willi, ho fatto un sogno terapeutico.
Io e un uomo eravamo entrambi nudi, uno di fronte all'altro in posizione fetale. Ci sfioravamo soltanto ma eravamo estremamente eccitati. Immobili e silenziosi, la presenza reciproca e quei leggeri tocchi ci stavano portando all'estasi. A un certo punto, mi sono sentita ricoperta di una sostanza calda e biancastra, che subito mi sono spalmata su tutto il corpo. L'uomo nel frattempo era sparito dalla scena e, d'un tratto, sono stata accolta da due mani calde e affettuose. Dire che provavo un piacere incommensurabile non è adeguato: ero, piuttosto, tutt'uno con questo piacere, che mi pervadeva completamente ed entrava a far parte di ogni mia singola cellula. Mi sono svegliata d'improvviso, tutta sottosopra, con il seno turgido di latte e il corpo in fermento. Sono rimasta sveglia a lungo, frastornata e meravigliata per le sensazioni provate. Non ho dubbi, ho rivissuto l'esperienza del primo

contatto multisensoriale con mia madre, che in quest'esistenza non mi è stata riservata.
Sono nata a metà degli anni '60 in una clinica. A mia madre sono stati somministrati farmaci antidolorifici, mi hanno estratta con il forcipe e sono stata rianimata. L'allattamento si è concluso due settimane dopo la nascita, perché "il latte di mia madre non era abbastanza nutriente". In realtà ero aumentata di 600 grammi nonostante fossi allattata a orario. Questo destino è toccato a più generazioni e tuttora riguarda la maggior parte dei bambini che vengono al mondo. In seguito, sono stata trattata conformemente all'usanza culturale o alle credenze pedagogiche in voga. I miei genitori hanno agito in buona fede, per il mio bene.
Ogni attimo che ho vissuto, per quanto doloroso e ingiusto sia stato, ha contribuito ad aumentare il grado di saturazione e il desiderio di cambiare rotta. Provo gratitudine per tutto quello che mi è successo e riconosco sempre più chiaramente l'amore che i miei genitori provano per me. Per loro è difficile confrontarsi con le mie scoperte. Li obbliga a riflettere e a mettersi in discussione, cosa che spaventa e destabilizza.
Dopo anni di contatto continuo e promiscuo con i miei figli e di allattamento, nel bel mezzo di un bel lavoro emotivo e corporeo di famiglia assieme al mio compagno, non posso far altro che incoraggiare chiunque a cominciare a investigare dentro se stesso. La strada è lunga, tuttavia ogni passo vale la pena.
A volte mi sono chiesta cosa mai sono andata a fare ad un certo punto della mia vita in Germania e perché mi sono fermata lì ben nove anni. Se anche la sola ragione fosse stata quella di acquisire la competenza linguistica necessaria a tradurre le parole di Willi, ne è valsa la pena!

Aprile 2008, Mas Gignac, Clara Scropetta

APPENDICE

APPARTENENZA - SEPARAZIONE - ESCLUSIONE - VIOLENZA - moment
Chi nella prima infanzia ha fatto un esperienza di separazione ed esclusione
adulto a infliggere lo stesso ai suoi simili, spingendosi fino alla violenza
impotenza o di fare pagare ad altri il torto subito. Per compensare l'amor

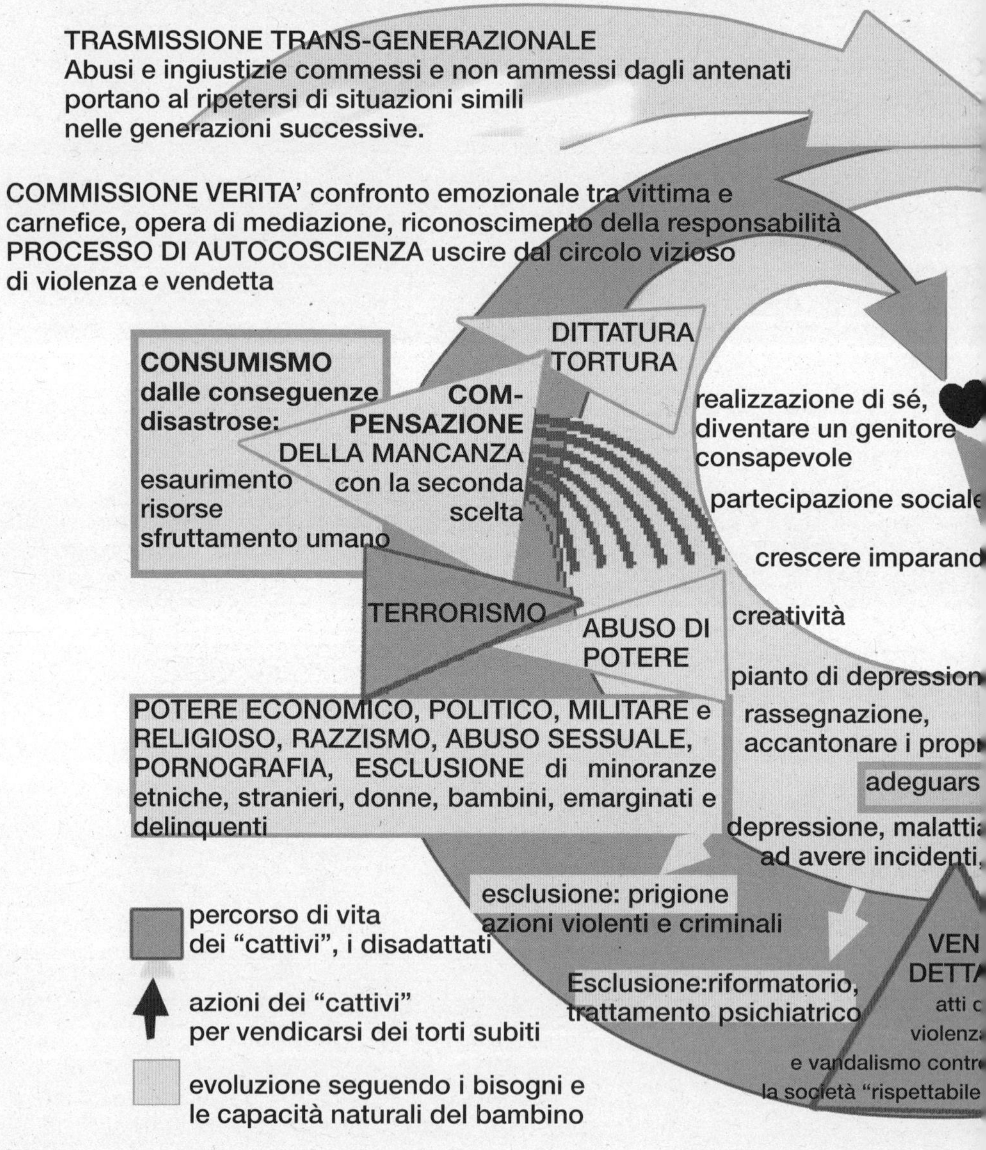

ɔregnanti - punto di partenza per una reale prevenzione della violenza
e poi si è rassegnato e adattato alla situazione, facendo il "bravo", tende da
Quest'ultimo comportamento ha la funzione di prevenire il vecchio senso di
materno mancato sfrutta il prossimo e l'ambiente.

TRASMISSION
ALL'ORIGINE E COME CONSEGUENZA DELL'US

RANS-FILIALE

I SEPARARE MADRE E NEONATO ALLA NASCITA

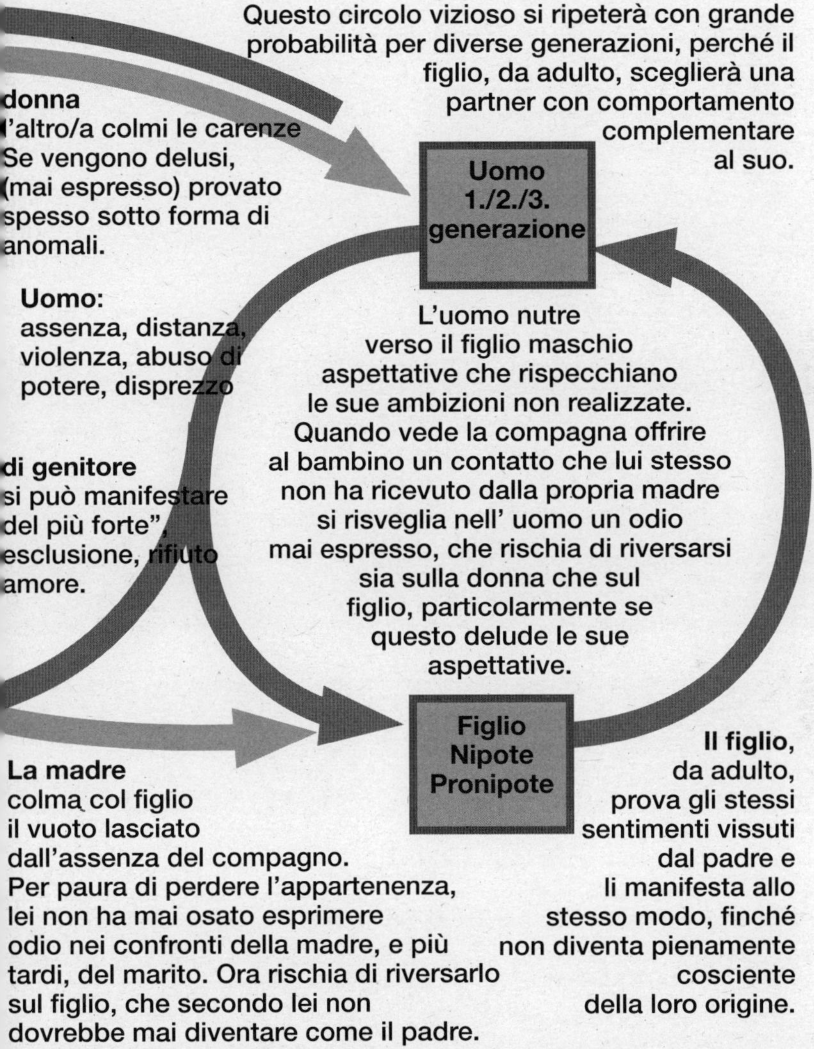

SEDUZIONE E ABUSO

La diffusione di idee ostili alla vita sia in campo religioso che scientifico promuove e sostiene da secoli l'usanza traumatizzante di separare madre e neonato. Il mancato contatto multisensoriale al momento dell'imprinting lede il senso di appartenenza e lascia una nostalgia indefinibile che si cerca invano di soddisfare con comportamenti di seconda scelta, come l'abuso di potere e il ricorso alla seduzione/manipolazione.

La nascita violenta e la separazione tra madre e neonato portano a:
sofferenza, senso di abbandono e impotenza, paura esistenziale.
Il bisogno fondamentale di contatto multisensoriale con la madre non viene soddisfatto!
La prima scelta è resa impossibile!

La seconda scelta obbligata:
biberon, succhiotto e altre persone che sostituiscono la madre
La nostalgia rimane insoddisfatta
possibili conseguenze: pianto di depressione, iperattività,
fuga dalla realtà in un mondo di fantasia, apatia, attesa di un salvatore.

Sedotti dalla seconda scelta:
dolciumi, bambole, peluche, televisione, telefonini, psicofarmaci
La nostalgia resta insoddisfatta!
Se la seconda scelta desiderata è inaccessibile: scontentezza e rabbia, eventualmente
punite con negazione d'amore e misure d'esclusione.

Forme di seconda scelta:
consumo di cibo, giocatoli, moda, relazioni umane, alcol,
sigarette, stupefacenti, farmaci, accumulo di beni materiali
Conseguenze: dipendenza, sfruttamento, distruzione dell'ambiente
La nostalgia resta insoddisfatta!

Seconda scelta e manipolazione:
Ricerca di appartenenza presso il proprio figlio, la divinità o la chiesa, sette,
gruppi e associazioni, a ideologie di tipo scientifico, politico o esoterico
Conseguenze: dipendenza, sacrificio di sè

Seconda scelta vissuta come virtù:
Un senso di appartenenza disturbato spinge a ridare un senso alla propria vita nel ruolo
di genitore o con la professione (specialmente se in campo sanitario, sociale, educativo).
L'abuso di potere nascosto dietro l'assistenza al prossimo lede la dignità umana.
Conseguenze: uso di negazione d'amore e misure di esclusione,
le deprivazioni sono trasmesse al prossimo e alle nuove generazioni.

Seconda scelta e la delega di responsabilità:
La ricerca di appartenenza spinge a lasciarsi sedurre dall'autorità di certi capi politici o religiosi,
maestri spirituali, terapeuti, o esperti come medici e educatori. Tante di queste persone
in realtà soddisfano il loro bisogno di riconoscimento con l'ammirazione dei proseliti.
Conseguenze: dipendenza, culto della personalità, dogmatismo, sfruttamento

Seconda scelta e la criminalità:
Molte forme di sfruttamento e abuso dominano la scena mondiale. Alla loro origine vi è
un senso di appartenenza leso: disinformazione, fanatismo, dittatura, mafia, guerra, tortura,
abusi di tutti i tipi. Tutti modi per imporre una "vicinanza" forzata al prossimo.
Conseguenze: senza un'elaborazione e un'integrazione del trauma sofferto, le vittime
continuano a infliggere ciò che è stato fatto loro ai più deboli, in prima linea ai bambini.

Le vittime di oggi sono i potenziali autori degli abusi di domani!

MODELLO PER UN'ECONOMIA OLISTICA
MODELLO DEGLI ARCHETIPI
secondo Lietaer

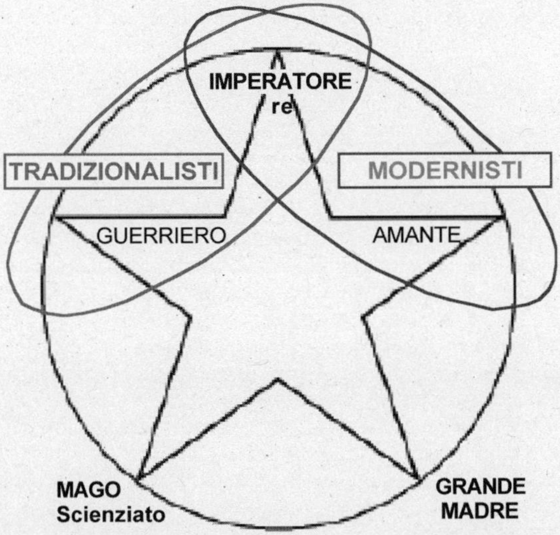

"TRADIZIONALISTI" E "MODERNISTI"

L'economista Bernard Lietaer si serve degli archetipi junghiani per descrivere il passaggio dal pensiero economico tradizionalista a quello modernista (come lui li chiama). Secondo lui i tradizionalisti danno importanza al legame tra guerriero e imperatore, mentre i modernisti a quello tra amante e imperatore. Ma in realtà non cambia molto nel sistema di potere finché l'amante non si libera dall'idea di possesso e si trasforma in colui che ama, che condivide. Inoltre Lietaer non considera l'archetipo del "neonato senza potere", l'anello più vulnerabile della catena; senza riguardo per i bisogni fondamentali del neonato e di sua madre non è possibile giungere a un sistema economico libero da giochi di potere.

Nel modello "sfere di potere" (vedi pagina seguente) la stella è capovolta per evidenziare fino a che punto il sistema economico influenzi le condizioni di vita del neonato, il quale a sua volta influenza l'equilibrio e la qualità della vita del singolo e della collettività. Il neonato è senza potere: quando i suoi bisogni vengono calpestati in nome di misure di economia sociale, le conseguenze sono catastrofiche (con ripercussioni per 7 generazioni).

MODELLO DELLE SFERE DI POTERE
modificato secondo W. Maurer

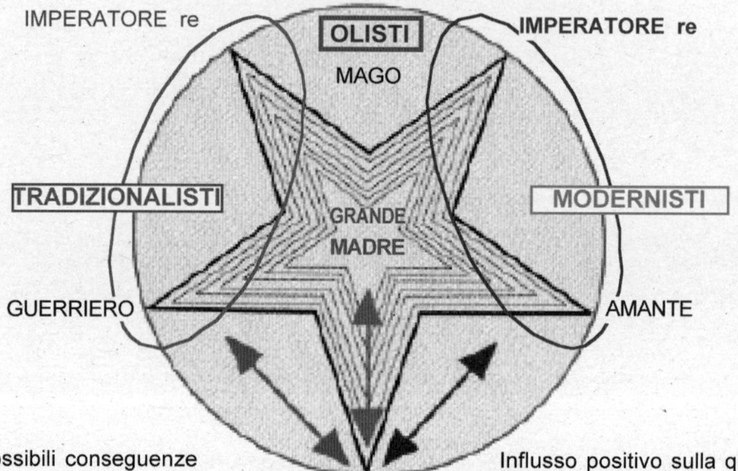

Possibili conseguenze del mancato imprinting e ripercussioni per 7 generazioni:

NEONATO SENZA POTERE

Influsso positivo sulla qualità della vita di un imprinting indisturbato e ripercussioni per 7 generazioni:

separazione/ scissione	–	unione/ integrità
monotonia	–	creatività
tristezza/rassegnazione	–	felicità/gioia di vivere
dolore/depressione/paura	–	benessere/coraggio/fiducia in se stessi
innamoramento	–	amore
gelosia	–	amore/compassione
violenza	–	tenerezza
incidenti/malattie	–	successo/salute
solitudine/nostalgia	–	appartenenza
carenza/consumo	–	realizzazione di sé
avidità	–	spirito di condivisione
sete di potere	–	capacità di cooperare
nozionismo/intellettualizzazione	–	comprensione (sensi)
compulsione di lavoro	–	voglia di lavorare
eccesso di mobilità	–	vivere il momento presente
dipendenza da stupefacenti	–	estasi
pornografia/sadismo	–	sessualità come gioioso dono di sé
odio/distruzione/guerra	–	crescita personale
polarizzazione io-tu	–	io sono te-coscienza
disturbi relazionali	–	gioia nella vita di relazione

Profilo ideale per un manager olistco

Caratteristiche che costituiscono un enorme potenziale da sfruttare o manipolare per interi settori economici e per ideologie dogmatiche

Caratteristiche ottimali per diventare manager di successo - esse sono considerate una virtù quando servono a massimizzare i profitti

MODELLO OLISTICO
proposto da W. Maurer

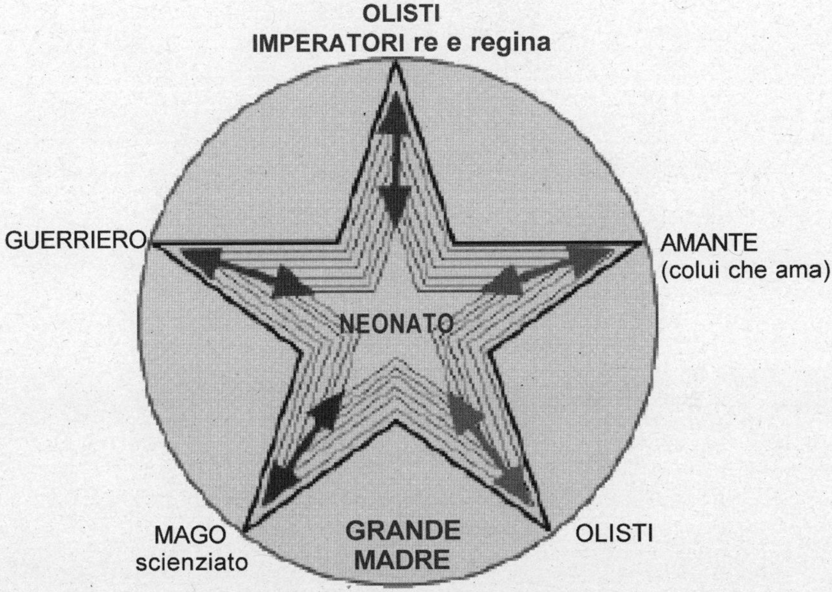

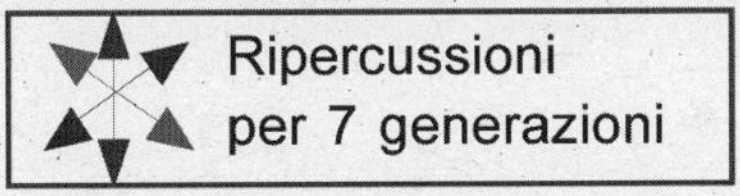

OLISTI

Il rapporto tra la relazione madre-neonato e l'economia

Nel modello olistico si riconosce bene come tutto il sistema economico (Imperatori, Guerriero, Mago, Grande Madre, Amante) influenzi le condizioni di vita del Neonato, perpetuandosi per generazioni. Il neonato è senza potere di fronte alle energie che lo circondano. Già allo stadio embrionale è condizionato nella sua crescita dai fattori ambientali e trasmette più tardi questo influsso anche alle generazioni future. Spesso il neonato viene esposto a fattori di stress e a situazioni di carenza. **Un imprinting indisturbato** subito dopo la nascita permette di modificare le dinamiche comportamentali e i meccanismi inconsci trasmessi da una generazione all'altra. Ognuno ha la possibilità di agire per creare un ambiente più sano e accogliente e contribuire quindi a spezzare questo circolo vizioso.

DOVE SPARISCE IL DENARO?

Un'economia malsana - l'esempio del bilancio pubblico tedesco

Grafico di Willi Maurer in base a una conferenza del Dott. med. Dieter Petschow, nell'ambito del convegno annuale HOLON 2005

BILANCIO PUBBLICO, Germania (1970-2002)
tutte le cifre sono espresse in miliardi di euro

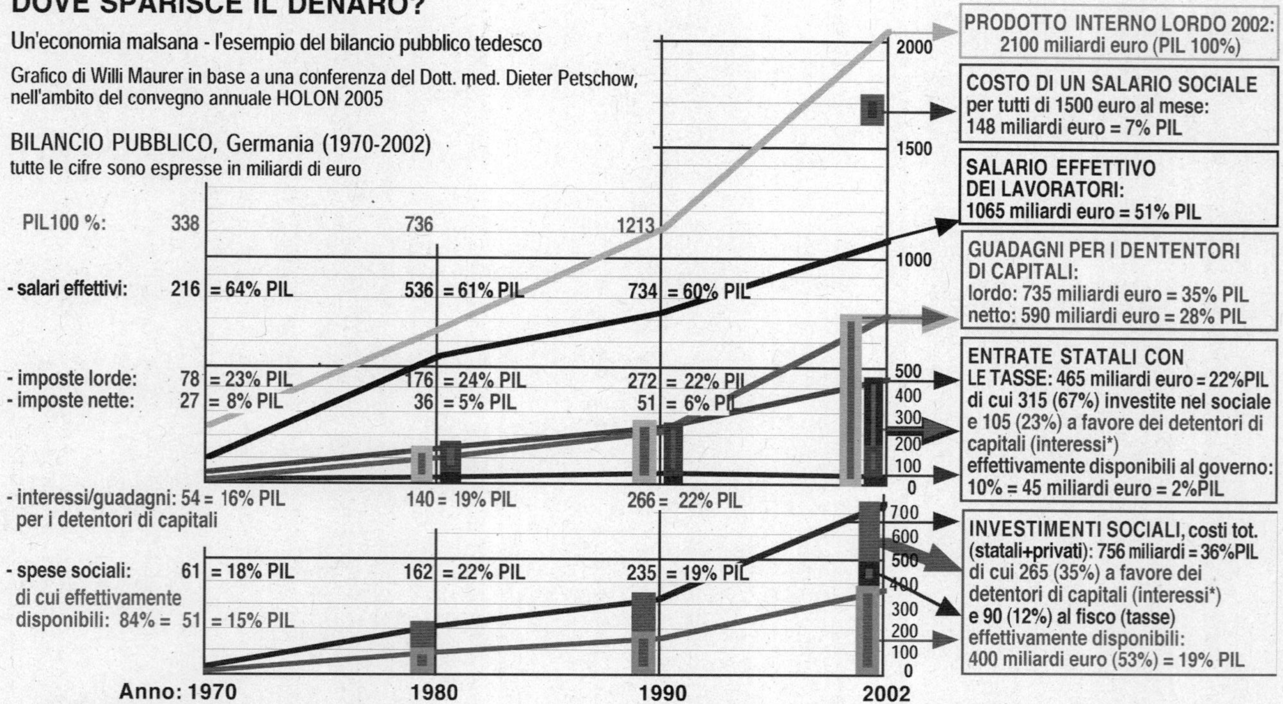

Nel 2002 il 23% di tutte le *entrate fiscali* e il 35% di tutti gli *investimenti sociali*, per un totale di 370 miliardi di euro (105+265) finiscono alla fine dell'anno sui conti dei detentori di capitali! - La spesa effettiva per la sanità è aumentata in realtà di poco, dal 15% del PIL nel 1970 al 19% nel 2002. È interessante notare quanto piccolo (7% PIL) sarebbe il costo di un *salario sociale* per tutti, bambini inclusi, paragonato ai guadagni fatti dai detentori di capitale (35% PIL, in gran parte esentasse).

L'economia naturale

Vi propongo ora uno stimolante brano, grazie alla gentile autorizzazione dell'autore Bernd Hueckstaedt.

In tutto il mondo, il modo di rapportarsi al denaro e alla proprietà privata e il tipo di sistema finanziario che ne deriva, sono fonte di sofferenza e ingiustizia. Tutto ciò crea condizioni sociali precarie, che richiedono (o meglio permettono) gli aiuti caritatevoli da parte di coloro che, a ben guardare, hanno provocato la miseria e che così facendo, spesso, si arricchiscono ulteriormente. A soffrirne sono soprattutto le madri e i neonati. Se si vuole migliorare la situazione a livello mondiale e introdurre condizioni rispettose per la dignità umana, non è possibile eludere un cambio di paradigma in merito al sistema finanziario. Il modello che ho sviluppato[91] fornisce un esempio di economia naturale, che potrebbe aumentare il benessere di tutti, in tutto il mondo.

Le tre funzioni principali del denaro

Il denaro, così come viene usato usato attualmente, riunisce in sé tre funzioni principali distinte: quella di unità di valore, di mezzo di pagamento e di accumulo di valore.

Ci si è a tal punto abituati al mescolamento innaturale di queste funzioni differenti, che quasi non riusciamo più a distinguerle l'una dall'altra. L'economia naturale, invece, le affronta separatamente. Ecco come il sistema funzionerebbe se si basasse sull'economia naturale.

Nell'economia naturale, *l'unità di valore è il punto valore (PV).* Esso indica il valore accordato a un bene o a un servizio, cioè il prezzo. Il PV rimane costante tutto l'anno. I listini prezzi, le fatture, i crediti e via di seguito vengono forniti in punti valore. Per semplicità, 1 PV corrisponde pressapoco al valore attuale di un euro o di un dollaro americano. Il PV non è un mezzo di pagamento.

91. Bernd Hueckstaedt, *Die natürliche Oekonomie*; presso Joytopia, Pfarrweg 2, D-74653 Kuenzelsau - Amrichshausen, E-mail: joytopia@aol.com.

Il mezzo di pagamento è invece il FREE (unità energetica libera/unità di scambio energetico) che viene creato e distrutto, come i frutti della natura. Il suo valore non è costante. Il FREE ha un valore maggiore all'inizio dell'anno, quando 1 FREE corrisponde a 1 PV. Con il passare dei mesi, perde via via il suo valore di ¼ ogni quadrimestre e alla fine dell'anno vale la metà, cioè mezzo PV. A quel punto i FREE dell'anno vecchio vengono cambiati con quelli nuovi: per esempio, ce ne vogliono due del 2007 per comprarne uno del 2008. Come è avvenuto con l'introduzione dell'euro, le vecchie banconote ritornano indietro attraverso le banche. Nel caso di conti in banca, è ancora più semplice: all'inizio dell'anno nuovo, gli estratti conto vengono dimezzati.

La forma di accumulo di valore prevista dall'economia naturale è *il credito senza interessi, ossia i capitali in PV.* Per esempio, si può prestare una somma in FREE per il valore di 1000 PV e, al momento pattuito, si riceve in cambio una somma in FREE pari al valore di 1000 PV. Questi crediti non hanno nulla a che vedere con i debiti, perché non hanno interessi e presentano grandi vantaggi per tutti. Chi offre una somma in credito, può mantenere il valore del suo capitale senza doverlo usare lui stesso. Infatti, un capitale di 1000 FREE nel corso di dieci anni, a causa del dimezzamento annuale, si riduce a solo 1 FREE. Avendo prestato in capitale e avendo quindi un credito in PV, il valore resta invariato nel tempo. Chi beneficia del credito, ha a sua disposizione un capitale ma non ha interessi da pagare in futuro. Nel sistema bancario attuale, invece, nel caso di credito a lungo termine, per via degli interessi si finisce con il ritornare una somma pari a circa 3-4 volte quella ricevuta.

Le fatture sono emesse in PV, quindi l'offerta di pagamento dilazionato nel tempo corrisponde a un credito. Le partecipazioni di proprietà, come per esempio le azioni, sono anch'esse calcolate in PV e possono dunque venire usate per accumulare capitali.

I vantaggi dell'economia naturale

Gli estratti conto sono sempre in positivo, in quanto non esistono debiti. La contabilità in FREE viene tenuta solo in avere. Quando si riflette un attimo sull'entità dei danni psichici delle persone indebitate, si può vedere come già eliminare questo problema sia un contributo notevole alla salute pubblica.

Le banconote vengono emesse per il benessere di tutti. L'emissione di valuta, ovvero la creazione di soldi dal nulla, è qualcosa di **perfettamente**

normale: viene già praticata nell'attuale sistema economico, seguendo tutta una serie di regolamentazioni 'di mercato'.

Secondo l'economia naturale, la regola è semplicissima: ogni Paese stampa una somma procapite pari a 1000 PV al mese. Questo vale per tutti i Paesi, uniti in una comunità economica globale. In questo modo, tutte le persone in tutti i paesi del mondo, indipendentemente da quante risorse naturali o artificiali abbiano a disposizione, beneficiano di identiche condizioni.

La distribuzione del denaro è equa. Di tutta la valuta stampata mensilmente, una metà (quindi una somma in FREE pari a un valore di 500 PV) viene versata al cittadino, come suo denaro interno, mentre l'altra metà resta a disposizione delle casse statali. Ciò significa che tutti, anche i bambini e gli anziani, godono degli stessi diritti e hanno a disposizione la stessa quantità di denaro per vivere.

Nell'economia naturale anche il regime fiscale si semplifica del tutto: affinché la quantità di denaro non aumenti illimitatamente, cosa che notoriamente porta all'inflazione, si lascia invecchiare il denaro con il tempo. Il denaro perde nel corso di un anno la metà del suo valore. Nessuno può sottrarsi all'aggiustamento dovuto al cambio di valore, non importa se tiene i risparmi nel calzino o in un conto bancario. Organi di controllo diventano superflui, così come gran parte dell'amministrazione. Diversamente dall'attuale sistema fiscale, che tassando le transizioni di fatto penalizza lo scambio commerciale, nell'economia naturale tutti sono incentivati a far circolare velocemente i soldi, a causa del valore effimero del FREE.

S'ingrossa il bilancio statale per tutti i paesi: una metà del denaro messo in circolazione resta a disposizione del bilancio pubblico. Questo corrisponde circa alla quota trattenuta per tasse e assicurazioni varie in Germania[92], che si avvicina al 50% del reddito lordo. In questo modo, vengono finanziate completamente dallo Stato le spese per la salute, per il sostegno sociale, per la protezione dell'ambiente e così via.

Si semplifica di molto l'assistenza sociale e sanitaria. Le differenti aliquote diventano inutili, in quanto tutte queste spese saranno finanziate dalla cassa statale.

L'economia naturale è la soluzione definitiva per risolvere i problemi di disoccupazione e di lavoro nero. Siccome tutti hanno soldi a disposizione,

92. Circa lo stesso anche in Italia. N.d.t.

l'industria non deve preoccuparsi di cali del potere d'acquisto. Lo spauracchio della disoccupazione diventa una vera benedizione: tanto tempo libero a disposizione, in cui ognuno può dedicarsi alla sua vocazione e integrare il suo reddito. Dato che il lavoro non viene tassato, non esiste per definizione alcun lavoro in nero.
Ne risulta un livellamento dei prezzi verso il basso e un aumento netto dei guadagni: i costi complessivi sono ridotti al minimo, visto che sia le entrate che le uscite sono esentasse e che i crediti sono senza interessi. Se un'ora di lavoro di un operaio costa 20 PV, vale a dire circa la metà rispetto al sistema attuale, questa cifra resta completamente nelle mani dell'operaio, che di conseguenza costa la metà, ma guadagna il doppio.
Per quanto riguarda l'assistenza agli anziani, essa è un diritto per tutti, in tutto il mondo. Persone ancora 'giovani' nello spirito, a 60, 70 o 80 anni sono assolutamente piene di iniziativa. Poiché, in linea di massima, si lavorerà di meno e un numero crescente di persone seguirà la propria inclinazione, il confine tra età lavorativa e età della pensione diventerà sempre più sfumato. Si potrebbe comunque pensare ad un aumento del denaro interno procapite con l'aumentare dell'età. Le persone malate potrebbero ricevere un aiuto supplementare da parte dello Stato.
Tutti godono di libertà finanziaria: il denaro non è più uno strumento di potere. Nessuno può più essere costretto, per i soldi, ad agire contro la sua coscienza o le sue convinzioni, dato che tutti sono presi in carico, per tutta la vita. Di conseguenza, diminuirà continuamente il numero di persone disposte ad azioni distruttive che danneggiano altri esseri umani, l'ecosistema o la salute.
L'economia e l'ecologia diventano una cosa sola: i singoli Stati non sono più indebitati. Facilmente possono essere trovati finanziamenti per attuare misure di tutela ambientale. Nessuno vuole più essere impiegato in attività distruttive. Lo sviluppo dell'economia e della tecnica avviene sempre più in armonia con la natura. Si possono mettere in vendita solo prodotti e servizi assolutamente ecologici.
Si riequilibria la situazione tra gli attuali Paesi ricchi e poveri: tutti i Paesi hanno il diritto di emettere mensilmente pro capite un'identica somma di denaro. Anche i Paesi che finora sono stati penalizzati, hanno valuta sufficiente per acquistare da altri paesi progresso ecologico e tecnologico. Si crea un nuovo mercato per la classica industria nazionale.

Con il passare del tempo, il livellamento tra paesi poveri e ricchi porta, in tutto il mondo, a un benessere duraturo in armonia con la natura.

Non esiste niente di buono – ma lo possiamo fare! Da molto tempo è chiaro che non si tratta più di scegliere tra il vecchio sistema economico o uno nuovo: infatti, il vecchio sistema si estinguerà da solo e lo farà molto presto. Piuttosto è necessario decidere se si preferisce soccombere assieme al vecchio sistema oppure passare subito all'economia naturale, facendo il possibile perché il passaggio avvenga in modo graduale e pacifico.

Riflessioni sul cambio di paradigma

Un piano per il passaggio graduale e pacifico all'economia naturale può essere elaborato soltanto da molte persone assieme. Propongo alcuni spunti di riflessione:

- si potrebbe cominciare con l'annullamento di tutti i debiti nazionali, su scala mondiale. Tutti i Paesi del mondo – anche le nazioni ricche – sono fortemente indebitati. Per effetto degli interessi sugli interessi, non solo questi debiti, ma neppure gli interessi potranno mai essere ripagati. Una discussione in merito a se farlo è quindi completamente insensata. Bisogna occuparsi ora soltanto di come farlo
- i debiti privati potrebbero venir convertiti in crediti PV senza interessi. Così diviene possibile un pagamento dei crediti in un tempo ragionevole. Dovrebbero essere contemplati accordi individuali per l'annullamento dei debiti
- i crediti possono essere conservati, ma grazie al valore effimero del denaro, essi con il tempo si stabilizzeranno a un livello accettabile
- la proprietà privata materiale (terreni, immobili, mezzi di produzione, mezzi di trasporto ecc.) può essere mantenuta. Sarà tassata per misure di risanamento e di mantenimento dell'ecosistema. In caso di accumulo esagerato di proprietà, queste imposte potrebbero diventare un peso. La proprietà privata potrebbe diventare meno attraente e quindi essere restituita alla collettività
- affinché in un primo momento tutto possa proseguire normalmente e la riorganizzazione della vita possa avvenire a poco a poco, in armonia con la natura, i datori di lavoro manterranno inalterati paghe e compensi netti. Le tasse e le trattenute risparmiate potrebbero, per esempio, essere utilizzate per investimenti sensati dal punto di vista ecologico o per estinguere i crediti

- parallelamente, lo Stato comincerà a versare il reddito interno pro capite, in modo che immediatamente tutti si ritrovino in una posizione economica migliore. È probabile che alcuni abbandoneranno fin dall'inizio il loro lavoro. Chi, per abitudine, preferirà in un primo momento continuare la sua attività, potrà senz'altro farlo.

Con misure adeguate, non vi saranno svantaggi per nessuno e il passaggio potrà avvenire gradualmente.

E quando questo sarà accaduto, inizierà un periodo di benessere su scala mondiale, in armonia con la natura.

Bernd Hueckstaedt

LETTURE CONSIGLIATE E INDIRIZZI UTILI

Il Lavoro Emotivo e Corporeo presenta tante sfaccettature. Nel processo di autocoscienza è importante considerarle tutte, per risalire alle proprie radici e uscire dal circolo vizioso della sindrome di GioLa. Le opere elencate offrono lo spunto per una riflessione sui vissuti personali.

Ardagh Arjuna, *The Translucent Revolution*, New World Library, 2005 J. Kamphausen Verlag, 2006

Ariès Philippe, *Padri e figli nell'Europa medievale e moderna*, Biblioteca Universale Laterza, 1976

Asper Kathrin, *Verlassenheit und Selbstentfremdung*, DTV, 2003

Balsamo Elena, *Sono qui con te - L'arte del maternage*, Il Leone verde, 2007

Boadella David, Wilhelm Reich, *Eine Biographie*, Scherz, 1996

Chamberlain Sigrid, *Adolf Hitler, die deutsche Mutter und ihr erstes Kind*, Psychosozial, 2003

De Jong Maria Theresia, *Babys aus dem Labor – Segen oder Fluch?,* Beltz, 2002

De Jong Maria Theresia, *Im Dialog mit der Ungeborenen,* Via Nova, 2004

Dethlefsen Thorwald, Dahlke Rüdiger, *Malattia e Destino*, Mediterranee, 1992

Ducommun Gil, *Jenseits des Kapitalismus*, Via Nova, 2005

Dychtwald Ken, *Körper-Bewusstsein*, Synthesis-Verlag, 1981

Dychtwald Ken, *Psicosoma*, Astrolabio, 1978

Fromm Erich, *Avere o essere*?, Mondadori, 1988

Friday Nancy, *Gelosia*, Mondadori, 1986

Galland Silvie, Salomé Jacques, *Les mémoires de l'oubli*, Jouvence, 2000

Grof Stanislav, *Oltre il cervello*, Cittadella, 1988

Grof Stanislav, *Topographie des Unbewussten*, Klett-Cotta, 2002

Grof Stanislav, *Beyond the brain: birth, death, and trascendence in psychotherapy*, State University of New York Press, 1985

Gruen Arno, *Il tradimento del sé. La paure dell'autonomia nell'uomo e nella donna,* Feltrinelli, 1992

Hellinger Bert, *Gli ordini dell'amore*, Apogeo, 2003

Hellinger Bert, Beaumont Hunter,Weber Gunthard, *I due volti dell'amore. Come far funzionare l'amore nei rapporti affettivi*, Crisalide, 2002

Hüther Gerald, *Biologie der Angst – Wie aus Stress Gefuehle werden*, Vandenhoeck und Ruprecht, 2005

Janov Arthur, *The primal scream*, Putnam, 1970

Juul Jesper, *Il bambino è competente*, Feltrinelli, 2003

Keller Olivier, *Denn mein Leben ist Lernen*, Mit Kindern wachsen, 1999

Kennedy Margrit, *La moneta libera da inflazione e da interesse*, Arianna editrice, 2006

Kirkilionis Evelin, *Ein Baby will getragen sein*, Kösel, 2000

Kurtz Ron/ Prestera Hector, *Il corpo rivela*, Sugarco, 1978

La Lega Leche, *L'arte dell'allattamento materno*, ultima edizione

Laszlo Ervin, *OLOS il nuovo mondo della scienza*, Riza, 2003

Laszlo Ervin, *Tu puoi cambiare il mondo*, Riza, 2003

Laszlo Ervin, *Il punto del caos*, Apogeo, 2007

Laszlo Ervin, *Risacralizzare il cosmo*, Apogeo, 2008

Leboyer, Frédérick, *Per una nascita senza violenza*, Bompiani, 1996

Liedloff Jean, *Il concetto del continuum*, La Meridiana, 1994

Lietaer Bernard, *The mistery of money*, Riemann, 2000

Lowen Alexander, *La spiritualità del corpo*, Astrolabio, 1991

Lowen Alexander, *Joy – The surrender to the body and to life*, Penguin, 1995

Manns Anja / Schrader Anne Christine, *Ins Leben tragen*, Beiträge zur Ethno-Medizin, VWB – Verlag für Wissenschaft und Bildung, 1995

Rita Messmer, *Ihr Baby kann's!*, Beltz, 2004

Rita Messmer, Larina, *Über die leuchtende Kraft der Gedanken*, Via Nova, 2006

Miller Alice, *La fiducia tradita*, Garzanti, 1991

Myron Sharaf, *Fury On Earth: A Biography Of Wilhelm Reich*, St Martin's Press, 1983

Odent Michel, *Abbracciamolo subito!*, Red Edizioni, 2006

Odent Michel, *L'agricoltore e il ginecologo*, Il Leone verde, 2006

Odent Michel, *La scientificazione dell'amore,* Apogeo, 2008

Ollendorff Reich Ilse, *Wilhelm Reich*, Kindler, 1982

Olivier Christiane, *I figli di Giocasta*, Emme edizioni, 1982

Pickler Emmi, Anna Tardos, *Miteinander vertraut werden*, Mit Kindern wachsen, 2000

Rachana Shivam, *Lotus Birth: il parto integrale. Nati con la... placenta,* Amrita, 2005

Ravaglia Gianfranco, Torre Alberto, *Il cuore nascosto,* Melusina, 1996

Reich Wilhelm, *L'analisi del carattere/ La funzione dell'orgasmo*, SugarCo Milano

Rosenberg Jack L., Körper, *Selbst und Seele*, Junfermann, 2003

Slepoj Vera, *Legami di famiglia - Per amore, per odio, per sempre,* Mondadori, 1996

Schützenberger Anne Ancelin, *Aïe, mes aïeux!*, La Méridienne, 1993

Watzlawick Paul, J.H.Weakland, R.Fisch, *Change*, Astrolabio, 1974

Weber Esther, *Portare I piccoli,* Il Leone verde, 2007

Wild Rebeca, *Educare ad essere. Una scuola dalla parte dei bambini*, Armando, 2000

Indirizzi utili[93]

Reti dei 'cultural creatives':

- Club of Budapest: fondato nel 1993 dal Prof. Dr. Ervin Laszlo, è un'associazione internazionale per lo sviluppo di un nuovo modo di pensare, che aiuta ad affrontare i cambiamenti sociali, politici ed economici del XXI secolo, www.club-of-budapest.it
- Holon, una rete europea che riunisce persone culturalmente creative, promuove convegni e incontri locali (holon-cafè). www.holon.ch e www.reteholon.it

P.I. Politica Integrale Svizzera / I.P. Integrale Politik Schweiz, www.integrale-politik.ch

- Reteolistica, una sorta di enciclopedia che include tutti gli aspetti della vita. www.reteolistica.it

Siti che sostengono la preparazione al concepimento, alla nascita, all'accoglimento del bambino:

www.anep.it

www.anpep.it

www.consapevolmente.it

www.gravidanzaconsapevole.org

www.lotusbirth.it

www.marsupioscuola.it

www.melograno.org

www.mipaonline.com

www.partonaturale.org

www.willi-maurer.ch

www.birthkeeper.com

www.birthworks.org/primalhealth

www.continuum-concept.org

93. La lista degli indirizzi è scelta a titolo indicativo e non è in nessun caso esaustiva. Sono elencati, in ordine alfabetico, prima i siti in italiano e poi quelli in lingua straniera. Si consiglia vivamente di esplorare i links dei siti proposti e di effettuare autonomamente una ricerca in rete per integrare. N.d.t.

www.sarahjbuckley.com

www.themothermagazine.co.uk

www.wombecology.org

Per saperne di più su:

Allattamento materno

www.lllitalia.org

www.mami.org

Portare i bambini

www.contattocontinuo.org

www.ipiccolissimi.it

www.jacquelinejimmink.com

www.portareipiccoli.it

Pronto soccorso emozionale per neonati e genitori

Claudia Lange, www.koerperklang.net

Franz Renggli, www.franz-renggli.ch

Lavoro Emotivo e Corporeo per singoli, gruppi e famiglie

Willi Maurer, Doné, CH-6994 Aranno, www.willi-maurer.ch

Formazione in Lavoro Emotivo e Corporeo, Gruppi di ricerca per terapeuti e doula

Willi Maurer, Doné, CH-6994 Aranno, www.willi-maurer.ch

Ogni mese
immaginiamo una Terra Nuova
Terra Nuova
IL MENSILE PER L'ECOLOGIA
DECRESCITA FELICE · DAL 1977
2012:
inizia l'era
POST PETROLIO
NUTRIRE GLI OCCHI
Una dieta per la vista
THICH NHAT HANH
Guarire il bambino interiore
ANZIANI
Le alternative agli ospizi
ECOBRICOLAGE
L'arte di fare cesti
MEMORIA DELL'ACQUA
I nuovi passi della scienza
L'INTERVISTA DEL MESE
Luca Mercalli
bioedilizia • medicina non convenzionale • ecovillaggi • ricette
consumo critico • ricerca interiore • energie rinnovabili
alimentazione e agricoltura naturale • ecoturismo • ecobricolage
cosmesi naturale • maternità e infanzia • tessuti ecologici

Terra Nuova
EDIZIONI

puoi consultare il catalogo completo e ordinare i nostri libri anche su
www.terranuovalibri.it

NATURALMENTE BIMBO
Manuale pratico per la salute e il benessere del bambino da 0 a 3 anni, con menu e ricette settimanali per lo svezzamento

di AA. VV.
Cod. EA002
Formato: cm 15 x 21
Pagg. 176 • € 13,00

ALLATTARE SECONDO NATURA
Tutto quello che non vi hanno mai detto sull'allattamento al seno

di Veronika Sophia Robinson
Cod. EA047
Formato: cm 15 x 21
Pagg. 280 • € 13,00

SENZA PANNOLINO
Come educare al vasino sin dai primi mesi di vita

di Laurie Boucke
Cod. EA005
Formato: cm 15 x 21
Pagg. 200 • € 13,00

RISVEGLIARE IL CUORE BAMBINO
Come stimolare la crescita felice del bambino attraverso il dialogo, il gioco e il contatto con la natura e riscoprire, da adulti, una profonda connessione con il mondo circostante
di Carla Hannaford
Cod. EA067
Formato: cm 15 x 21
Pagg. 200 • € 14,00

MATERNITÀ TRA ESTASI E INQUIETUDINE
L'emozionante e appassionato cammino che ogni donna percorre nel diventare mamma

di Laura Gutman
Cod. EA071
Formato: cm 15 x 21
Pagg. 200 • € 15,00

BIMBI VEGAN
Guida pratica all'alimentazione senza prodotti animali dal concepimento alla crescita del bambino

di Sandra Hood
Cod. EA092
Formato: cm 15 x 21
Pagg. 120 • € 13,00

Cerca i libri di Terra Nuova Edizioni nelle migliori librerie, nei negozi di alimenti biologici o richiedili direttamente a: Editrice Aam Terra Nuova, via Ponte di Mezzo 1 - 50127 Firenze • tel 055 3215729 • libri@aamterranuova.it

LE FUNZIONI DEGLI ORGASMI

Un'indagine rivoluzionaria sugli «ormoni dell'amore» che regolano accoppiamento, parto e allattamento

di Michel Odent
Cod. EA054
Formato: cm 15 x 21
Pagg. 120 • € 13,00

LIBERI DA ALLERGIE E INTOLLERANZE

Ricette e consigli pratici per prevenire allergie e intolleranze in adulti e bambini

di Michela Trevisan
Cod. EA049
Formato: cm 15 x 21
Pagg. 160 • € 11,00

LA PRIMA FERITA

L'influenza dell'imprinting sul nostro comportamento. Un percorso di guarigione

di Willi Maurer
prefazione di Michel Odent
Cod. EA030
Formato: cm 15 x 21
Pagg. 208 • € 13,00

SVEZZAMENTO SECONDO NATURA

Come e quando introdurre alimenti sani e biologici nella dieta del tuo bambino, evitando il cibo industriale e preconfezionato

di Michela Trevisan
Cod. EA070
Formato: cm 15 x 21
Pagg. 200 • € 13,00

PERCHÉ I FIGLI DELLA PLAYSTATION HANNO I DENTI STORTI

Osservando la conformazione e la condizione dei denti è possibile comprendere il nostro stato di salute e intervenire per migliorarlo

di Renzo Ovidi
Cod. EA088
Formato: cm 15 x 21
Pagg. 200 • € 13,00

DENTI & SALUTE

Un metodo rivoluzionario che mette in luce il legame tra denti, corpo e psiche

di Michel Montaud
Cod. EA042
Formato: cm 15 x 21
Pagg. 200 • € 13,00

LIBERI DI IMPARARE

Le esperienze di scuola non autoritaria in Italia e all'estero raccontate dai protagonisti

di F. Codello e I. Stella
Cod. EA087
Formato: cm 15 x 21
Pagg. 120 • € 12,00

MESTRUAZIONI

La forza di guarigione del ciclo mestruale dal menarca alla menopausa

di Alexandra Pope
Cod. EA015
Formato: cm 15 x 21
Pagg. 240 • € 15,00

Finito di stampare
Febbraio 2012

Nessun albero è stato abbattuto per questo libro.

La carta utilizzata per questa pubblicazione è prodotta dalle cartiere *Cariolaro* e certificata dal marchio *Der Blaue Engel* (Angelo Azzurro) rilasciato dal Ministero dell'ambiente tedesco per i prodotti cartacei realizzati con fibre provenienti al 100% da carta straccia, di cui almeno il 65% proveniente dalla raccolta differenziata. La cartiera certifica che la cellulosa non è sbianchita con prodotti contenenti cloro o sbiancanti ottici, ma con ossigeno e acqua ossigenata.

STAMPATO IN ITALIA